对外经济贸易大学研究生精品教材

金融工程原理及应用

余　湄　陈潇祎竞　编

对外经济贸易大学出版社
中国・北京

图书在版编目（CIP）数据

金融工程原理及应用 / 余湄，陈潇祎竞编. —北京：对外经济贸易大学出版社，2021.8

对外经济贸易大学研究生精品教材

ISBN 978-7-5663-2313-2

Ⅰ. ①金… Ⅱ. ①余…②陈… Ⅲ. ①金融工程–研究生–教材 Ⅳ. ①F830.49

中国版本图书馆 CIP 数据核字（2021）第 157744 号

金融工程原理及应用

余 湄 陈潇祎竞 **编**

责任编辑：汪 洋

出版发行：对外经济贸易大学出版社
社 址：北京市朝阳区惠新东街 10 号
网 址：www.uibep.com
资源网址：www.uibepresources.com

邮政编码：100029
邮购电话：010－64492338
发行部电话：010－64492342
E-mail：uibep@126.com

成品尺寸：185mm×260mm
印 张：14.25
字 数：303 千字
ISBN 978-7-5663-2313-2

印 刷：北京时代华都印刷有限公司
版 次：2021 年 8 月北京第 1 版
印 次：2021 年 8 月第 1 次印刷
定 价：45.00 元

本书由对外经济贸易大学研究生教材出版基金资助

前　言

本书系统地讲授金融工程的相关概念、工具和原理以及应用金融工程技术解决金融问题的方法和技巧。核心内容包括金融产品的结构、金融产品的定价理论、远期类衍生品的定价方法、期权定价理论、希腊字母和期权交易、动态对冲、隐含波动率曲面和随机波动率模型。通过本书的学习，读者可以掌握金融工程基本理论和技术，熟悉金融产品的定价方法，熟悉结构化金融产品的应用，并为将来从事金融工程方面的理论和实务工作准备必要的基础。

全书讨论了金融工程的定价方法，以远期类衍生品和期权为讨论对象，将无套利定价方法、二叉树定价方法、风险中性定价方法融合到产品的定价中，并通过大量的例子来介绍如何利用金融衍生品进行对冲。同时也介绍了期权定价理论、动态对冲理论、隐含波动率曲面及随机模型等内容。具体来说，第一章主要介绍金融工程，包括金融工程的定义，金融工程的风险案例，金融工程的技术，金融工程的理论发展，金融工程技术的应用。第二章介绍结构化的金融产品，包括金融产品的结构化技术、组合期权、案例分析和结构化金融产品。第三章介绍金融工程的定价方法，包括金融产品定价原则、二叉树模型、无套利定价方法、风险中性定价方法和复制技术。第四章介绍远期类衍生品的定价，主要包括远期合约的定价、外汇远期和期货的定价、远期利率协议与综合的远期外汇协议。第五章讨论商品期货与股指期货的定价与对冲。第六章讨论利率期货，主要介绍美国短期国债期货与美国长期国债期货。第七章讨论货币互换和利率互换的定义与定价。第八章讨论期权，主要包括期权价格的影响因素、期权价格的上下限、期权价格的特性和美式欧式看涨看跌期权的关系。第九章介绍股票期权的定价理论，主要包括 Black-Scholes-Merton 期权定价模型、Monte Carlo 模拟算法和方差缩减技术。第十章介绍希腊值和期权交易，包括五个希腊字母的定义、期权交易盈利和风险指标。第十一章主要介绍动态对冲理论，包括动态对冲方案和场外结构产品的动态对冲。第十二章介绍隐含波动率曲面，包括波动率和隐含波动率、隐含波动率曲面和期权做市以及随机波动率模型。

本书可以作为金融学、金融工程、投资、金融数学和管理学等专业的高年级本科生及研究生教学用书，也可以作为金融从业人员的参考用书。希望通过本书的学习，读者可以对金融工程相关知识有一个较为全面的了解，并对其应用场景有一定的掌握。本书力求把金融工程的核心思想用相对简洁的方式呈现出来，因此没有对金融衍生品的发展历史以及当前衍生品的发展现状进行阐述，相信读者可以通过自己的努力来了解各国的金融衍生品发展状况。全书在介绍金融工程相关理论的同时，尽量结合案例进行讨论，希望能为读者提供一定的应用场景。但本书还是不够完善，存在很多不足之处，请各位读者谅解。如果有读者愿意把宝贵的意见反馈给我们，将不胜感激。

本书的出版得到了对外经济贸易大学研究生院的大力支持。非常感谢国家自然科学基金（项目号：72071046，项目名称：期权定价、隐含信息与资产配置研究）对本书的顺利出版提供的资助。非常感谢对外经济贸易大学金融学院金融工程系的邓军老师、冯建芬老师、周荣喜老师、谢海滨老师、杜冬云老师和聂晶老师，他们对本书的写作提供了非常多的建议。几位老师都是对外经济贸易大学“金融工程”课程教学团队中的成员，他们为本书的内容提供了很多素材与案例。我们一起录制了慕课“金融工程概论”，网址：https://www.icourse163.org/course/UIBE-1206446827，有兴趣的读者可以在中国大学慕课网上查询到该课程，并结合本书一起学习。作者还要感谢在书稿整理过程中提供帮助的对外经济贸易大学金融学院的同学，他们分别是：刁英浩、何沁莲、佟芳菲、王宇、王茹、许再琳和卓梦茹等同学。同时也感谢对外经济贸易大学出版社的编辑对本书进行积极认真的编审，修正了很多笔误。作者在这里一并感谢！

作　者

2021 年 5 月 31 日

目　录

第一章

金融工程引论

在正式开始学习金融工程之前，我们首先需要了解金融工程的本质是什么。基思·卡斯波森和博克·尼奇在他们的书里提到，曾任美国财政部长的拉里·萨默斯在1985年曾挑衅地说，传统的金融学主要关注这类问题：一瓶16盎司番茄酱的价格是否等于两瓶8盎司番茄酱的价格之和。相比之下，经济学家们解释的问题似乎更具有意义：是什么决定了1瓶8盎司番茄酱的价格。这些因素应该包括变化的口味、技术以及相关替代物的价格等。

基思·卡斯波森和博克·尼奇认为即使这个类比基本正确，但是它忽略了金融学和经济学之间紧密的相互作用。事实上，在金融一方，更相似的类比当属于对多莉羊复制技术的探讨。爱丁堡大学的科学家们克隆出这只举世闻名的小羊，这是一项伟大的技术，同时也反映了金融工程领域的一些技术原理：通过创造一些合成证券来确定衍生证券的价格。当然，由于多莉可以被复制或者制造出来，它的价格应该与一只真实的羊一样。如果发明了更加高明的技术使得设计新款多莉羊的成本更低，这样一来，制造多莉的成本的变化将成为驱动真羊价格的主要因素。显然，基思·卡斯波森和博克·尼奇认为金融工程中的一个重要的问题就是利用复制的方法为金融产品定价。

复制是金融工程的一个重要的定价技术，在整本书里，我们会有大量的例子来说明如何利用这一技术为金融产品定价。在学习定价之前，我们有必要先了解金融工程的相关概念。因此，我们将在第一章里明确金融工程的定义，回顾一些和金融工程相关的基本概念及基本理论。

本章主要内容包括以下几个部分：

1. 金融工程
2. 金融工程案例
3. 资金的时间价值
4. 金融风险管理与金融理论
5. 金融工程技术的应用

第一节 金融工程

一、金融工程的定义

简单来说，金融工程就是金融风险管理的技术和方法。一般而言，金融工程是为解决金融问题而进行的金融产品的开发与应用，以及通过识别并利用金融机会而创造价值的技术与方法。

国际金融工程师协会（International Association of Financial Engineers，IAFE）（1991）将金融工程定义为：金融工程是80年代末、90年代初出现的一门新兴交叉学科，它将工程思维引入金融领域，综合采用各种工程技术方法（主要有数学建模、数值计算、网络图解和仿真模拟等）设计、开发与实施新型的金融产品，创造性解决金融和财务问题。

新型与创造性包括3层含义：

① 指金融领域中思想的跃进，其创新程度最高，如第一份期权合约的产生；

② 对已有观念做重新理解和运用，如在商品交易所推出金融期货作为新品种；

③ 对已有金融产品进行分解和重新组合。目前层出不穷的新型金融工具的创造，大多建立在组合分解的技术之上。比如可转换债券就是两种产品的组合。可转换债券可以看作是发行公司在债券的基础上附加了一个期权，这个期权允许购买人在未来规定的时间范围内将可转换债券按照给定的价格转换为指定公司的股票。可转换债券的优点在于其所具备的固定收益。如果可转换债券不进行转换，那么它就是一份债券，持有债券可以获得固定收益；一旦转换成股票，就具有了升值的潜力。对于发行公司来说，可转换债券的优点在于票面利率较低，相比直接从银行融资可以获得更低的融资成本。可转换债券的缺陷在于，如果持有人手里的债券转换成股票的话，就会稀释原有的股本结构。

二、金融产品的定义

关于金融产品的定义有很多，英国著名金融营销专家亚瑟·梅丹认为："金融产品可以被合理定义为，以特定市场为目标，由一种金融机构为任意用户所提供的一整套服务。"显然，亚瑟·梅丹侧重于将金融产品定义为"服务"。

也有学者认为："金融产品是指金融市场上交易的对象，是金融活动中与资金融通的具体形式相联系的载体，即金融工具。"这是对金融产品侧重于"商品"的一种定义。

金融工程里的金融产品既包括金融服务又包括金融工具，而且金融服务大多情况下必须依赖金融工具才能得以实施，因此很难将金融服务与金融工具截然分开。

我们把金融产品定义为金融机构向顾客所提供的一切事物，包括各种金融产品（所有在金融市场交易的金融工具，亦称有价证券）和金融服务（结算、清算、发行、承销)。

金融产品可以大致分为金融基础产品和金融衍生品，其中金融基础产品主要是商品、股票、债券、利率、汇率、黄金及各种金融指数。金融衍生产品主要有远期、期货、期权和互换。

现代金融产品已经融合了金融基础产品及衍生品，形成结构化的金融产品。如：贷款、贷款承诺、银行承兑、商业票据等，股票、公司债券、可转换债券、认股权证、FRA、期货期权、掉期等，投融资方案、兼并重组、收购、风险投资、资本运作、股权激励政策等。

三、金融产品的特征

区别于其他一般消费品与生产资料，多数的金融产品都具有以下几个方面的基本特征：

1. 无形性。金融产品在自然形态上通常都是无形的，不具备具体的物质形态，如金融机构为客户提供转账等各种结算服务，股票和债券等金融工具也大多实现了无纸化。

2. 价值本质。金融产品不像一般物质产品所具有的直接满足人们某种物质需要的功能，但是它可以转变成货币，进而用货币去购买其他商品和服务，因此金融产品可以作为财富的象征。

3. 不可分性。由于金融业务是在有消费者参与的条件下才能得以展开，因此金融产品的生产过程和消费过程具有不可分性。此外，鉴于金融产品多是无形的、概念上的产品，金融机构在提供金融产品时需要把各个相关过程联系起来，从而也使得金融产品具有不可分性。

4. 相互替代性。由于一般物质产品之间的使用价值各不相同，因此不同类的物质产品通常是不可替代的。但是，不同的金融产品之间不存在质的差别，其原因在于金融产品的使用价值归结为它的价值，因此在客观上造成了金融产品之间的相互替代性。可替代性决定了金融产品之间的相互制约、相互影响的关系。

5. 易被仿效性。任何一项新的、被认为是有利可图的金融产品都很可能在极短的时间内，以较低的成本被其他金融机构所引入、所仿效，因为金融产品不存在专利保护。金融产品的这一特性使得开发出新金融产品的金融机构很难在长时期内，因该产品的创新而保持较高的利润率。易被仿效性也使得引入新的金融产品比开发新的金融产品成本更低，从而促使此类金融产品迅速广泛应用。

6. 风险性。金融产品既可以成为风险管理的工具，又可以成为新风险点的来源。

金融工程的关键是要定量地精确刻画出金融产品的收益与风险。核心内涵包括两个方面：一是如何组合已有的金融产品，以改变原有金融产品的风险和收益特性，从而达到有效的利用和开发风险，实现金融交易收益最大化目的；二是开发新的金融产品，根据市场的需要创造出具有新的收益与风险特性，或者能对已有产品形成替代，或者可与已有金融产品结合产生更令人满意的收益与风险特性，或者能适应某种特殊需要的新金融品种。

第二节 金融工程案例

金融市场中和金融工程相关的案例非常多，我们将介绍国内和国外两个相关的案例，这两个案例都是金融市场里真实发生的，其中美国次贷危机对经济产生了深刻的影响。

一、美国次贷危机

2007 年底的美国次贷危机导致了全球性的金融危机。涉及的金融产品主要是次级抵押贷款（Subprime Mortgage Loan）。

在美国抵押贷款市场，次级和优惠级同时存在。次级和优惠级是以借款人的信用条件作为划分界限的。根据信用的高低，放贷机构对借款人区别对待，从而形成了两个层次的市场。信用低的人申请不到优惠贷款，只能在次级市场寻求贷款。两个层次的市场服务对象均为贷款购房者，但次级市场的贷款利率通常比优惠级抵押贷款要高 2%～3%。次级抵押贷款原本是帮那些收入水平比较低的、信用程度比较低的居民获得按揭贷款来购买住房，满足他们住房的需求。对于次级抵押机构来说，因为次级抵押贷款的利率比普通利率要高，所以收益比一般的贷款要好一些。本来是一个非常好的金融创新，后面却出现了一个非常大的隐患，引发了全球的金融危机。

在次贷危机发生之后，很多学者、专家都对次级贷危机为什么会发生进行了探讨，有专家是认为宏观政策的变化，尤其是美联储的连续 17 次加息是导致次贷危机发生的主要原因。从 2004 年 6 月开始至 2006 年 6 月，历时两年，美联储连续 17 次加息，联邦基准利率升至 5.25%。

为何说不断加息会引发美国的“次级贷款危机”呢？我们简要介绍一下次贷危机事件的经过。对于那些普通居民，这里特指的是那些信用比较低的居民，为了拥有住房向次级抵押贷款公司申请贷款来购买住房，同时按期交房贷。次级抵押贷款公司将住房贷款提供给这些居民用来购买住房。次级抵押贷款公司将这些次级贷打包成资产支持证券（Asset-Backed Securitization，ABS）出售给投资银行，投资银行拿到这些 ABS 之后也想要更快地回收资金，于是找评级机构对这些 ABS 进行评级，评级的目的是为了让他们更快更好地出售。对这些资产进行分级后，对于那些高级别、流动性强、风险低和收益低的担保债务凭证（Collateralized Debt Obligation，CDO），将它们卖给保险公司等金融机构；对于那些低级别、流动性弱，但风险高、收益高的这一类资产，将它们卖给对冲基金，因为对冲基金承受风险的能力比保险公司要更强一些。保险公司和对冲基金为什么会去购买以住房抵押贷款为基础资产的这样一系列衍生品呢？原因就在于所有的人都认为房价会不断上涨，即使这些信用比较低的居民还不了钱，房子会被银行收回去，收回去之后再拿到市场上去拍卖，收回来的钱甚至比提供的贷款加上应归还的利息还要高，这是一个非常主要的原因。因此所有的投资银行或者金融机构都认为这是一个稳赢不赔的生意。

但美联储在短短的几年间升了 17 次息，升息会造成什么后果呢？当央行利率上涨，不断的升息会导致这些居民每个月负担的利息增加。这些居民本来就属于收入低、信用程度比较低的次级贷款者，随着每月的贷款总量越来越高，还款压力越来越大，很有可能出现断供。此外，随着美国房地产市场的降温，房价大幅下跌。这些贷款者发现他们在银行的债务比自己的房子价值还高，比如他们发现房子值 200 万，但债务是 300 万，相当于花 300 万去买了 200 万的房子，很多人不愿意继续还贷，而情愿把房子给银行，这就加剧了断供情况的发生。但是房地产市场萧条，银行收到房子也卖不出去，导致资金链断裂。购买了这些以次级贷款为基础产品的衍生品的投资者都受到了非常巨大的损失。

我们这里简要给出次贷危机事件时间列表，有兴趣的读者可以在新闻里搜索到大量的相关信息：

2008－09－15：AIG 国有化，美国最大的保险公司美国国际集团（American International Group，AIG）向美联储申请 400 亿美元短期贷款。

2008－09－14：美国银行收购美林，美国银行与美国第三大投资银行美林证券达成协议，将以约 440 亿美元收购后者。

2008－09－14：雷曼兄弟破产，当地时间 9 月 14 日，有着 158 年历史的美国第四大投行雷曼兄弟（Lehman Brothers Holdings Inc.）宣布申请破产保护。

2008－07：危机持续，银行二季报惨淡。

2008－05：两房危机美政府出手，美国政府将政府支持的抵押贷款巨头房利美（Fannie Mae）和房地美（Freddie Mac）收归国有。

2008－03：美联储 2 000 亿美元救市。

2008－01：全球金融机构相继爆巨亏，花旗单季巨亏 98 亿美元震动全球股市。

2007－10：贝尔斯登崩溃，美联储授意摩根大通收购这家美国第五大投行。

2007－08：全球大部分股指下跌。

2007－08：贝尔斯登总裁辞职。

2007－08：欧美股市全线暴跌。

2007－08：美国信贷危机波及澳洲。

2007－07：贝尔斯登旗下基金瓦解。

2007－07：全球金融市场震荡。

2007－04：美国 3 月成屋销量大跌。

2007－03：新世纪金融公司濒临破产。

2007－02：抵押贷款风险浮出水面。

二、深南电违规与高盛对赌油价

随着深圳证监局突然对深南电下发限期整改通知，深圳南山热电股份有限公司与国际投行高盛之间的油价期权对赌内幕也随之被揭开。

1. 事件回放

2008年10月17日，中国证监会深圳证监局对公司下发《关于责令深圳南山热电股份有限公司限期整改的通知》，指出深南电在2008年3月12日与美国高盛集团有限公司全资子公司杰润（新加坡）私营公司（下称“杰润公司”）签订的期权合约未按规定履行决策程序，未按规定及时履行信息披露义务及涉嫌违反国家法律、法规的强制性规定，并以此要求深南电限期整改。

证监会发出这一通知之际，油价已跌至每桶70美元以下。按照此前双方签订的合约，若此时油价继续下跌，深南电将必须开始向高盛子公司支付巨额资金。

2008年3月，高盛旗下的商品交易公司杰润公司找上了深南电，与他们签订了一纸合约，为他们做480万桶头寸的“套期保值”。这家发电公司全年发电耗油约为629万桶，做了套期保值之后，如果未来国际油价大涨，他们可以通过“套期保值”合约创造的盈利来弥补石油涨价带来的购买成本，从本意上来讲，是为了减少企业经营的风险，但在国际投行的手里，却成了一场刺激的赌局。

2. 深南电与杰润的第一分确认书

杰润公司与深南电签订的期权合约确认书主要分为两个时间段。

在有效期为2008年3月3日至12月31日的确认书中，双方规定当浮动价（每个决定期限内纽约商品交易所当月轻质原油期货合约的收市结算价的算术平均数）高于63.5美元/桶时，深南电每月可获30万美元的收益；

当浮动价低于63.5美元/桶且高于62美元/桶时，深南电每月可得（浮动价 – 62美元/桶）× 20万桶的收益；

而当浮动价低于62美元/桶时，深南电每月则需向杰润公司支付与（62美元/桶 – 浮动价）× 40万桶等额的美元。

这份确认书给出了三个条款，根据浮动价是否高于63.5，处于62～63.5之间以及比62美元低的三种情况下，给出了深南电在不同价位档次中可能获得的收益或遭受的损失。

3. 事件分析

从合约中不难看出，深南电在此次对赌协议中的获利条件是浮动价高于62美元/桶，但当浮动价高于63.5美元/桶时，哪怕油价涨得再高，深南电每月的获利额也恒定在30万美元。与深南电不同，杰润公司赌的则是油价的下跌，若未来浮动价跌入62美元/桶下方时，每下跌1美元，杰润公司将多获利40万美元。图1 – 1给出了该期权的损益结构。

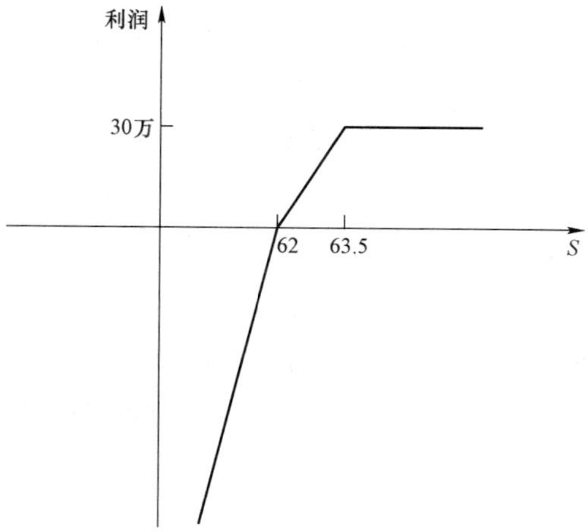

图 1－1　深南电期权损益图

深南电：

$S_T > 63.5$，收益＝30

$62 < S_T < 63.5$，收益＝$(S-62)\times 20$

$S_T < 62$，损失＝$(62-S)\times 40$

若 $S_T = 50$ 美元/桶，深南电需支付＝$(62-50)\times 40 = 480$ 万美元

若 $S_T = 40$ 美元/桶，深南电需支付＝$(62-40)\times 40 = 880$ 万美元

若石油价格进一步降低，则深南电需支付的会越来越多。对深南电来说，他赌的是石油的价格会上涨，当石油价格超过 63.5 美元/桶时，价格涨得再高，收益也只能是每月获得 30 万美元。但对于杰润公司不是这样，它赌的是价格下跌，只要价格低于 62 美元/桶，每下跌 1 美元，就可以获利 40 万美元，或者说深南电就要赔给对方 40 万美元。当石油价格降到 40 美元/桶的时候，深南电要支付 880 万美元。可想而知这个差距有多大。

双方签约当天，国际油价是 106.81 美元/桶，当时杰润的东家——高盛公司已经抛出报告称，原油均价将在 2008 年涨至 141 美元/桶，未来可高达 200 美元/桶。在此情况下，深南电认为一年内油价急速跌到 62 美元/桶的可能性非常小，照此看来，此次签约应当可以稳赚不赔。签约后油价一直在不停攀升，到 7 月份甚至触到 147.27 美元/桶。但自此之后好景不再，到了 2008 年 11 月上旬，开始跌破 62 美元/桶。合约的第三条款马上发挥威力，深南电需要向对方支付巨额资金，而深南电前三个季度的利润总共才 800 多万美元。深南电这才发现自己已经成为对方的俎上之肉。

4. 事态发展

上述浮动价从 3 月份的 106.81 美元到 11 月正式跌破 62 美元/桶，截至 12 月 12 日周五，已跌至 46 美元/桶附近。从 3 月至 10 月，杰润应每月按协议向深南电支付 30 万美元，合计 240 万美元。而在 11 月和已经过半的 12 月，深南电将每月按（62 美元/桶－浮动价）×40 万桶的计算方式向杰润支付资金。经粗略计算，深南电仅在 11 月已经铁定赔付超过 150 万美元，而如果 12 月油价仍然低于 50 美元/桶，12 月赔付金额可能超过 500 万美元，这个损失额将远远高于深南电前几个月的收益。

5. 深南电与杰润的第二份确认书

从条款来讲，第二份确认书与第一份确认书基本一样，有效期稍微有些不同。这反映了国内企业在风险控制方面缺少足够的经验。

第二份确认书有效期为 2009 年 1 月 1 日—2010 年 10 月 31 日，也由三个期权合约构成，杰润公司在 2008 年 12 月 30 日 18 点前，有是否执行的选择权。

当浮动价高于 66.5 美元/桶时，公司每月可获 34 万美元的收益（20 万桶×1.7 美元/桶）；

浮动价高于 64.8 美元/桶，低于 66.5 美元/桶时，公司每月可获（浮动价－64.8 美元/桶）×20 万桶的收益；

浮动价低于 64.8 美元/桶时，公司每月需要向杰润公司支付与（64.8 美元/桶－浮动价）×40 万桶等额的美元。

从本质上来讲，杰润还是在赌未来价格会下跌，而且同样是价格跌到 64.8 美元以下时，每下降 1 美元，杰润就会向深南电索取 40 万美元的收益。可以说这个收益和风险是非常不对称的。

第三节 资金的时间价值

金融工程技术的三大支柱包括：资金的时间价值、金融资产的定价和金融风险的管理与控制。本小节我们主要回顾一下与资金时间价值相关的定义。其他内容将在后面的章节里进行介绍。

一、现金流

一个公司、企业或机构在投资或者经营过程中支出和收入的货币或款项称为现金流（Cash Flow），一般用 C_1，…，C_T 来表示。这里 C_t 代表在时间 t 的现金流，T 表示整个投资期或者经营期。对每个具体的现金流，除了明确每笔支出或收入现金的具体数额外，还需要知道每笔现金 C_t 支付的时间，或者每两笔现金收入或支付之间的时间跨度。

现金流的支付在期初和期末不同，会导致未来的现金流和现值都不同。下面我们将回顾以下相关概念：现金流的现值 PV（Present Value）、将来值 FV（Future Value）、内部收益率、实际收益率、复利和连续复利。

二、现金流的现值 PV（Present Value）

要计算一个现金流的现值或将来值，首先要知道折现率，又称为利率（Interest Rate）

或机会成本（Opportunity Cost）。机会成本是一个用于对所作投资的收益率进行比较的基准收益率，一般常取为一种无风险资产，如国债的收益率作为折现率。

（1）现金流现值的计算

假设已知某现金流一年支付 1 次，一共支付 T 年，则该现金流的现值计算方法为：

$$\mathrm{PV}=\sum_{t=1}^{T}\frac{C_t}{(1+r)^t}=\sum_{t=1}^{T}d_tC_t \tag{1-1}$$

$$d_t=\frac{1}{(1+r)^t}\text{，} t\text{ 期折现因子} \tag{1-2}$$

C_td_t 为 t 期现金流 C_t 的折现值，简称为现值。

假设现金流一年支付 m 次，支付 n 年，则该现金流现值为：

$$\mathrm{PV}=\sum_{t=1}^{mn}\frac{C_t}{(1+r/m)^t} \tag{1-3}$$

例 1.1　考察某个 5 年期，息票率为 6%的债券的现金流，设该债券每年年末付息 1 次，最后 1 次付息时间同时返还本金，债券的面值为 50 000 元，已知未来 5 年的年折现率保持在 10%的水平，求：

1. 该债券的现值为多少？折现因子以及每笔现金流的现值分别为多少？

2. 若现金流的支付不是 1 年 1 次，而是 1 年 2 次，则此时投资该债券的现金流为多少？折现因子以及每笔现金流的现值分别为多少？

解：1. 一年支付一次，$\mathrm{PV}=\frac{3\,000}{1+0.1}+\frac{3\,000}{(1+0.1)^2}+\dots+\frac{53\,000}{(1+0.1)^5}=42\,418.43$

表 1－1　　**每年支付 1 次现金流现值的计算**

	现金流	折现因子	现金流的现值
1	3 000	$\frac{1}{1+0.1}$	2 727.27
2	3 000	$\frac{1}{(1+0.1)^2}$	2 479.34
3	3 000	$\frac{1}{(1+0.1)^3}$	2 253.94
4	3 000	$\frac{1}{(1+0.1)^4}$	2 049.04
5	53 000	$\frac{1}{(1+0.1)^5}$	32 908.83

2. 一年支付两次，$m=2$

$$\mathrm{PV}=\sum_{t=1}^{10}\frac{1\,500}{(1+0.05)^{t}}+\frac{50\,000}{(1+0.05)^{10}}=42\,278.27$$

表 1−2 **每年支付 2 次现金流现值的计算**

	现金流	折现因子	现金流的现值
1	1 500	$\frac{1}{1+0.05}$	1 428.57
2	1 500	$\frac{1}{(1+0.05)^{2}}$	1 360.54
3	1 500	$\frac{1}{(1+0.05)^{3}}$	1 295.76
4	1 500	$\frac{1}{(1+0.05)^{4}}$	1 234.05
5	1 500	$\frac{1}{(1+0.05)^{5}}$	1 175.29
6	1 500	$\frac{1}{(1+0.05)^{6}}$	1 119.32
7	1 500	$\frac{1}{(1+0.05)^{7}}$	1 066.02
8	1 500	$\frac{1}{(1+0.05)^{8}}$	1 015.26
9	1 500	$\frac{1}{(1+0.05)^{9}}$	966.91
10	51 500	$\frac{1}{(1+0.05)^{10}}$	31 616.53

（2）现金流现值计算的程序

y 为无风险资产单期收益率（折现率），如一年支付 1 次，$y=r$，如一年支付 m 次，$y=r/m$，$T=nm$ 为总的支付次数，则可以通过以下程序来进行计算。

```
Input T,y,C
let:PV = 0;d = 1/(1+y)
For i = 1 to T
PV = PV+C × d
```

```
d = d/(1+y)
Next i
Output PV
```

三、现金流将来值 FV（Future Value）

（1）将来值的定义与计算

现金流将来值是指现金流在将来某个具体时间的价值。对于一项投资来说，通常指该项目在投资期内所产生的现金流到投资期末的价值。

若有一笔总数为 V_0 的资金，在年初以年利率 r（复利）存入一个银行户头，存期为 m 年，问题是 m 年后的资金有多少？若每年年初都有 V_0 进账，则 m 年后账户资金为多少？

假设期初为 V_0，r（复利）：

$m=1$ 时，1 年后的现金流 $V_1=V_0(1+r)$

$m=2$ 时，2 年后的现金流 $V_2=V_0(1+r)^2$

……

m 年后的现金流为 $V_m=V_0(1+r)^m$

如果每年年初获得现金流 V_0：

$m=1$，$V_1=V_0(1+r)$

$$m=2,\ V_2=V_0(1+r)(1+r)+V_0(1+r)$$
$$=V_0(1+r)+V_0(1+r)^2$$

……

m 年后的现金流为 $V_m=\sum_{t=1}^{m}V_0(1+r)^t$

例 1.2 考察某个 5 年期，息票率为 5%的债券的现金流，设该债券每年付息 1 次，最后 1 次付息时同时返还本金，债券的面值为 50 000 元，已知未来 5 年的年折现率保持在 6%的水平。

1. 年末支付利息情况下，未来现金流是多少？

2. 年初支付利息情况下，未来现金流是多少？

解：我们以年初支付现金流为例进行说明。C_t 表示 t 年年初的付息值。

$$t=1,\ \mathrm{FV}_1=C_1(1+r)^T$$

$$t=2,\ \mathrm{FV}_2=C_2(1+r)^{T-1}$$

$$\cdots\cdots$$

$$t=T,\ \mathrm{FV}_T=C_T(1+r)$$

由此得到将来值 $\mathrm{FV}=\sum_{t=1}^{T}C_t(1+r)^{T+1-t}$

同理，可以得到年末支付情况下的现金流将来值为：

$$\mathrm{FV}=\sum_{t=1}^{T}C_t\left(1+r\right)^{T-t}$$

因此，我们可以得到如果年末付息 $\mathrm{FV}=\sum_{t=1}^{4}2\,500\times\left(1+0.06\right)^{5-t}+52\,500=64\,092.73$ 元

年初付息 FV = 679 383.3 元

（2）现金流将来值计算的程序

y 为无风险资产单期收益率（折现率），t 为时间判别量，如果期初支付，$t=0$，如果期末支付，$t=1$。如一年支付 1 次，$y=r$。

```
Input T,y,C,t
let:FV = 0;d = (1+y)T
If t = 1,then d = d/(1+y)
For i = 1 to T
FV = FV+C×d;d = d/(1+y)
Next i
Output FV
```

四、净现值（Net Present Value，NPV）

投资需要资本，即必须先期投入资金以获取收益，投资期内所收益的现金流现值减去投资所付出资金的现值，称为现金流的净现值（Net Present Value，NPV）。净现值反映了一项投资的实际收益。

假设投资项目需初期投入资金为 C_0（负值），项目在包括今年在内的 T 年每年的收益现金流为 C_t（假设收入都在年末发生），如果年平均折现率为 r，则该项目投资的净现值为：

$$\mathrm{NPV}=C_0+\sum_{t=1}^{T}\frac{C_t}{\left(1+r\right)^t} \qquad (1-4)$$

例 1.3 考察某个期限为 5 年的投资项目，期初需要投入资金为 6 000 万元，其后 5 年内每年年末收益的现金流分别为 500 万元，1 000 万元，1 500 万元，2 000 万元，3 000 万元。另一方面，已知投资 5 年国债的到期收益率为 5%，以此作为该项投资收益现金流的折现率，可得该项目投资的净现值为多少？

解：根据式（1－4）可知：

$$\begin{aligned}\mathrm{NPV}&=C_0+\sum_{t=1}^{T}\frac{C_t}{\left(1+r\right)^t}\\&=-6\,000+\frac{500}{1+5\%}+\dots+\frac{3\,000}{1.05^5}\\&=674.96\text{ 万元}\end{aligned}$$

五、折现率对面值的影响

考察下面两个现金流：

现金流 1：500 元，600 元，700 元，1 000 元

现金流 2：1 000 元，700 元，600 元，400 元

两个现金流的支付时间相同，设同为每年年末支付。请问如何进行项目选择？

在 Excel 中采用规划求解可以画出以下两个图：

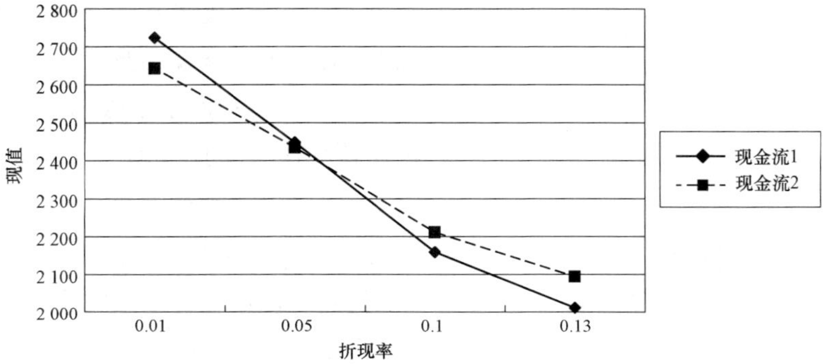

图 1－2　两个项目对应的折现率－现值

从图中可以看出：

（1）现金流是关于 r 的一个凸函数；

（2）现金流在折现率等于 0.059 时有一个交点，说明在这个交点处，两个项目的现金流的现值相等。而当折现率低于这个值时，现金流 2 的现值小于 1 的现值。因此如果假定两个项目的初期投资相同，那么在投资者认为折现率大于 5.9%的收益时，选择项目 2，反之选择 1。

六、内部收益率（Internal Rate of Return，IRR）

（1）内部收益率 IRR 的定义

内部收益率 IRR 是指使得投资的净现值为 0 的收益率。如某项投资所需的初期资金为 P，投资期内回收的现金流为 C_1，…，C_n，记该项投资的内部收益率为 y^*，则应满足：

$$\sum_{t=1}^{n} C_t \left(1+y^*\right)^{-t} = P \tag{1-5}$$

未来收到的现金流折现到现在的现值之和，或者说一项投资未来所有现金流构成的现值应该等于期初的成本。那么在这种情况下得到的收益率就称为内部收益率。

内部收益率在什么时候使用呢？最常见的应用就在于银行贷款的使用。

例 1.4　如某银行贷给客户 250 000 元住房贷款，分 10 年 120 次偿还，每月还款额为 2 700 元，由此可以知道银行的收益率为多少？

解：

$$25\,000=\sum_{t=1}^{120}2\,700\left(1+\frac{y}{12}\right)^{-t}$$

$$y=5.39\%$$

（2）内部收益率满足方程：

$$f(y)=\sum_{t=0}^{n}C_t\left(1+y^*\right)^{-t}=0 \tag{1-6}$$

（将 P 看作 C_0，进行移项）

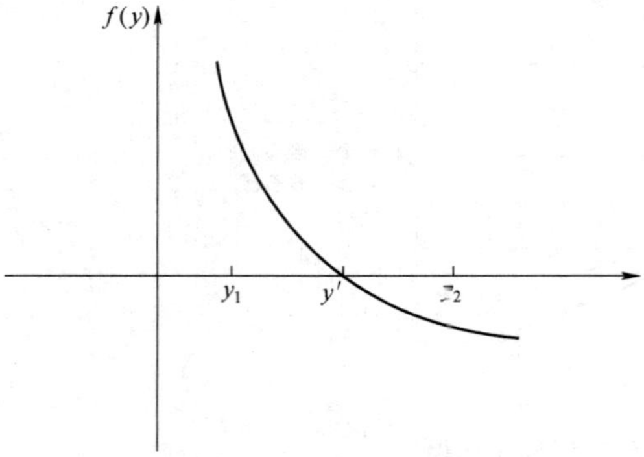

图 1－3　二分法图

f 是 y 的非线性方程，可以用二分法进行求解。具体来说假设函数 f（y）是连续的，如果在自变量 y 的变化过程中，出现 f（y_1）和 f（y_2）的取值刚好相反，那么根据数学中的性质，我们一定可以找到在 y_1，y_2 之间存在某一个点 y'，使得 f（y'）=0。图 1－3 给出了相关结果。

我们可以用 Excel 来完成相关的求解，也可以通过程序计算。

输入：$\varepsilon, y_1<y_2(f(y_1)f(y_2)<0$

当 $y_2-y_1>\varepsilon$ 时执行

$\hat{Y}=(y_1+y_2)/2$

If f（$\hat{Y}$）=0 then return $\hat{Y}$

Else if $f(y_1)f(\hat{Y})<0$ then $y_2:=\hat{Y}$

Else $y_1:=\hat{Y}$ End if

End if

输出 $\hat{Y}$

七、年金（Annuity）

年金是现金流计算的一种最为简单的特例。所谓年金，指的是在整个期限里，设为 n 年，每年支付固定数额的现金流，每次的现金流包含利息与部分本金的偿还。

假设年金每次支付额为 C，每年 m 次，期限为 n 年，每年的折现率相同为 r。如期末支付，则该年金的现值为多少？如期初支付，结果如何？

（1）如果支付发生在期末，年金的现值为：

$$\mathrm{PV}=\sum_{t=1}^{nm}C(1+r/m)^{-t}=C\frac{1-(1+r/m)^{-mn}}{r/m} \tag{1-7}$$

（2）永续年金（期末支付）：

$$\mathrm{PV}=\sum_{t=1}^{\infty}C(1+r/m)^{-t}=\frac{m}{r}C \tag{1-8}$$

（3）如果支付发生在期初：

$$PV=\sum_{t=1}^{nm}C(1+r/m)^{-(t-1)}=C(1+r/m)\frac{1-(1+r/m)^{-mn}}{r/m} \tag{1-9}$$

（4）如果支付发生在期末，年金的将来值为：

$$FV=\sum_{t=1}^{mn}C(1+r/m)^{t-1}=C\frac{(1+r/m)^{mn}-1}{r/m} \tag{1-10}$$

（5）如果支付发生在期初，年金的将来值为：

$$FV=\sum_{t=1}^{mn}C(1+r/m)^{t}=C(1+r/m)\frac{(1+r/m)^{mn}-1}{r/m} \tag{1-11}$$

例 1.5　如额度为 200 000 元，利率为 6%的 10 年期房屋贷款，每月的还款额为多少？请计算每月还款额中归还的本金与利息各为多少？可以得到什么结论？

解：根据式（1－7）可以求出 $C=\dfrac{PV\times r/m}{1-\left(1+\dfrac{r}{m}\right)^{-mn}}$，带入相关数据可以求出每月需要归还的数额为：

$$C=\frac{200\,000\times 0.06/12}{1-(1+0.06/12)^{-120}}=2\,220.41$$

每个月需要归还的利息＝本金×月利率＝200 000×0.06/12＝1 000 元

第一个月归还本金＝2 220.41－1 000＝1 220.41

剩余本金＝200 000－1 220.41＝198 779.59

第二个月归还利息＝198 779.59×0.06/12＝993.90

第二个月归还本金＝2 220.41－993.90＝1 226.51

剩余本金＝198 779.59－1 226.51＝197 553.08

以此类推，我们可以求出所有贷款期限里每个月需要归还的本金与利息数。读者可以自行补充完成。显然本金的归还逐渐增加，利息的归还逐渐减少。

例 1.6　有一个年龄为 58 岁的雇员将在 63 岁退休。他计划在退休前的 5 年内每年年初将一笔款存入一个年利率为 10%的户头，并计划在退休后的 10 年内，每年年初从该户头提取 15 000 元用于消费。问现在每年应该存入多少钱进该账户可以达到要求？

解：我们可以把现金流的变化用图 1－4 表示出来。d 表示前五年的存入金额，c 表示从户头提取的 15 000 元。则根据题意，我们可以得到：

$$\sum_{t=0}^{4}\frac{d}{(1+r)^t}=\sum_{t=5}^{14}\frac{c}{(1+r)^t}$$

解出 d＝15 096.97 元。

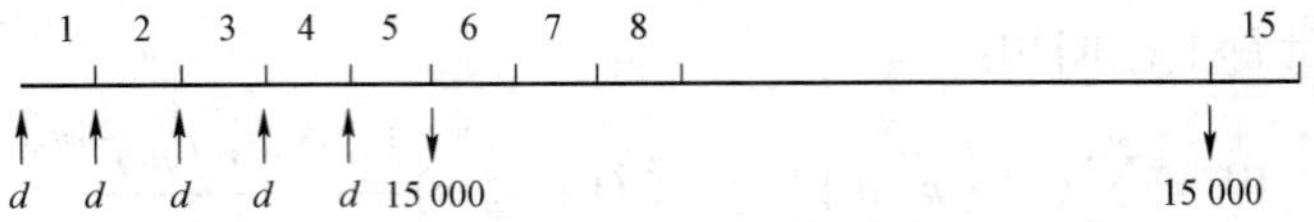

图 1-4 各期现金流变化图

八、收益率的计算

对于不同的投资如何比较其收益？例如，投资 50 万元 1 年后净收益为 5 万元，以及投资 5 万元 6 个月后净收益为 2 千元的两个项目，哪个项目的收益高？为了解决这些问题，有必要了解单期和多期收益率的计算方法。

（1）单期收益率与多期收益率

① 单期收益率

单期收益率一般是指投资期间没有现金流的变化，期初 0 时刻投资某一资产，持有到期末 T，得到持有期的收益率为：

$$r=\frac{V_T-V_0}{V_0} \tag{1-12}$$

根据投资期长短可以有日收益率、周收益率和月收益率。

② 多期收益率

多期收益率是由多个短的时间期限组成，例如，5 年期的投资包括 5 个 1 年，1 年可以包括 4 个季度的期限，每个季度包括 3 个月期限。

③ 单期收益率与多期收益率关系

假设从 1 期到 k 期共有 k 个时期，假设多期收益率表示为 r_k，$t-1$ 到 t 期的收益率为单期收益率，记为 $r_{t-1,t}$。则多期收益率可以通过式（1-13）计算。

$$r_k=\prod_{t=1}^{k}(1+r_{t-1,t})-1 \tag{1-13}$$

对式（1-13）的右边泰勒展开，我们可以得到：

$$r_k\approx\sum_{t=1}^{k}r_{t-1,t}$$

因此对于多期收益率的计算，可以利用上式进行简化。我们看一个例子。

例 1.7 已知年收益率为 6%，如何计算月收益率呢？

解：我们可以利用（1-13）进行求解。

$$1+6\%=(1+r)^{12}$$

$$r\approx 0.49\%$$

如果利用简化的方法来计算，得到月收益率为 0.5%，与 0.49%非常接近。所以在实际计算中，经常采用简化的计算方法。

（2）实际收益率的计算

例 1.8 年初在账户存入 40 000 元，已知年利率为 8%，问年末账户应有多少钱？请根据计息方式为半年计息、按月计息分别计算实际收益率。

解：半年计息：$40\,000\times(1+8\%/2)^2=43\,264$元

实际收益率：$\dfrac{43\,264-40\,000}{40\,000}=8.16\%$

月计息：$40\,000\times(1+8\%/12)^{12}=43\,319.98$元

实际收益率：$\dfrac{43\,319.98-40\,000}{40\,000}=8.30\%$

显然计息频率越高，实际收益率也越高。如果计息频率趋于无穷，那么就是连续复利。

（3）连续复利

年利率为 r，一年计 m 次计息，按复利计息一年的收益为：

$$A(1+r/m)^m \tag{1-14}$$

当 $m\to\infty$时，得到 1 年期连续复利（Continuous Compounding）：

$$\lim_{m\to\infty}[1+r/m]^m=e^r \tag{1-15}$$

在连续复利情况下，数额 A 以利率 R 投资 N 年后，得到 Ae^{RN}，对于一笔数额 A 以连续复利 R 贴现的结果则为 Ae^{-RN}。

（4）连续复利与复利之间的关系

假设 R_c 为连续复利，R_m 为复利。我们有：

$$e^{R_c}=(1+R_m/m)^m \tag{1-16}$$

已知复利求连续复利：

$$R_c=m\ln(1+R_m/m) \tag{1-17}$$

已知连续复利求复利：

$$R_m=m\left(e^{R_c/m}-1\right) \tag{1-18}$$

例 1.9 考虑一个年息为 10%的利率，半年计息一次，则与之等价的连续复利为多少？

解：因为$e^{R_c}=(1+10\%/2)^2$，所以 $R_c=2\ln(1+5\%)=0.097\,58$ 。

例 1.10 假设债权人给出贷款利息为年率 8%，这是按连续复利计算，而实际上利息是一个季度支付一次，若贷款总额为 5 000 美元，那么每季度该支付多少利息？

解：因为$R_m=4\times\left(e^{0.08/4}-1\right)=-0.080\,8$，因此可以求出每季度支付利息为$5\,000\times8.08\%=$ 101 美元。

第四节　金融风险管理与金融理论

一、金融风险的管理方法

金融工程可以有效地管理风险。通常采用的方法有两种：一种是通过金融产品把风险完全去掉，也就是用确定性来代替风险；第二种是通过金融产品仅替换掉与己不利的风险，而将对己有利的风险留下。下面我们通过几个例子来看一下。

例 1.11　有家美国公司，在 3 个月后将支付欧元 1 000 万，当前汇率为 1 美元 = 0.9 欧元，为了避免汇率变化对自己的影响，该怎么办？

解：分别用以下两种方法来操作：

（1）用确定性替代风险

它可以采用远期交易来回避风险。具体做法是现在购买一份远期合约（1 美元 = 0.95 欧元），在 3 个月后以固定的汇率交易欧元。这样无论三个月内汇率如何变化，该公司已经以已知的固定汇率购买了欧元，从而不会受到 3 个月后的市场汇率高低的影响。

（2）替换掉不利的风险

购买一份货币期权，该期权赋予财务人员在未来 3 个月内以 1 美元 = 0.95 欧元的汇率购买欧元的权利，但他没有义务必须购买。

该例说明金融工程为使用者提供了两种不同的选择。一种选择是将风险取消，另一种是为那些面临风险的人提供技巧，按照他们自己的偏好，对其做出相应的调整。

二、金融工程相关的理论

和金融工程相关的理论主要包括估值理论、均值方差理论、资本资产定价理论、套利定价理论和期权定价理论。我们这里仅作简要回顾，如果有读者希望进一步了解具体的内容，可以翻阅《金融经济学》和《投资学》相关的参考书。

1. 估值理论：耶鲁大学的费雪于 1896 年提出

主要公式：

$$PV = \sum \frac{CF_t}{(1+r_t)^t} \tag{1-19}$$

$CF_t - t$ 时刻收到的现金流

$r_t - t$ 时刻现金的折现率

$PV - t$ 时刻现金流的现值

2. 投资组合理论：马克威茨于 1952 年提出

（1）组合的期望收益率：

$$E\left(R_p\right)=\sum_{i=1}^{n}x_iE\left(r_i\right) \tag{1-20}$$

（2）组合的方差：

$$\sigma_p^2=\sum_{i=1}^{n}x_ix_kCov\left(r_i,\ r_k\right) \tag{1-21}$$

x_i：第 i 种证券的投资比例，$i=1$，…，n

r_i：第 i 种证券的实际收益率，$i=1$，…，n

$Cov\left(r_i,\ r_k\right)$：第 i 种与第 k 种证券的协方差

$E\left(r_i\right)$：第 i 种证券的期望收益率

$E\left(R_p\right)$：证券组合 p 的期望收益率

σ_p^2：证券组合 p 的方差

3. 资产定价理论：夏普 1965 年提出

$$E\left(R_i\right)=r_f+\beta_i\left(E\left(r_m\right)-r_f\right) \tag{1-22}$$

$E\left(R_i\right)$：证券 i 的预期收益率

r_f：无风险利率

$E\left(r_m\right)$：市场组合 m 的预期收益率

β_i：市场组合 M 与证券 i 的协方差与市场组合 M 方差的比值

4. 套利定价理论：罗斯 1976 年提出

$$E\left(r_i\right)=r_f+\left(\delta_1-r_f\right)b_{i1}+\ldots+\left(\delta_k-r_f\right)b_{ik} \tag{1-23}$$

$E\left(r_i\right)$：第 i 个证券的期望收益率

r_f：无风险利率

δ_i：第 i 个因素组合的期望收益率

b_{ik}：第 i 个证券关于第 k 个因素组合的敏感因子

5. 期权定价理论：1973 年由 Black 和 Scholes 提出

$$\frac{\partial f}{\partial t}+rS\frac{\partial f}{\partial S}+\frac{1}{2}\sigma^2S^2\frac{\partial^2 f}{\partial S^2}=rf \tag{1-24}$$

S：标的股票的价格

r：无风险利率

σ：资产波动率

金融工程的发展历史虽然不长，但由于其将各种定量分析方法和工程技术方法应用于金融科学的研究，融现代金融学、数学方法与信息技术于一体，从而迅速发展成为实践性非常强的交叉性学科，代表着现代金融理论和实践发展的一个重要方面。金融工程不仅把金融科学的研究推进到一个新的发展阶段，而且对金融产业乃至整个经济领域都产生了极其深远的影响。

第五节 金融工程技术的应用

本小节我们给出金融工程应用的一些例子，来说明如何利用衍生工具进行套期保值、投机与套利。

一、套期保值

套期保值是指一个已存在风险暴露的实体，力图通过持有一种或多种与原有风险头寸相反的套期保值工具来消除或规避该风险。

例 1.12 市场情况：投资者 8 月份拥有 IBM 公司股票 500 股，预计两个月后股价下跌。投资者希望免受股价下跌的影响。

报价：当前 IBM 股价为 102 美元，IBM10 月份到期的看跌期权以 100 美元为执行价格。

解： 投资者可以选择看跌期权。如果每份期权含 100 股，可以选择 5 份看跌期权。这样可以保证投资者手中的 500 股股票的价值总是不低于 5 万美元。如果未来价格跌至 100 美元以下，就可以执行看跌期权，这样可以将 500 股按 100 美元出售；如果未来股票的价格超过 100 美元，则不用执行期权，股票的价值总是不会低于 5 万美元。

例 1.13 假定 1 月份，美国公司 A 在 3 月份要为他们从英国供应商那里购买的货物付 150 万英镑。若另外一家美国公司 B，于 1 月份向英国公司出口货物，3 月份才收回 400 万英镑的货款。

目前市场汇率为 1.357 美元 = 1 英镑。芝加哥商品交易所（Chicago Mercantile Exchange，CME）的 3 月份到期英镑期货合约为 1.678。假定 CME 每张期货合约规定的交割英镑数目为 6.25 万英镑。则 A，B 两个公司应该如何对冲汇率风险？

解： A 公司：3 月份要为购买的货物支付 150 万英镑，应持有英镑期货合约的多头，根据每份英镑合约的数量为 6.25 万英镑，150/6.25 = 24，应持有 24 张英镑期货合约。

B 公司：向英国公司出口货物，到 3 月份要收回 400 万英镑，应持有英镑期货合约的空头，这样能够保证 B 公司持有的 400 万英镑的价值不会因为汇率的变化而出现贬值。持有 64 张英镑期货合约的空头，这样可以将汇率锁定在 1.678。

二、投机

投机是指一些人希望利用对市场某些特定走势的预期来对市场未来的变化进行赌博，并因此而制造出一个原先并不存在的风险暴露。

1. 利用期货投机

例 1.14 假定有个美国投机者，在 1 月份认为英镑兑美元会在未来 2 个月升值。于是他决定投入 20 万英镑赌一赌他的运气。已知市场条件如下：当前汇率 1 英镑 = 1.357

美元，3 月份期货合约价格 1 英镑 = 1.342 美元。

方法 1：直接投资于现货市场

方法 2：投资于期货市场

3 月份即期汇率为下面两种情况，请分析该投机者的盈利状况。

（1）1 英镑 = 1.4 美元

（2）1 英镑 = 1.3 美元

解：投资于现货市场：

用 271 400 美元购买 20 万英镑，2 个月后卖出。

若 1 英镑 = 1.4 美元，收益 = $(1.4-1.357)\times 200\,000 = 8\,600$ 美元

若 1 英镑 = 1.3 美元，损失 = $(1.357-1.3)\times 200\,000 = 11\,400$ 美元

投资于期货市场：

若 1 英镑 = 1.4 美元，收益 = $(1.4-1.342)\times 200\,000 = 11\,600$ 美元

若 1 英镑 = 1.3 美元，损失 = $(1.342-1.3)\times 200\,000 = 8\,400$ 美元

观察以上两种情况获得的收益和损失其实是非常相近的，现货和期货到底有没有差异呢？在这个例子中，比较大的差异在于成本。现货市场需要 271 400 美元进行投资，成本非常高；但是投资于期货市场时，只需要本金的 5%，大约是 1.4 万美元。期货交易是有杠杆的。

2. 利用期权投机

例 1.15　假定 9 月份一个投机者认为股票 x 会上涨，当前价格为 75 美元，市场上正在以 3 美元的价格出售 12 月份到期的执行价格为 80 美元的看涨期权。若投资者有 7 500 美元的初始资金，可采用两种策略投资：

（1）直接投资于现货市场；

（2）购买期权，每份期权合约含有 100 股股票期权。请分别计算 12 月份股票价格为 90 美元和 70 美元时投资者的收益。

解：如果购买股票 100 股，$S_T = 90$，现货获利 =（90 − 75）× 100 = 1 500 美元。如果 $S_T = 70$，现货损失 = 500 美元。

如果购买期权，每份期权合约的成本为 300 美元，7 500 美元可以购买 25 份期权合约。

$S_T = 90$，获利 = $25\times(90-80)\times 100 = 2.5$ 万美元，净收益 = 1.75 万美元

$S_T = 70$，损失 = 7 500 美元

显然期权有杠杆作用，无论是收益还是损失都被放大。

三、套利

套利是同时在两个或更多的市场上构筑头寸以利用不同市场定价的差异。套利与投机有本质的不同，它是不承担风险的。套利活动与参与人的风险偏好无关。

例 1.16 一只股票同时在纽约股票交易所和伦敦股票交易所交易。两个交易所报价为：纽约股票交易所 1.43 美元/股，伦敦股票交易所 1.00 英镑/股，英镑兑美元汇率：1.460 美元。

解：可以在纽约交易所先借入 143 美元购买 100 股股票，然后到伦敦交易所出售获得 100 英镑，然后将英镑转变为 146 美元，归还所借入的 143 美元，可以无风险赚得 3 美元的收益。

第二章 结构化金融产品

所谓结构化金融产品指的是由基础产品与衍生品复合形成的金融产品，也称为复合产品。金融工程技术的核心就是把各种金融产品进行结构化的组合、复制、分解，创新出新的金融产品。

本章主要内容包括以下几个部分：

1. 金融产品结构化技术
2. 组合期权
3. 案例分析
4. 结构化金融产品

第一节 金融产品结构化技术

常用的结构化金融产品可以通过以下三种技术方式产生：组合现有的金融产品；重构现有的金融产品；将现有工具用到新的标的市场。下面我们举例说明。

例 2.1 能否在下面的金融市场里找到一个套利组合？假定市场只有 2 个证券，未来只有两种状态，一个证券 AXE 电子，目前价值 50 美元，假设 3 个月后，价值为 75 美元或者 40 美元，另一个证券 BYF 科技，目前价值为 38 美元，3 个月后为 60 美元或者 32 美元，假定在这段时间内无分红。是否存在套利机会？

解：存在套利机会。

（1）套利策略：假定卖出100股AXE，买入125股BYF，期初现金流＝5 000－4 750＝250美元，也就是在期初有正的现金流流入。

3个月后，若AXE＝75美元，BYF＝60美元，则投资者持有125股BYF，售出后获得7 500美元，正好买入100股AXE平仓，若AXE＝40美元，BYF＝32美元，投资者同样售出BYF买入AXE平仓，现金流为0。因此这是一个套利策略，因为投资者期初有正的现金流流入，期末现金流为0。

那么是否可以在期初买入更多的BYF呢？假定买入135股BYF，还是套利吗？通过计算，我们可以知道，如果是新的策略，那么投资者期初可以获得60美元现金流，3个月后，若BYF＝60美元，可买入100股AXE，剩余300美元，若BYF＝32美元，剩余160美元。因此这也是一个套利策略。但是是否可以无限制的买入更多BYF呢，答案是否定的。因为随着买入BYF的股数越多，期初出现需要支付成本的情况，这样不满足无套利要求期初成本为0或者负数的条件。

（2）既然市场存在套利策略，我们怎么判断哪只股票被高估或者低估呢？如果假定BYF定价正确，AXE的均衡价格是多少？通过简单计算可知AXE的价格应该是47.5美元，这说明当前市场里，其定价过高。若AXE定价正确，BYF均衡价格应该为40美元，这说明当前BYF的定价过低。

一、组合现有工具来生产“新”的金融产品

积木分析法是指将各种金融工具进行组合，以解决金融问题。把两种或更多的积木块组合在一起来构造一份个性化的产品。

（一）金融工程师常用的6种积木

在图2－1中，横线以上从左到右为：

现货/远期/期货合约的多头（左），看涨期权的多头＋看跌期权的空头（右）。

横线以下从左到右为：

现货/远期/期货合约的空头（左），看跌期权的多头＋看涨期权的空头（右）。

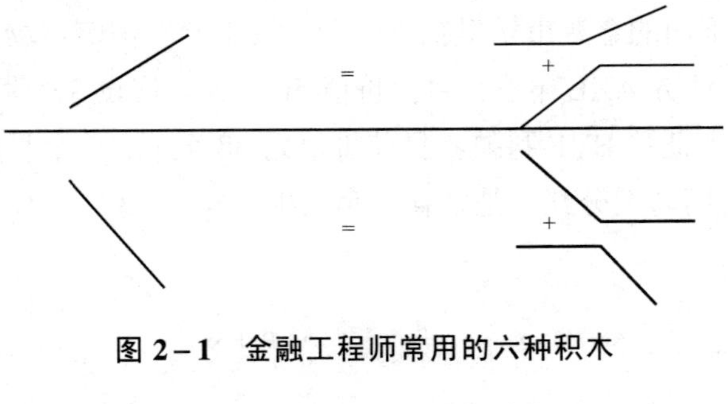

图2－1　金融工程师常用的六种积木

这些基础金融产品与衍生产品通过结构化可以形成新的金融产品。下面我们逐一介

绍每个金融产品的基本结构与其损益情况。

（二）金融资产损益图

图 2－2 给出了金融资产多头与空头的损益图，横轴表示金融资产价格的变化，纵轴表示交易者价值的变化。左图表明，当金融资产价格增加时，交易者价值也随之增加，反之，则随之减少。这种情况称为多头金融价格风险。还有一类风险正好相反，如右图所示。当金融资产价格上升时，交易者处于不利的地位。这类风险称为空头金融价格风险。那么有哪些金融产品是属于多头金融价格风险，哪些属于空头价格风险呢？我们以远期合约、期权合约为例进行介绍。

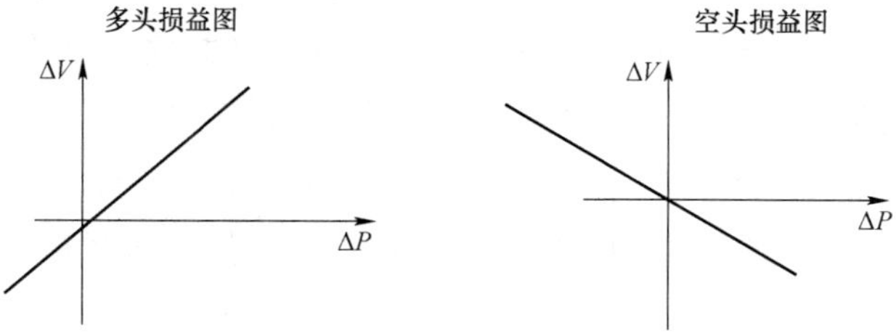

图 2－2 多头和空头损益图

1. 远期合约

远期合约，是指交易双方就未来某一时刻以确定的价格买卖一定数量的某种资产（或商品）而签订的合约。假设标的资产的价格用 S 来表示，远期合约的执行价格用 X 来表示。则多头远期合约的损益＝$S-X$，空头远期合约的损益＝$X-S$。

图 2－3 给出了远期合约损益图。

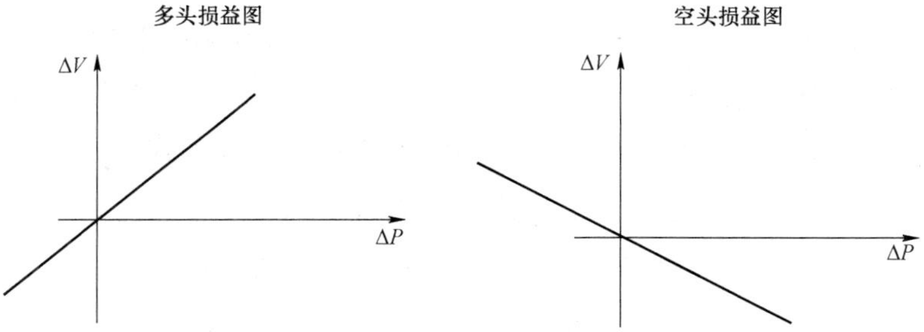

图 2－3 远期合约的多头和空头损益图

那么如何对冲金融资产的风险呢？如果金融资产的风险为多头风险，我们可以用空头远期交易来保值，如果面临空头风险，可以用多头远期交易来保值，我们举例来说明。

例 2.2 一位投资者希望在 90 天后卖出 100 股 IBM 股票。为了规避股价波动的风险，他应如何选择股票远期合约？假设交易价格为 100 美元每股。交割方式：实物交割与现金结算，到期价格为 102 美元/股，或者 98 美元/股，请结合不同的交割方式阐述投资者对远期合约的选择及交割。

解：如果手中有 100 股 IBM 股票，面对的是多头金融资产价格风险。对冲多头金融资产价格风险应选用空头远期，即选择空头的股票远期合约。

下面我们分析不同交割方式对投资者的影响。

（1）实物交割

到期末直接将手中的股票按照远期合约的价格进行出售，无论未来到期价格是 102 美元/股或是 98 美元/股，对持有远期合约的投资者来说没有影响，因为他要按照交易价格 100 美元/股进行出售。

（2）现金结算

如果投资者不愿意出售股票，或者持有的是股指期货，那么往往是采用现金结算的方式。这时投资者并不会直接出售股票，投资者会选择收到或者支出一部分现金的方式进行结算。若到期价格为 102 美元/股，投资者签订的远期合约的交易价格为 100 美元/股，这说明他按实际出售股票的价值比远期合约出售股票的价值要高，应该支出两者之差 200 美元。若到期价格为 98 美元/股，投资者会从远期合约的对手方获得 200 美元。

2. 期权的收益与风险特征

期权是指投资者可以按照某一价格在未来某个约定的时间购买或者出售资产的权利。根据未来买入或者卖出标的资产，可以把期权分为看涨期权（买权）与看跌期权（卖权）。

看涨期权（买权）是指投资者可以在未来某个约定的时间以某个约定的价格买入标的产品。看跌期权（卖权）是指投资者可以在未来某个约定的时间以某个约定的价格卖出标的产品。

期权根据买权或卖权（看涨期权或看跌期权）可以分为买权多头、买权空头、卖权多头和卖权空头，损益会出现 4 种情况，且是完全对称、相反的结构。假设买权的期权费用 c 来表示，卖权的期权费为 p。在期权到期日的损益计算方式为：

$$\text{买权多头的损益}=\max(S_T-X,0)-c$$

$$\text{买权空头的损益}=c-\max(S_T-X,0)$$

$$\text{卖权多头的损益}=\max(X-S_T,0)-p$$

$$\text{卖权空头的损益}=p-\max(X-S_T,0)$$

期权多方和空方的损益之和恒等于零，用对策论的术语来说，期权交易是零和博弈。图 2－4 给出了期权四种情况下的损益图。

对卖权多头来讲，股票价格越低越有利，尤其是比执行价格 X 低的时候，越低收益越高；但是对于卖权空头来讲，股票价格上涨的话会获得收益，同时也会获得一部分期权费的收益。

若假定执行价格就是现货价格，且不考虑期权费，图 2－5 反映了简化后的损益图。

其中ΔP现货价格的变化，ΔV期权价格的变化。

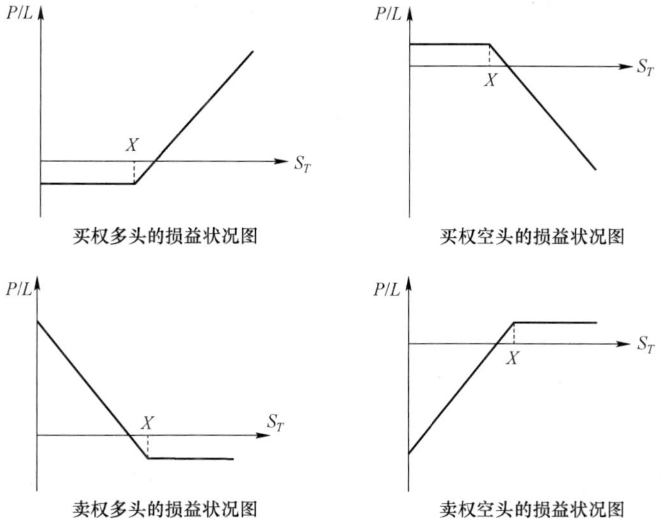

图 2-4 买权与卖权的损益图

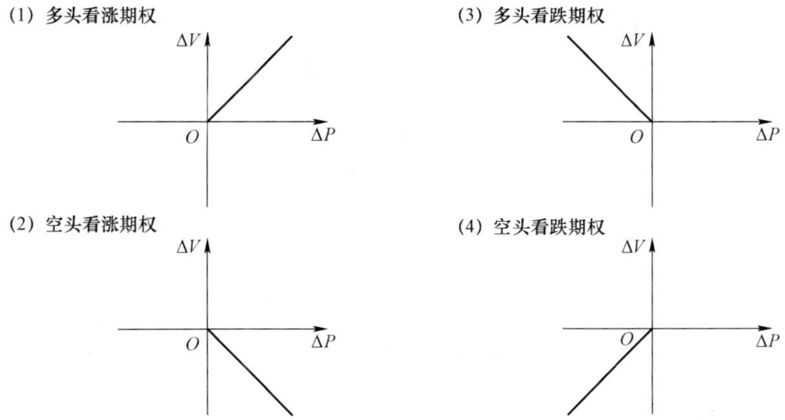

图 2-5 不考虑期权费的损益图

从图 2-5 中可以看出，多头看涨和空头看涨完全关于横轴对称，多头看跌和空头看跌完全关于横轴对称。

下面我们给出几个问题：

（1）在期权的四种形式中，哪些预期股价上涨？哪些预期股价下跌？

（2）如何利用期权对冲金融资产多头价格风险和空头价格风险？

我们通过下面两个例子说明。

例 2.3 若投资者拥有 x 股票 100 股，预计两个月后股价下跌。投资者希望免受股价下跌的影响。投资者如何选择策略？

解：对于拥有股票的投资者来讲，他面临的是多头金融资产价格风险，要对冲第三象限的风险的话，可以选择多头看跌期权。将多头看跌期权和多头金融资产组合到一起，得到一个多头看涨期权。由此得到积木组合 1。

积木组合 1：多头金融资产 + 多头看跌期权 = 多头看涨期权

从图 2－6 中可以看出，当存在多头金融价格风险时，可以利用多头看跌期权来保值。

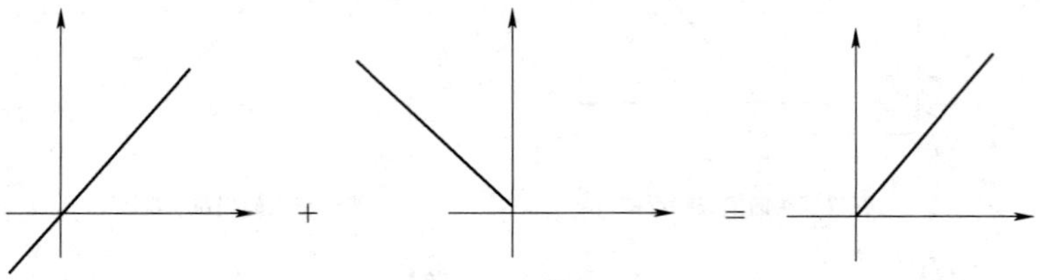

图 2－6 积木组合 1

例 2.4 若投资者要购买 x 股票 100 股，投资者希望免受股价上涨的影响。应选择什么样的期权策略？

解：投资者购买股票，对应的是空头金融资产价格风险。因此要把第四象限的风险对冲掉，就要选择第一象限的股票期权，为多头看涨期权。应该买入股票的看跌期权，当股票价格下跌的时候会有收益。由此得到积木组合 2。

积木组合 2：空头金融资产 + 多头看涨期权 = 多头看跌期权

从图 2－7 中可以看出，当存在空头金融价格风险时，可以利用多头看涨期权来保值。

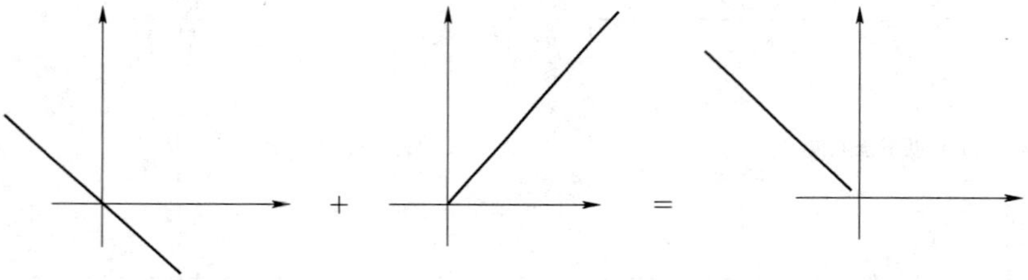

图 2－7 积木组合 2

积木组合 1 和 2 反映了现货与期权的组合，接下来我们讨论期权与远期的组合。期权与远期有什么关系呢？我们通过下面的例子说明。

例 2.5 投资者同时持有相同标的资产某公司股票，相同到期日 3 个月以及相同执行价格 $X=100$ 元的看涨期权多头与看跌期权空头。则 3 个月后，股票价格 $S_T=103$ 元及 $S_T=90$ 元的情况下，投资者的损益状况如何？如何用图形反映结果？

解：根据已知条件，我们可以发现在这个例子中，看涨期权多头 + 看跌期权空头 = 远期多头。具体来说，如果未来股票价格为 103 元，看涨多头会执行，看跌期权不执行，收益为 3 元。如果未来股票价格降为 90 元，看涨期权不执行，看跌空头会执行，最后得到收益为 －10 元，这与手中拥有一个远期合约的执行情况完全一致。这个例子反映了期权的组合可以变成远期。图 2－8 反映了这样一个结构。

积木组合 3：看涨期权多头 + 看跌期权空头 = 远期多头

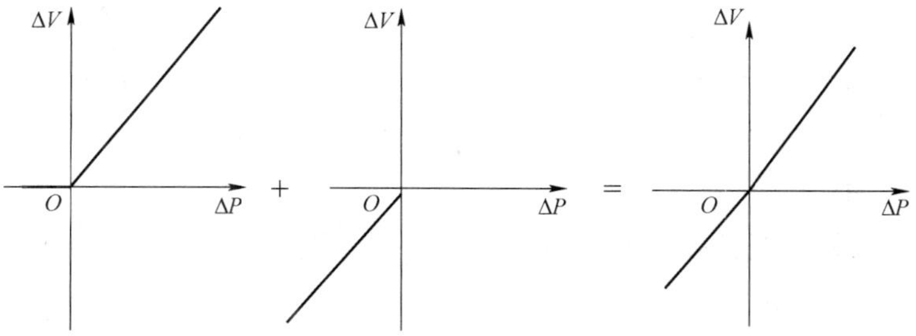

图 2－8 积木组合 3

例 2.6 投资者同时持有相同标的资产某公司股票，相同到期日 3 个月以及相同执行价格 $X=100$ 元的看涨期权空头与看跌期权多头。则 3 个月后，股票价格 $S_T=103$ 元及 $S_T=90$ 元的情况下，投资者的损益状况如何？

解：对于看涨期权空头来说，如果 $S_T=103$ 元，那么收益为－3 元，如果 $S_T=90$ 元，收益为 10 元。因此看涨期权空头和看跌期权多头组合对应的是一份远期合约的空头，其损益与远期合约最终的执行结果是完全一致的。与例 2.5 类似，在这个例子里，反映了另一个积木组合，我们通过图 2－9 来表示。

积木组合 4：看涨期权空头 + 看跌期权多头 = 远期空头。

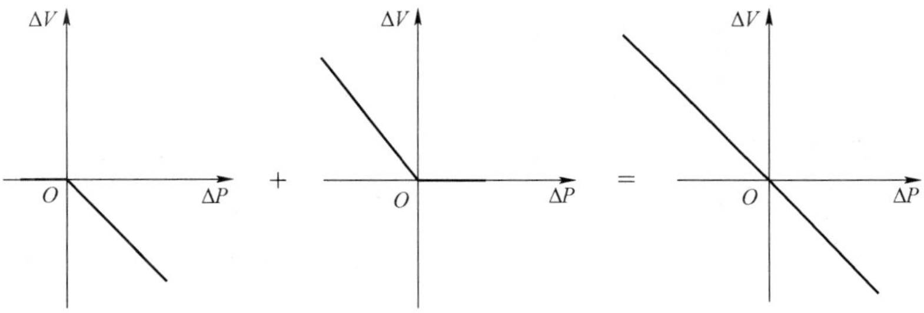

图 2－9 积木组合 4

二、积木组合的应用

应用 1：如何用积木法来说明看涨－看跌期权平价关系式

首先我们介绍一下看涨看跌期权平价关系：对于同一个标的股票的欧式看涨与看跌期权，其价格满足下式：

$$c + Xe^{-rT} = p + S \tag{2-1}$$

这里 c，p 表示相同股票的相同到期时间的看涨与看跌期权，X 为两个期权的执行价格，S 为股票价格，T 为到期时间，r 为无风险利率。

我们可以对平价公式进行变形，得到：

$$p+S-c=Xe^{-rT} \tag{2-2}$$

这里 p、$-c$ 分别代表看跌期权的多头与看涨期权空头的组合，S 表示现货资产，组合到一起就是无风险资产。这里 Xe^{-rT} 看做一部分现金流，一个常量。因此利用积木分析法，很快可以证明这个结论。

积木组合 5：看跌期权多头 + 现货多头 + 看涨期权空头 = 无风险资产

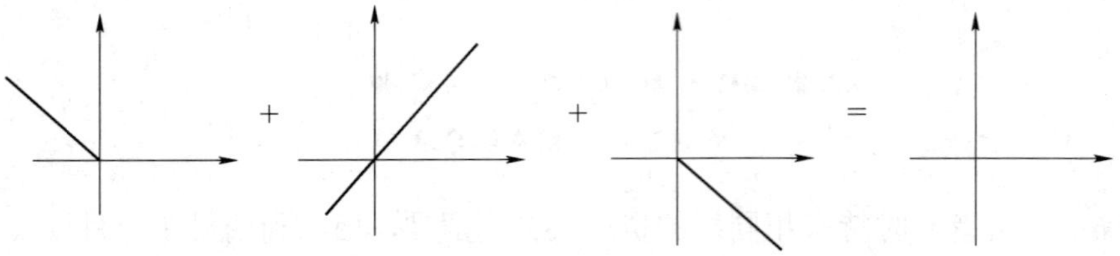

图 2-10　积木组合 5

应用 2：通过期权创建合成贷款，其利率高于法定利率限制。已知假设某国法定最高利率为 10%，通过持有期权组合，可创建高利率贷款收益。假设股票现在价格 15 美元，市场上的看跌期权价格为 10 美元，看涨期权价格为 5 美元，期权执行价格为 30 美元。如何操作可获得高的收益？投资者收益率为多少？

所谓的高利贷，就是通过合成期权来获得更高的收益。可以找到这样一个合成期权：买入看跌，卖出看涨。买入看跌需要花 10 美元，卖出看涨可以得到 5 美元，则成本为 5 美元。买入看跌加卖出看涨最后得到的是一个远期合约的空头。

为什么要构造一个远期合约的空头呢？因为远期空头指的是未来能够按执行价格出售标的资产，执行价格是 30 美元。构造合成期权：买入看跌 $p=10$ 美元，卖出看涨 $c=5$ 美元，成本 $=5$ 美元，因此套利策略是借入 20 美元，其中 15 美元用于买入一股股票，5 美元构造一个合成期权，即同时买入看跌期权，卖出看涨期权。然后到期末以 30 美元出售资产，收益率 $=\dfrac{30-20}{20}=50\%$。图 2-11 反映了这一策略。

积木组合 6：看跌期权多头 + 看涨期权空头 = 远期合约空头

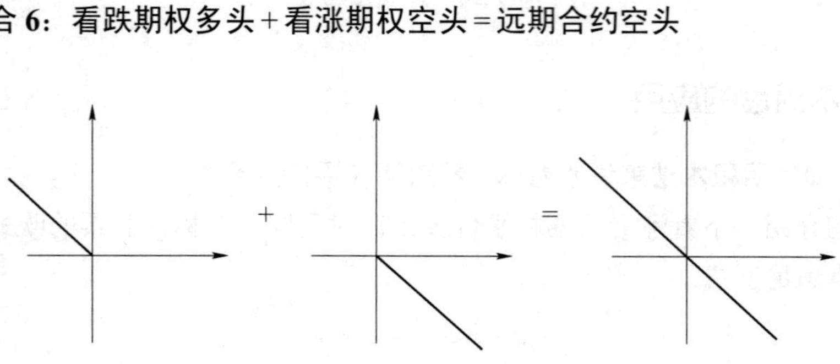

图 2-11　积木组合 6

应用 3：金融工具的仿制

金融工具的仿制是指通过构建一个金融工具的组合，来模仿另一个金融工具，且两者间有相同或相似的盈亏。远期合约与金融资产的损益变化一致，故可以用股票期权来仿制股票。

下面我们来看一个例子。在这个例子中，需要思考采用股票期权来仿制股票情况下的收益和现货市场中的收益有什么差别。

例 2.7　假设一只股票现在的价格为 10 美元，以该价格为执行价格的看涨期权与看跌期权价格分别为 0.5 美元与 0.4 美元。假定一个投资者有 10 美元进行投资，当股票价格上升为 10.6 美元或下跌到 9.6 美元，其收益率如何？如果利用期权组合来仿制股票，请思考如何构建期权组合，并计算其收益。

解：股票现货和远期合约现货的损益图是一样的，仿制的金融工具其实是在用期权来仿制金融资产的现货，但我们仿制出来对应的其实是这只股票的远期合约，在损益图上看起来和股票现货一样，但其实损益之间会有变化。

我们构建一个仿制股票的策略：看涨多头＋看跌空头仿制股票现货。

（1）如果股票价格上升至 10.6 美元

① 直接用现货进行投资，净收益＝0.6，收益率＝6%

② 采用仿制股票进行投资，仿制股票成本＝0.1 美元，可买入 100 股仿制股票。净收益＝100×（10.6－10－0.1）＝50 美元，收益率＝500%

（2）如果股票价格跌到 9.6 美元

① 买入现货，净收益＝－0.4，收益率＝－4%

② 买入仿制股票，净收益＝100×（9.6－10－0.1）＝－50，收益率＝－500%

可以看出，期权有非常强的杠杆作用。利用仿制股票的方式投资不仅能够获得远高于直接买入股票现货的收益，而且当股价下跌时，其损失也远高于投资现货。

应用 4：金融工具的合成

金融工具的合成，是指通过构建一个金融工具组合使之与被模仿的金融工具具有相同的价值。模仿股票可以再现股票的盈亏状况，但是两者之间有差异。

在上例中模仿股票的价值为 S_T-X，股票的价值为 S_T，所以我们需要引入无风险债券来消除差别，即构造一个合成股票，与股票收益一致。即

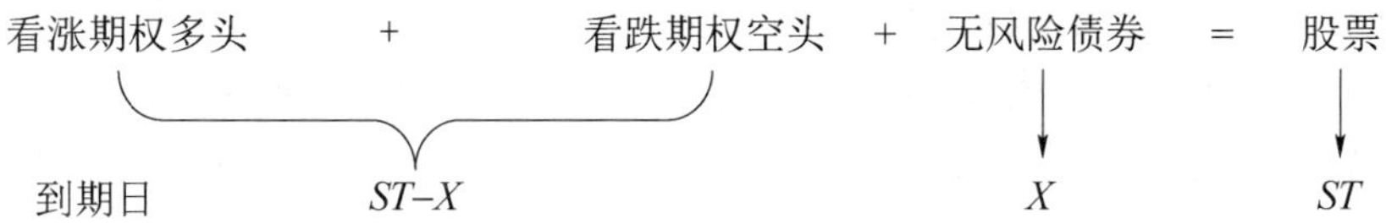

因此，在当前时刻有 $c-p+Xe^{-rT}=S_T$，这样我们也可以推出看涨看跌期权平价公式。

第二节 组合期权

这一节我们主要讨论组合期权（Combination），也就是期权和期权之间组合后形成的新的产品。

一、跨式组合（Straddle）

跨式期权是指一份看涨期权多头+一份看跌期权多头，执行价格相等，期限相同。但是跨式期权因为涉及两份期权，因此有两份期权费。跨式期权如图 2-12 中虚线“V”型图形所示。

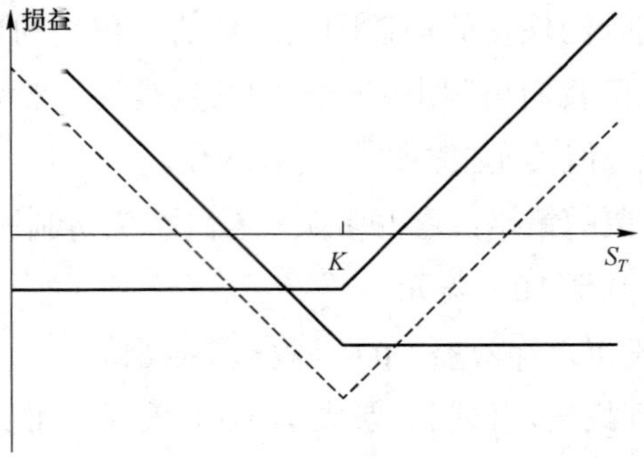

图 2-12 跨式期权

表 2-1 给出了跨式期权的损益情况。

表 2-1 跨式期权的损益表

股价范围	看涨期权多头损益	看跌期权多头损益	组合损益
$S_T<K$	$-C$	$K-S_T-P$	$K-S_T-C-P$
$S_T>K$	S_T-K-C	$-P$	$S_T-K-C-P$
K—执行价格，S_T—股价			
C—看涨期权费，P—看跌期权费			
最大损失：$C+P$			

跨式期权的持有者预期标的资产的市场价格将有重大变动，要么上升要么下跌，不会维持在现在的水平，但又不确定变动方向。跨式期权的特点是如果在期权到期日，股票价格非常接近执行价格，跨式期权就会发生损失，但是如果股票价格在任何方向上有很大偏移，就会有大量的利润。图 2-12 可以看出股票价格必须移动超过 $c+p$ 才能获利。

例 2.8　假设投资者认为某股票的价格在以后 3 个月将发生重大的变化，该股票的现行市场价值为 69 美元。该投资者可通过同时购买到期期限为 3 个月，执行价格为 70 美元的一个看涨期权和一个看跌期权来构造跨式期权。假定看涨期权的成本为 4 美元，看跌期权成本为 3 美元。则到期时股票价格分别为 90 美元、70 美元与 55 美元时，投资者会有什么样的收益？

解：若 $S_T=90$ 美元，看涨期权会被执行，获利 13 美元（90－70－4－3）。若 $S_T=70$ 美元，不执行看涨看跌期权，损失的是两份期权的期权费共计 7 美元（4+3）。若 $S_T=55$ 美元，执行看跌期权，去除期权费后收益 8 美元。

二、顶式跨期期权（Top Straddle）

顶式跨期期权是同时出售具有相同执行价格、相同期限、同一股票的看涨期权与看跌期权。对于跨式期权来讲，持有的是两份期权的多头；对于顶式跨期期权来讲，持有的是两份期权的空头。

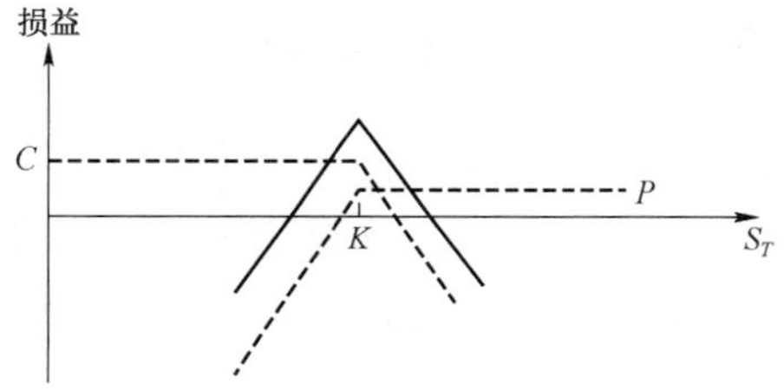

图 2－13　顶式跨期期权

图 2－13 中的实线倒“V”图形是顶式跨期期权。从图中可以看出，当股价接近执行价格时，跨式期权组合就会有限盈利。当股价与执行价格差距越大，亏损越大。所以顶式跨期期权的策略是非常危险的。

表 2－2　　顶式跨期期权的损益表

股价范围	看涨期权空头损益	看跌期权空头损益	组合损益
$S_T<K$	C	S_T-K+P	$S_T-K+C+P$
$S_T>K$	$K-S_T+C$	$+P$	$K-S_T+C+P$
K—执行价格，S_T—股价			
C—看涨期权费，P—看跌期权费			

案例 1　巴林银行事件

巴林兄弟银行公司有着 233 年历史，该银行是英国女王的理财机构。1995 年 2 月，一个年仅 28 岁的交易员尼古拉斯·里森在新加坡进行投机交易，从事东京证券的日经225股指期货的交易，以及跨式期权空头交易，交易量巨大，同时私设“88888”账户进行操作。这一操作最终导致损失14亿美元，母公司资本金8亿，导致母公司倒闭。1995年3月6日，荷兰银行业巨头——荷兰国际集团（International Nederlanden Group，ING）同意以1英镑象征性价格购买巴林银行，承担了巴林银行的“全部巨额”负债。

案例说明：到1994年底，里森卖出了35 000个日经225指数的跨式价差合约，头寸在几个月内建立起来，执行价格在18 500到20 000之间。他没有向巴林银行汇报这些交易，因为银行不允许卖出期权，而是把他们藏在“88888”错误账户里，这些指数期权标的的日经225的价值大约在70亿美元左右。在1994年底，日经指数在19 000到20 000之间，因此如果始终停留在这个区间，里森的跨式价差策略就可以成功。如果日经指数移出19 000到20 000之间，跨式价差的空头价值将会下跌，里森需要增加保证金。1995年1月17日，日经指数位于19 350，但是发生神户大地震，到周末，日经指数大幅下跌。到2月27日，期权头寸的累计账面亏损已经达到184亿日元，合2亿美元。截至1995年3月2日，巴林银行由于金融衍生工具投资失败引致的亏损高达9.16亿英镑，约合14亿多美元。

三、宽跨式期权组合（Strangle Combination）

投资者购买相同到期日但是执行价格不同的一个看跌期权和一个看涨期权。投资者预期股票价格会有很大变化，但是不确定价格变化方向。其特点是宽跨式期权策略中股价变化的幅度要超过跨式，才能获利。如果股价处于中间状态，损失为期权费。表2－3给出了宽跨式期权的损益情况。

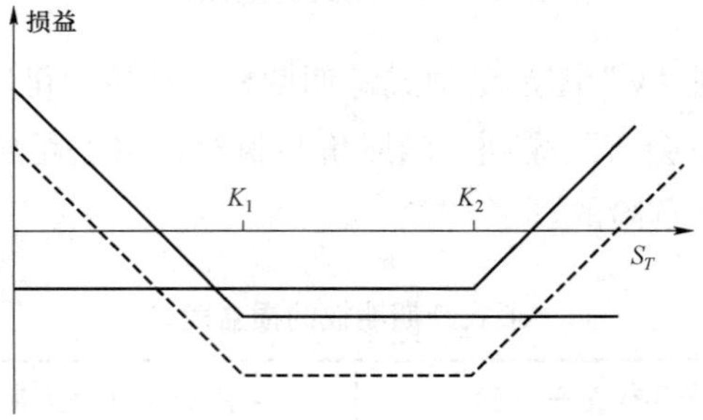

图2－14 宽跨式期权

表2－3 宽跨式期权的损益表

股价范围	看涨期权多头损益	看跌期权多头损益	组合损益
$S_T<K_1$	$-C$	K_1-S_T-P	K_1-S_T-P-C
$K_1<S_T<K_2$	$-C$	$-P$	$-C-P$
$S_T>K_2$	S_T-K_2-C	$-P$	S_T-K_2-C-P
K_1—看跌期权执行价格，K_2—看涨期权执行价格			
P—看跌期权费，C—看涨期权费			
S_T—股价，最大损失：$C+P$			

宽跨式期权空头组合是同时出售具有相同期限，但执行价格不同的看涨期权与看跌期权。此组合盈利有限，风险大。

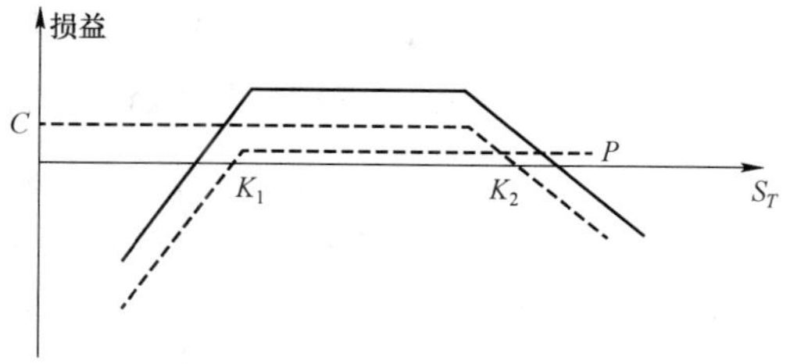

图 2－15 宽跨式期权空头

四、范围远期（Range Forward Contract）

范围远期合约是标准远期合约的变形，这一合约可以对冲外汇风险。

例 2.9 考虑某家美国公司，该公司得知在 3 个月后将接受 100 万英镑。假定 3 个月期的远期汇率为每英镑 1.220 0 美元。这家公司如何对冲风险？如该公司打算当汇率变化在 K_1 和 K_2 期间以实际汇率卖出英镑，当汇率低于 K_1 时，按 K_1 卖出英镑，当汇率高于 K_2 时，以 K_2 卖出英镑，则如何选择对冲策略？

解：对冲汇率风险可以采用远期合约，比如可以签订 3 个月后 100 万英镑的远期合约空头来锁定风险。如果打算将汇率锁定在某个给定的区间，那么我们可以采用范围远期。在这个例子里，可以买入执行价格为 K_1 的欧式看跌期权，同时卖出执行价格为 K_2 的欧式看涨期权，其中 $K_1<1.22<K_2$，这就是范围远期。3 个月后，如果汇率低于 K_1，可以执行看跌期权，按照 K_1 卖出英镑；如果汇率在 K_1 和 K_2 之间，则两个期权都不能执行；如果汇率高于 K_2，则执行看涨期权，公司按照汇率 K_2 卖出英镑。图 2－16 给出了范围远期空头损益情况。

图 2－17 给出了采用范围远期合约所实现的汇率。

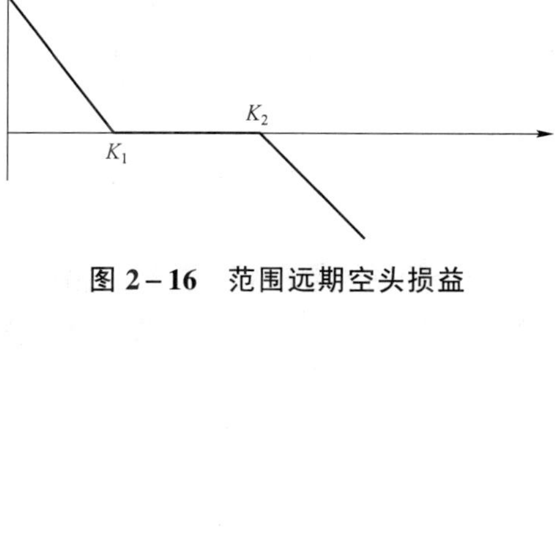

图 2－16 范围远期空头损益

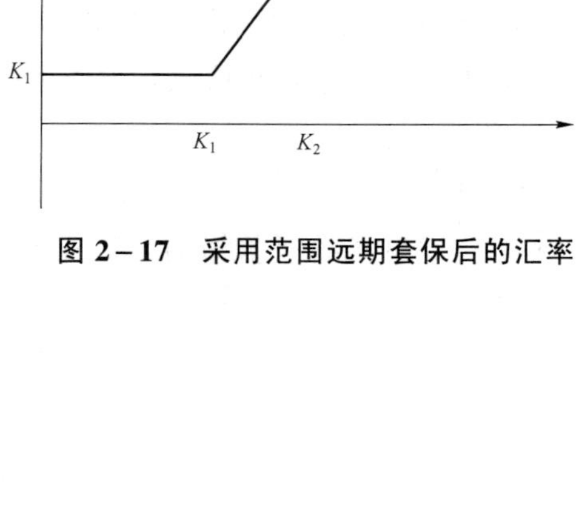

图 2－17 采用范围远期套保后的汇率

例 2.10 一位资金部主管说：六个月后，我需要卖出 100 万英镑，如果英镑对美元的汇率小于 2.52，我希望汇率为 2.52；如果汇率大于 2.59，我将接受 2.59 的汇率；如果汇率位于 2.52 和 2.59 之间，我将利用市场汇率卖出英镑。你如何利用期权产品组合满足上述套保要求。

解：使用范围远期合约：买入执行价为 2.52 的看跌期权，同时卖出执行价格为 2.59 的看涨期权。

例 2.11 如果某公司得知在 3 个月后将支付 100 万英镑，想要锁定成本，如何利用范围远期来对冲风险？

解：可以卖出执行价格为 K_1 的欧式看跌期权，同时买入执行价格为 K_2 的欧式看涨期权，这就是范围远期合约多头。如果未来汇率低于 K_1，看跌期权被执行，公司可以以汇率 K_1 买入英镑，如果高于 K_2，看涨期权被执行，公司可以以汇率 K_2 买入英镑，如果汇率介于两者之间，期权都不执行，公司以市场汇率买入英镑。

图 2－18 给出了范围远期合约多头损益图。

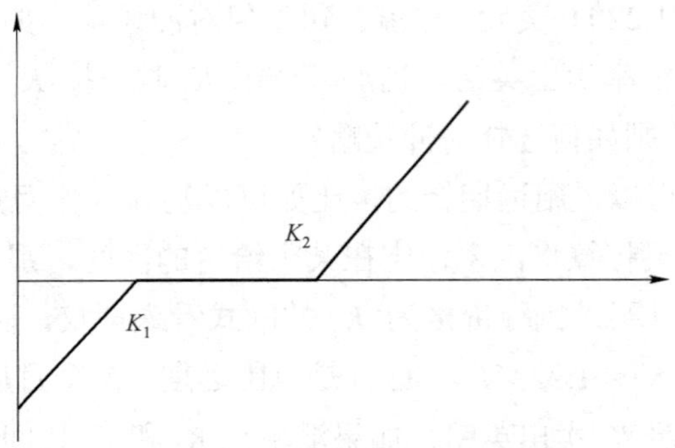

图 2－18 范围远期合约多头损益图

【注】

1. 当看跌期权与看涨期权的执行价格相同，则变为远期合约。

2. 实际中，构造范围远期合约会使看涨期权价格与看跌期权价格相同，这样就使得范围远期合约的成本为 0，与远期合约类似。

五、价差期权（Spread）

价差期权是期权的组合，包括购买一个期权和出售另一个期权，两个期权属于同一类型，即两个期权均是买权或者都是卖权。

1. 牛市价差

（1）牛市价差期权（Bull Spreads）

购买一个较低执行价格的股票看涨期权和出售一个相同股票的较高执行价格的股票看涨期权而得到，两个期权的到期日相同。这种策略的产生是基于未来股票价格上涨的预期，所以叫作牛市价差（Bull Spread）。

未来股票价格比 K_2 高的话，就会有一个正的收益；如果比 K_2 低的话，收益逐渐降低，低到一定的程度后完全是损失。

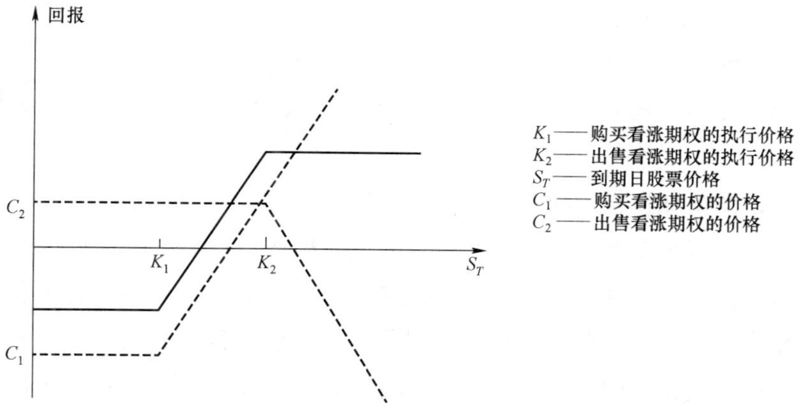

图 2-19 牛市价差期权损益

（2）牛市价差期权策略

策略分析：投资者拥有一个执行价格为 K_1 的看涨期权，并且通过卖出一个执行价格为 K_2 的看涨期权而放弃了上升潜在的利润，作为补偿，投资者获得了执行价格为 K_2 的期权费。显然牛市价差限制了投资者在股票价格上升时的潜在收益，同时该策略也限制了股价下降时的损失。由于投资者拥有较低执行价格的看涨期权，出售一个较高执行价格的看涨期权。执行价格越低，期权费越高。所以对于牛市价差，需要有初始成本。表 2-4 给出了牛市价差期权的损益结构。

表 2-4 牛市价差期权的损益表

盈利状况：需要成本			
股票价格范围	购买看涨期权 K_1 盈利	出售看涨期权 K_2 盈利	总盈利
$S_T>K_2$	$S_T-K_1-C_1$	$K_2-S_T+C_2$	$K_2-K_1+\Delta C$
$K_1<S_T<K_2$	$S_T-K_1-C_1$	C_2	$S_T-K_1+\Delta C$
$S_T<K_1$	$-C_1$	C_2	$+\Delta C$
$\Delta C=C_2-C_1$			
最大收益：$K_2-K_1+\Delta C$			
最大损失：ΔC			

与购买单一期权相比，购买由两份期权构成的牛市价差有交易成本（期权费）降低的好处。但是购买牛市价差组合的投资者放弃了标的资产价格高于协定价格时继续盈利

的机会。

例 2.12 投资者以 4 美元购买一个执行价格为 40 美元的看涨期权，同时以 1 美元出售一个执行价格为 45 美元的看涨期权。若到期日股票价格分别为 65、43、32 美元时，则投资者损益状况如何？

解：已知 $K_1=40$，$K_2=45$。

若 $S_T=65$，两份期权都执行，去除期权费之后收益＝2 美元

若 $S_T=43$，执行价格为 40 美元的看涨期权会被执行，收益＝3 美元，去除期权费之后收益为 0

若 $S_T=32$，两份期权都不执行，损失＝3 美元

牛市价差也可以由看跌期权构造，请思考如何构造？与看涨期权构造有什么差别？

如果用看跌期权来构造，选择的是看跌期权多头和看跌期权空头这两份期权，但是在这两份期权中，购买执行价格较低的看跌期权和出售较高执行价格的看跌期权，这样可以得到牛市价差期权。图 2－20 给出了看跌期权构建的牛市价差期权。

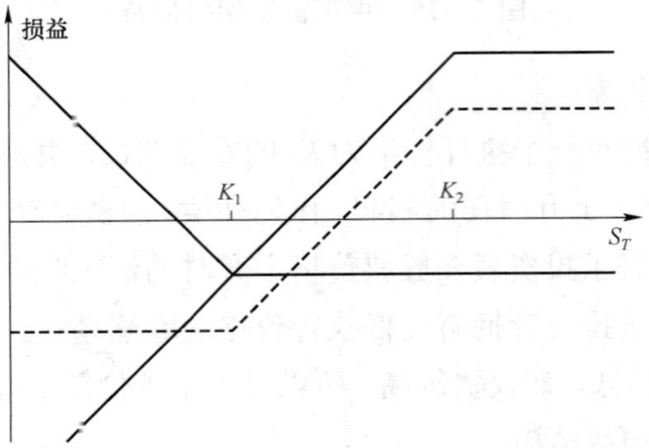

图 2－20 看跌期权构建的牛市价差期权

其中 K_1 为看跌期权多头对应的执行价格，K_2 为看跌期权空头对应的执行价格。

牛市价差期权可以由购买较低执行价格的看跌期权和出售较高执行价格的看跌期权组合而成。用看跌期权构建牛市价差期权与用看涨期权构建相比并没有期权费的成本，反而有正的现金流的流入。表 2－5 给出了看跌期权构建牛市价差期权的损益情况。

表 2－5 看跌期权构建牛市价差期权的损益

盈利状况：用看跌期权构建牛市价差期权有正现金流流入			
股票价格范围	购买看跌期权 K_1 盈利	出售看跌期权 K_2 盈利	总盈利
$S_T>K_2$	$-P_1$	P_2	ΔP
$K_1<S_T<K_2$	$-P_1$	$S_T-K_2+P_2$	$S_T-K_2+\Delta P$
$S_T<K_1$	$K_1-S_T-P_1$	$S_T-K_2+P_2$	$K_1-K_2+\Delta P$
$\Delta P=P_2-P_1$			

例 2.13　某投资者以 2 元购买一执行价格为 40 元的看跌期权，同时以 5 元出售一执行价格为 45 元的看跌期权。求其损益状况？

解：$K_1=40$，$K_2=45$，$P_1=2$，$P_2=5$，$\Delta P=3$

表 2－6 给出了损益状况：

表 2－6　　看跌期权构建牛市价差期权的损益

股票价格范围	购买看跌期权盈利	出售看跌期权盈利	总盈利
$S_T>45$	-2	5	3
$40<S_T<45$	-2	S_T-45+5	S_T-42
$S_T<40$	$40-2-S_T$	S_T-45+5	-2

2. 熊市价差

熊市价差期权策略：即购买一个较高执行价格的看跌期权和出售一个较低执行价格的看跌期权，两期权的到期日相同。熊市价差期权与牛市价差相反，牛市价差买入期权价格总是小于卖出期权价格。持熊市价差期权（Bear Spreads）的投资者预期股票价格下降，因为收益依赖于未来股票价格的下降，所以称为熊市价差。

图 2－21 显示了熊市价差期权的价值如何随标的资产价格变化。如果标的资产价格越低，反而有收益；如果标的资产的价格上涨的话，有损失。这种收益和损失也是固定在一个区间内变化，不可能出现无限的收益或损失。熊市价差期权同样限制了投资者当股价向有利方向变动时的潜在收益，同时也限制了投资者当股价向不利方向变动时的潜在损失。

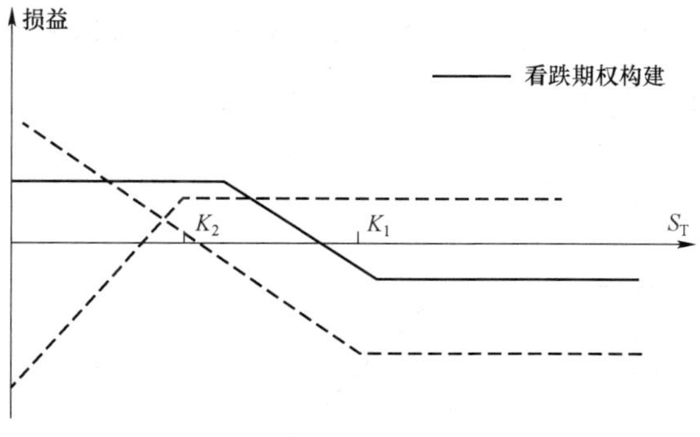

图 2－21　熊市价差期权

购买熊市价差期权需要初始成本。执行价格越高，对于看跌期权来讲越贵，因为未来股票价格越有可能低于执行价格，能够获得收益。执行价格较低的看跌期权应该较便宜，比如趋近于 0 时，几乎不可能执行，这样的期权的价值几乎可以看成是 0。所以买入执行价格较高的看跌期权所需要花的钱一定比出售一个较低执行价格看跌期权获得的期权费要高，两者之差大于 0，所以需要付出成本。投资者持有熊市价差期权的损益情况如表 2－7 所示。

表 2－7　　熊市价差期权的损益

盈利状况：需要成本$\Delta P=P_2-P_1$

价格范围	购买期权 K_1 盈利	出售期权 K_2 盈利	总盈利
$S_T>K_1$	$-P_1$	P_2	$+\Delta P$
$K_2<S_T<K_1$	$K_1-S_T-P_1$	P_2	$K_1-S_T+\Delta P$
$S_T<K_2$	$K_1-S_T-P_1$	$S_T-K_2+P_2$	$K_1-K_2+\Delta P$

例 2.14　某投资者以 2 元购买一执行价格为 45 元的看跌期权，同时以 1 元出售一执行价格为 40 元的看跌期权。求其损益状况？

解：$K_1=45$，$K_2=40$，$P_1=2$，$P_2=1$，$\Delta P=-1$

表 2－8　　熊市价差期权的损益

股票价格范围	购买期权盈利	出售期权盈利	总盈利
$S_T>45$	-2	1	-1
$40<S_T<45$	$45-S_T-2$	1	$44-S_T$
$S_T<40$	$45-2-S_T$	S_T-40+1	$45-40-1=4$

熊市价差期权也可以由看涨期权构造吗？请思考如何构造。与看跌期权构造有什么差别？

用看涨期权也可以构造熊市价差期权。买入较高执行价格的看涨，卖出较低执行价格的看涨。执行价格越高的话，对于看涨期权来讲越便宜。

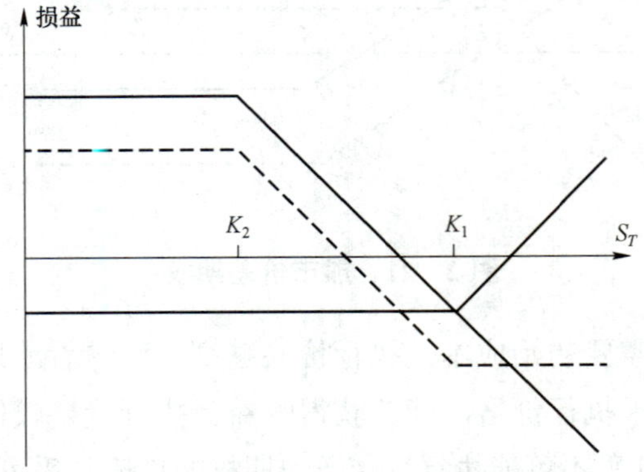

图 2－22　用看涨期权构建熊市价差期权

从图 2－22 可以看出，买入有较高执行价格的看涨期权，同时卖出较低执行价格看涨期权可以构建熊市价差期权，且不需要成本，投资者有现金流流入。

3. 蝶式价差期权（Butterfly Spreads）

蝶式价差期权包括三种执行价格不同的期权的买卖组合。

蝶式价差期权策略：购买一个较低执行价格 K_1 的看涨期权，购买一个较高执行价格 K_3 的看涨期权，出售两个执行价格为 K_2 的看涨期权，其中，K_2 是 K_1 与 K_3 的中间值。

图 2－23 给出了蝶式价差期权的价值变化。如果股票价格在 K_1 到 K_3 之间变化的话，是有一定收益的；但如果股票价格比 K_1 低，或比 K_3 高的话，会有一个固定的损失。

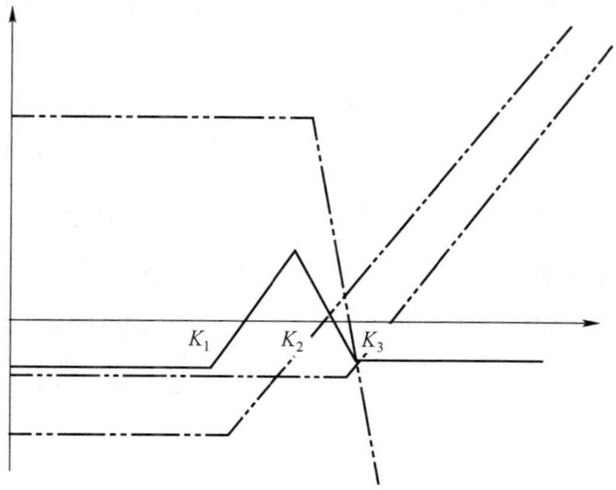

图 2－23　蝶式价差期权

表 2－9　　蝶式期权损益

股票价格范围	第一个看涨期权 K_1 多头盈利	第二个看涨期权 K_3 多头盈利	两个看涨期权 K_2 空头盈利	总盈利
$S_T<K_1$	$-C_1$	$-C_3$	$2C_2$	ΔC
$K_2>S_T>K_1$	$S_T-K_1-C_1$	$-C_3$	$2C_2$	$S_T-K_1+\Delta C$
$K_2<S_T<K_3$	$S_T-K_1-C_1$	$-C_3$	$-2(S_T-K_2)+2C_2$	$K_3-S_T+\Delta C$
$S_T>K_3$	$S_T-K_1-C_1$	$S_T-K_3-C_3$	$-2(S_T-K_2)+2C_2$	ΔC
$K_2=0.5(K_1+K_3)$，$\Delta C=2C_2-C_1-C_3$				
最大损失：净权利金；最大收益：$K_2-K_1+\Delta C$				

如果股票价格保持在 K_2 附近，运用该策略可以获利，如果股票价格在任何地方有较大波动，则会有少量损失。这个策略对于那些认为股票价格不可能发生大的波动的投资者来说，是一个非常恰当的策略。

例 2.15　假定某股票现价 64 美元，如果某投资者认为 6 个月中股票价格不可能发生重大变化，假定 6 个月看涨期权的市场价格如表 2－10 所示。如何构造蝶式期权？成本如何？当股票价格为 70、60、50 美元时，损益状况如何？

表 2-10　　6 个月看涨期权的市场价格

执行价格（美元）	看涨期权的价格
55	10
60	6
65	4

解：可以购买执行价为 55 美元的看涨期权、执行价为 65 美元的看涨期权，同时出售两份执行价为 60 美元的看涨期权，来构建蝶式期权。通过这种方法，成本为 2 美元。

如果未来股票价格为 70 美元，净损失 = 2 美元。

如果未来股票价格为 50 美元，净损失 = 2 美元。

如果未来股票价格为 60 美元，净收益 = 3 美元。

我们思考一个问题：蝶式期权可以用看跌期权来构建吗？

答案是可以的，蝶式期权可以由买入执行价为 55 美元的看跌期权，买入执行价为 65 美元的看跌期权，同时卖出两个执行价为 60 美元的看跌期权构成。

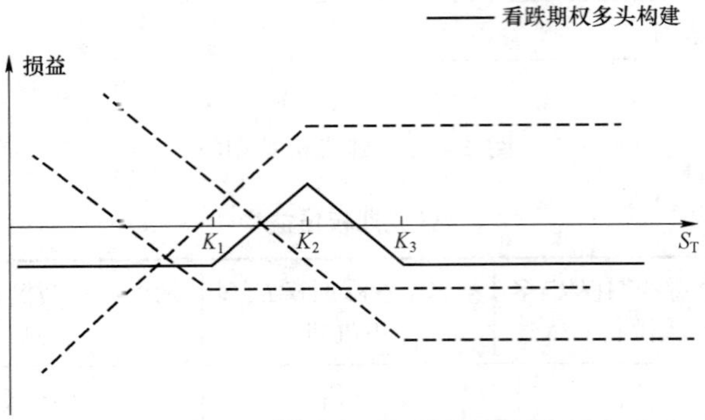

图 2-24　看跌期权构建蝶式期权

4. 飞鹰式价差期权（Condor Spreads）

本策略的履约价格间距相等。看涨期权的构建策略是买进 1 个低履约价格看涨期权（K_1）；卖出 1 个中低履约价格看涨期权 K_2；卖出 1 个中高履约价格看涨期权 K_3；买入 1 个高履约价格看涨期权 K_4。这里要求 $K_1<K_2<K_3<K_4$，$K_2+K_3=K_1+K_4$。

看跌期权的构建策略是买进 1 个低履约价格看跌期权；卖出 1 个中低履约价格看跌期权；卖出 1 个中高履约价格看跌期权；买入 1 个高履约价格看跌期权。这里要求 $K_1<K_2<K_3<K_4$，$K_2+K_3=K_1+K_4$。

飞鹰式价差期权的适用范围是投资者认为，市场的结算价会处于某个幅度之内，但他希望投资一个比蝶式更保守的期权组合，即扩大平衡点之内的价格范围，而损失则控制在一定水平之内。

飞鹰式价差空头的构建方法与多头完全相反，这里就不赘述。

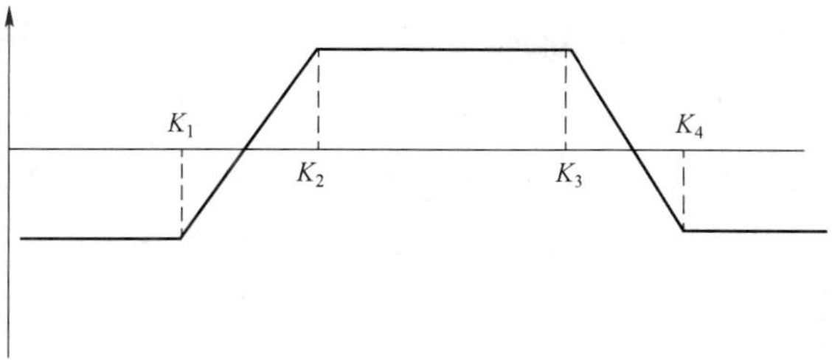

图 2-25　飞鹰式价差期权

第三节　案例分析

本小节我们应用前两节的方法来分析一些案例。

一、深南电事件

我们再回忆一下深南电与投行签订的第一份确认书：

在有效期为 2008 年 3 月 3 日至 12 月 31 日的确认书中，双方规定当浮动价（每个决定期限内纽约商品交易所当月轻质原油期货合约的收市结算价的算术平均数）高于 63.5 美元/桶时，深南电每月可获 30 万美元的收益。

当浮动价低于 63.5 美元/桶且高于 62 美元/桶时，深南电每月可得（浮动价－62 美元/桶）×20 万桶的收益。

而当浮动价低于 62 美元/桶时，深南电每月则需向杰润公司支付与（62 美元/桶－浮动价）×40 万桶等额的美元。

请根据合约内容分析可采用什么样的金融工具组合得到相同结果？

解：通过分析，我们可以把这份合约分解为以下三个组合：

（1）组合 1：牛市价差＋看跌期权空头

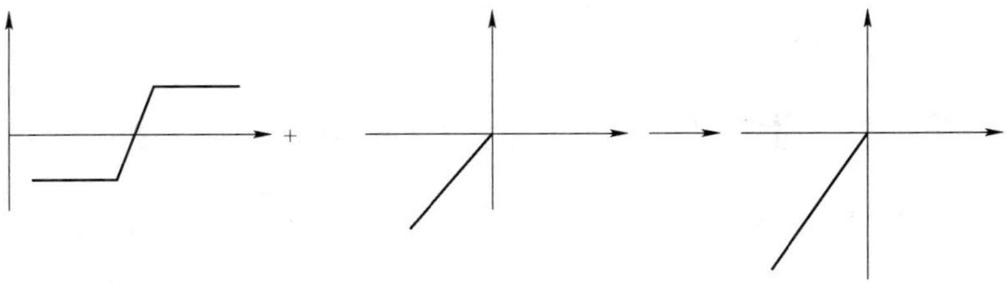

图 2-26　深南电的产品分析

这份确认书相当于牛市价差期权：执行价为 63.5 美元/桶的看涨空头，执行价为 62 美元/桶的看涨多头，头寸 20 万桶；同时还持有执行价为 62 美元/桶的看跌空头两份，头寸 20 万桶。也即牛市价差期权与看跌期权的组合。图 2-26 给出了组合后的图形，显然油价越低，深南电风险越大。具体来说：

若 $S_T \geqslant 63.5$，两份期权都会被执行，看跌期权不执行

（$63.5-S_T+S_T-62$）= 1.5 美元/桶，收益 = 1.5 美元/桶 × 20 万桶 = 30 万美元

若 $62 < S_T < 63.5$，看涨多头会被执行，看跌期权不执行，收益=（S_T-62）美元/桶×20 万桶

若 $S_T \leqslant 62$，看跌期权要执行，看涨期权不执行，损失=（S_T-62）美元/桶 × 40 万桶

（2）组合 2：看涨空头 + 远期合约多头 + 看跌期权空头

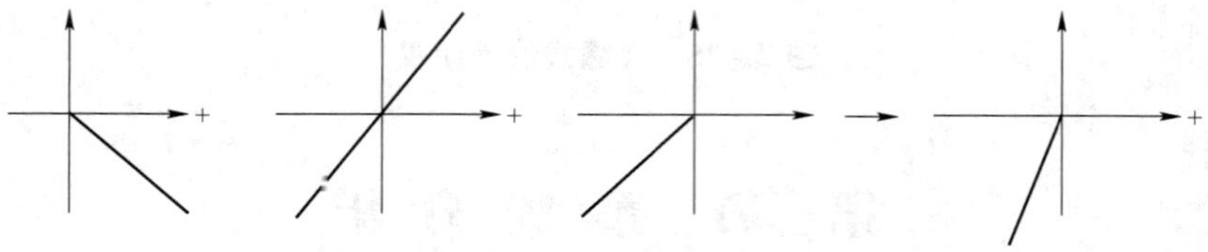

图 2－27　深南电产品分析

深南电持有执行价为 63 5 美元/桶的看涨空头头寸 20 万桶，执行价为 62 美元/桶的远期合约多头头寸 20 万桶，执行价为 62 美元/桶的看跌空头，头寸 20 万桶。

若 $S_T \geqslant 63.5$，看涨期权会被执行，远期合约要执行，看跌期权不执行，深南电获利为：$63.5-S_T+S_T-62=1.5$ 美元/桶，收益 = 1.5 美元/桶 × 20 万桶 = 30 万美元

若 $62 < S_T < 63.5$，远期合约执行，收益 =（S_T-62）美元/桶 × 20 万桶

若 $S_T \leqslant 62$，看跌期权要执行，远期合约执行，损失=（S_T-62+S_T-62）美元/桶×20 万桶

（3）组合 3：两个看跌期权的组合。

深南电持有看跌期权空头 20 万桶，期权费 1.5 美元/桶，执行价格 $X_1=63.5$ 美元/桶，还持有看跌期权空头 20 万桶．期权费 0 美元，执行价格 $X_2=62$ 美元/桶。显然分解为两份看跌期权空头肯定风险很大。

若 $S_T \geqslant 63.5$，两份期权都不执行，获得期权费 30 万美元

若 $62 < S_T < 63.5$，会执行看跌期权空头执行价为 62 美元/桶的看跌期权，收益=（S_T-62）美元/桶 × 20 万桶

若 $S_T \leqslant 62$，两份期权都执行，损失 =（$S_T-63.5+S_T-62$）美元/桶 × 20 万桶 + 30 万美元 =（S_T-62）美元/桶 × 40 万桶

二、国内航空公司事件 1：含有卖出型可展期的期权合约

2011 年 2 月 14 日，《第一财经日报》报道了国内某航空公司与高盛签订的一个可以展期的期权合约（Extendible Cption Contract）。其实这个期权合约包含了 5 个期权：区间卖出型期权、区间买入型期权、卖出看跌期权、卖出看涨期权和可展期的权利（也是期权的一种）。合约的基本内容如下：

有效期为 2009 年 1 月至 12 月，每月交易 15 万桶，油价以西得克萨斯中间基原油（West Texas Intermediate Grude Oil，WTI）现价为标的。

1. 航空公司向高盛以 150 美元/桶价格购买 15 万桶石油。

2. 若油价低于 70 美元/桶，高盛可以以 70 美元价格卖给航空公司 15 万桶。

3. 航空公司卖给高盛一个执行价格为 180 美元的看涨期权。

4. 在 2009 年 12 月 31 日到期后，高盛有权独自决定合约是否展期。如果高盛决定展期，不需要航空公司的同意，可以立即执行合约。展期合约内容与前三条基本一致，但是执行价格稍有变化，第一条执行价格变为 170 美元，第二条执行价格变为 80 美元，第三条执行价格变为 200 美元。

请分析合约对航空公司的损益影响情况。

解：

这份合约可以分解为 4 个期权：

（1）区间型卖出期权

若 $70 \leqslant S_T < 150$，亏损 $c=(150-S_T)\times 15$ 万桶

若 $S_T=100$，亏损 750 万美元

若 $S_T=70$，亏损 1 200 万美元

油价越低，亏损越高

（2）区间型买入期权

若 $150 < S_T < 180$，唯一的获利区间，收益 $=(S_T-150)\times 15$ 万桶

若 $S_T=180$ 美元，收益 450 万美元

若 $S_T=170$ 美元，收益 300 万美元

（3）卖出看跌期权，执行价格为 70 美元

若 $S_T < 70$，亏损 $c=(70-S_T)\times 15$ 万桶

若 $S_T=60$ 美元，亏损 150 万美元

若 $S_T=50$ 美元，亏损 300 万美元

只要油价低迷，亏损可以不断进行下去

（4）卖出看涨期权，执行价格为 180 美元

若 $S_T > 180$ 美元，油价越高，对于航空公司来讲损失越大，亏损 $=(S_T-180)\times 15$ 万桶

若 $S_T=190$ 美元，亏损 150 万美元

若 $S_T=210$ 美元，亏损 450 万美元

以上分析可以看出，只有当油价在 150 美元～180 美元时航空公司才能获利，其他区间都会遭受损失，且概率极高。这个可展期合约不仅没有套保，反而可能带来灾难，确实是不平等合约，严重损害中国企业的利益。高盛可展期的权利，是另外一个风险。一年到期后，合约允许高盛决定是否展期一年。一年后，如果油价对高盛有利，则高盛决定展期。这是个期权，仍旧对高盛有利。

三、国内航空公司事件 2：目标累计赎回合约

案例背景：根据《第一财经日报》2011 年 2 月 14 日报道，两家中国航空公司与中国

某海洋运输公司，在衍生品交易中产生巨额亏损。本案例分析其中之一的交易：目标累计赎回合约（内容卖出型看跌期权）。

高盛与国内某家航空公司签订的期权合约如下：

1. 有效期 3 年，2008 年 1 月底至 2011 年 1 月底。

2. 该合约是每一个月结算交割。

3. 合约条款如下：

若油价每月底的价格高于 125.5 美元每桶，航空公司可以以八折的价格（100 美元每桶）买 5 万桶（2008 年 7 月底油价为 125.5 美元）。若油价每月底低于 70 美元每桶，航空公司仍旧以 70 美元买入 10 万桶。在三年有效期内，若航空公司累计盈利达到 150 万美元，期权合约终止。这个条件就是敲出期权（Knock-out Option）。以航空公司从期权累计获利决定，而不是油价。

【注】

该合约被称为目标累计赎回期权（Target Accrue Redemption Note，TARN）。目标累计是指敲出的条件以航空公司从期权获利的累计盈利作为目标，来决定是否有敲出事件发生，若有，合约立即终止。也就是发行商高盛可以名正言顺地向航空公司赎回合约，合约终止。

请分析该合约的损益状况。

解：我们先对产品结构进行分析。

若 $S_T > 125.5$，且 $R_T < 150$ 万美元，收益 =（$S_T - 100$）$\times 50\,000$

若 $S_T < 70$，且 $R_T < 150$ 万美元，损失 =（$70 - S_T$）$\times 100\,000$

第一个条款为向上敲出看涨期权，只要油价超过 125.5 美元/桶，就会有收益，油价越高，收益越高。但是敲出条款规定累计盈利不能超过 150 万美元，累计盈利超过 150 万美元这个条款就要被终止了。如果月末油价价格达到 130 美元的话，收益就达到了 150 万美元，所以油价如果高于 130 美元，这个条款是无效的。但是注意在签约时 7 月底的油价已经是 125.5 美元了，所以这样的一个狭窄的盈利区间对于航空公司来讲没有太大效果，因为很容易就敲出。

第二个条款为向上敲出看跌期权，向上指的都是累计盈利超过 150 万美元。向上敲出看跌期权的风险点在于出售看跌期权，看跌期权空头的风险是非常大的。对于第二个条款中的亏损（$70 - S_T$）$\times 100\,000$ 美元，若 $S_T = 65$ 美元，损失 =50 万美元；若 $S_T = 55$ 美元，损失 =150 万美元，累计损失为 200 万美元；若 $S_T = 30$，损失 =400 万美元，累计损失为 600 万美元。价格越低，累计盈利越低，所以不论怎样都不可能敲出 150 万美元，只要油价越低，就会一直亏下去，累计盈利根本不会涨。可以看到这个条款对于航空公司来讲是非常非常不合算的。

该合约含有两个敲出期权，一个是往上敲出看涨期权（Up-and-out Call），一个是往上敲出看跌期权（Up-and-out Put）。往上敲出看涨期权，收益有限，最高为 150 万美元，在国际油价高于 125.5 美元/桶时，虽然航空公司可以获利，但是获利顶点只有 150 万美元。

一旦达到 150 万美元或以上，合约立刻停止。而我国企业不知道在亏损达到 150 万美元时，终止合约。往上敲出看跌期权，损失巨大，加倍受罚。累计损失可能是巨大的金额。

第四节 结构化金融产品

本小节主要讲述重构积木块形成新的结构化金融产品。比如股指期权、货币期权、期货期权、利率期权、互换期权和奇异期权。

一、股指期权（Stock Index Option）

以美国市场为例，标准普尔（Standard & Poor's，S&P）100 指数期权和 S&P500 指数期权是最流行的两个股指期权。交易所交易股票指数期权，使用的指数大体反映了美国股票市场整体的运行状况。其中一些反映了特殊行业的股票（如计算机技术、石油和天然气、运输业和电话业）。S&P100 指数期权是欧式的，S&P500 指数期权是美式的。

所有指数期权都是现金结算而不是交割指数所包含的那些证券。执行期权时，看涨期权的持有者收入 $S-X$ 的现金，而期权出售者支付这笔现金，其中 S 为指数的值，X 为执行价格。看跌期权的持有者收入 $X-S$ 的现金，期权出售者支付这笔现金。现金支付的依据是执行指令发出那天收市时的指数值。S&P100 指数期权每份合约价值是指数值的 100 美元倍。

例 2.16 若 9 月 24 日购买一份 10 月份到期的执行价格为 635 点的 S&P100 看涨期权的价格需花费 3 600 美元。交易收盘时的指数值为 661.60 点，期权属于实值还是虚值状态？如果期权合约在 9 月 24 日被执行，则持有者收入为多少？

解：这是一份看涨期权，属于实值状态。如果期权合约在 9 月 24 日被执行，持有者收入 2 660 美元。

二、货币期权（Foreign Exchange Options）

货币期权（Foreign Exchange Options）是指标的资产为货币的期权。1982 年美国费城股票交易所（Philandelphia Stock Exchange，PHLX）开始货币期权的交易，交易货币包括澳大利亚元、英镑、加拿大元、德国马克等。我国从 2011 年开始有货币期权。

对于一个希望为其外汇头寸保值的公司客户来说，外汇期权是另一种比远期合约更引人注目的替代方法。用远期合约来进行套保，锁定了未来收益或者成本。而用期权来保值，它可以回避掉不利的风险，保留有利风险。

例 2.17 在未来某一确定时间将收到英镑的美国公司可以通过选择什么货币期权来保值？

解：购买同一时间到期的英镑看跌期权来对冲风险。如果未来英镑贬值，可以执行看跌期权，该策略可以保证英镑的价值不低于执行价格，而且允许公司可以从任何有利的汇率变动中受益。

例 2.18 打算在未来确定时间支付英镑的某公司可以通过什么货币期权来保值？

解：购买那个时刻到期的英镑看涨期权来对冲风险。这就保证了购买英镑的费用不超过某一数额且允许该公司从有利的汇率中受益。如果未来英镑贬值，可以获得更大的收益。

三、期货期权（Options on Futures or Futures Option）

根据标的资产是否可以立即持有可以把期权分为两大类：

1. 基于即期的期权：即期期权（Options on Spot or Spot Options），期权所有者具有在规定的日期之前购买或出售指定资产的权利。在执行期权时，将立即发生按照指定价格买卖资产的行为。如：股票期权、股指期权。

2. 基于期货的期权：期货期权（Options on Futures or Futures Option），期权持有者在将来有买卖资产的权利。

1982 年，美国商品期货交易委员会（Commodity Futures Trading Commission，CFTC）授权试行，1987 年正式批准实行永久性期货期权交易。期货期权的持有者可以在指定日期之前以确定的期货价格取得期货合约。看涨期货期权持有者可以按照指定价格获得期货合约的多头，看跌期货期权持有者有权按照指定价格获得期货合约空头，大部分期货期权为美式。

例 2.19 假设一个投资者买了一份执行价格为每盎司 500 美元的 7 月份看涨期货期权。每份合约标的资产为 100 盎司黄金。投资者在购买时支付期权费，如果期货期权被执行，假设在执行期权时该 7 月份的期货合约的最新结算价为 538 美元。投资者收益如何？如果投资者一天后打算平仓，此时 7 月份的期货价格为 540 美元，投资者收益如何？

解：期货期权在执行的时候，除了能够获得一笔结算费用，同时还能够有一个期货合约，对期货合约进行平仓时还会出现一个收益。

若投资者执行期货期权，可以获得期货多头和现金（538 − 500）× 100 = 3 800 美元。

若期货平仓，可获得（540 − 538）× 100 = 200 美元。

总收益 = 4 000 美元

例 2.20 如果投资者购买 9 月份执行价格为每蒲式耳 200 美分的玉米期货的看跌期货期权，每份期货合约交易 5 000 蒲式耳玉米。如果执行看跌期货期权，执行期权时，9 月份最新结算价格为 179 美分，则投资者收益如何？如果投资者一天后打算平仓，此时，期货价格为 180 美分，投资者收益如何？

解：执行看跌期货期权，可以获得期货空头和现金（2 − 1.79）× 5 000 = 1 050 美元。期货平仓则损失 50 美元，最终收益 = 1 000 美元。

四、利率期权（Interest-rate Option）

1. 防范短期利率风险的方法

方法 1：如果现在把利率固定，可以采用期货合约的空头，直接以固定利率借入资金。

也可以选择远期利率协议。

这些方法的优缺点是什么？选择远期利率协议或者卖出利率期货可以避免风险，但是当未来利率下降时，借款人会失去从中获利的机会。优点在于现在就可以固定好借款利率。缺点是如果借款利率比较低的话，还要用合约中的协议价格去借款，可能产生亏损。

方法 2：买入一种能够防范利率风险的期权。

（1）以一份远期利率协议为基础的看涨期权，又称为利率保证（Interest rate Guarantee），可以提供一种权利而不是义务来购入远期利率协议。如果借款利率高于约定的利率，期权被执行，于是借款利率被维持在约定利率水平。

（2）若选择通过以利率期货为基础的期权，应该选择看涨还是看跌？答案是如果担心期货价格下跌，应选择看跌期权。

2. 防范长期利率风险

如果借款人需要在较长时间内借入一笔资金，并且希望防范利率上升的危险，有什么方法？

长期借款和短期借款相比，风险更大，因为在更长的时间段内利率波动可能更加剧烈。但是我们可以借用防范短期利率风险的方法来防范长期的利率风险。通常在较长时间内借款，只能以浮动利率借款。借款期可以分成几个时间段，在每个连续的时间段开始时把利率固定。在这种情况下，借款人为了防范利率风险，可以采用以下方法。

（1）买入一系列的远期利率协议或卖出一系列利率期货的方法来固定利率。每一份远期利率协议或期货覆盖贷款有效期内的一个时间段。

（2）还可以采用利率互换的方法。利率互换是浮动和固定的一种互换，如果不愿意以浮动利率借款，可以通过利率互换以固定利率来支付。这些措施提供了稳定性，但是不能使借款人在贷款有效期内利率下降时获利。

（3）另一种方法则是购入一系列以远期利率协议为基础的看涨期权（或者以利率期货为基础的看跌期权），期权的到期日与贷款的固定利率日相匹配。在每个固定利率日，借款人将当时的利率与约定利率相比较。如果期权是实值的，就被执行，否则就不执行。

五、互换期权（Swapping Options）

1. 互换期权的定义

互换期权（Swapping Options）是基于利率互换的期权，其给予持有者在未来某个确定的时间进行某个确定的利率互换的权利。互换期权为公司提供担保，保证在某个时段内公司为某个贷款所支付的固定利率将不会超过某个水平。而且互换期权可使得公司在利率向有利的方向变动时获得收益，而在利率向不利方向变动时受到保护。

对于互换期权来讲，标的资产是一种利率互换。这个互换可以让他有权利按照互换来进行交换，也可以不交换。这样就保证了未来市场是更有利的借款利率，可以直接在市场中借款。

例 2.21 某公司已知在 6 个月后要签署一个 5 年期浮动利率贷款协议，每 6 个月重新设定一次利率，它希望将浮动利息支付方式转换成固定利息支付方式，以使得贷款转化为固定利率贷款。支付一定的代价后，该公司可以获得一项互换期权，即对 6 个月后开始的 5 年期贷款，该公司具有收取 6 个月期伦敦银行同业拆放利率（London Inter bank Offered Rate，LIBOR）浮动利息支付某个确定的固定利息（如每年 12%）的权利。如果 6 个月后发现常规的 5 年期互换固定利率低于年利率 12%，则公司会执行互换期权吗？

解： 如果 6 个月后发现常规的 5 年期互换固定利率低于年利率 12%，公司将选择不执行互换期权而按照通常的方法签署一份互换协议。如果 6 个月后常规的 5 年期互换的固定利率大于年率 12%，则公司会执行互换期权。

2. 互换期权的运用策略

（1）互换卖权（Payer Swaption）：赋予持有者执行一种支付固定利率接受浮动利率的互换的权利。

互换买权（Receiver Swaption）：赋予持有者执行一种接受固定利率支付浮动利率的互换的权利。

（2）互换期权的购买者在合约开始时通过支付一定的额外费用，从而获得选择执行互换的权利。合约的对方就是互换期权的卖方。卖方在合约开始时获得额外费用，并同意期权的买方获得选择以特定的固定利率执行互换的权利。互换期权可以是欧式的，或是美式的。欧式期权可以在到期时才执行。

（3）互换期权都基于一个标的互换。标的互换有特定的属性：名义本金、参考利率、到期时间、特定的支付时间以及利息的计算方式。

所有标的互换的属性必须制定。互换期权有一个到期的执行利率（Exercise Rate），执行利率是持有者进入一个固定利率看涨或看跌互换时的固定利率。当互换到期时，持有人是否执行期权取决于标的互换当时的市场利率与互换期权的执行利率两者间的关系。互换期权的执行方式可以是真实的执行互换交易或者是卖方付给买方等额的现金。具体使用哪种执行方式由合约签订时双方共同决定。

例 2.22 假设标的互换是 1 个 3 年期，半年付息一次，以 LIBOR 为参考浮动利率的互换。考虑一个互换卖权，它允许持有人选择执行一个执行利率为 7%的固定利率互换卖权。在到期日，我们假设 3 年期半年付息的 LIBOR 互换的固定利率为 7.25%。如果持有人执行互换期权，会有什么结果？

解： 市场中给出的市场利率为 7.25%，则持有人一定会去执行互换期权，因为互换期权的执行利率为 7%更低。也即同意支付 7%的固定利率同时收到 LIBOR 的浮动利率。

如果不愿意保持互换，想要抵消原互换，可以怎么做？持有人可以在市场中购买具有相反支付安排的互换，这时会有什么情况发生？投资者支付了 LIBOR，同时收到 7.25%的市场固定利率。如果这笔互换的订立方不同于互换卖权，那么会有两笔 LIBOR 收付。这次互换卖权的持有人会发现他的现金流是由 7%的支付和 7.25%的收入组成，每年拥有一个 0.25%的净头寸，一年支付两次，每次 0.125%，将持续 3 年。如果这笔互换与互换期权的卖方以 7.25%交易的话，双方很可能同意撤销 LIBOR 的支付，并让互换期权的卖方支付给买方一年两次的 0.125%的利息。如果双方设定以现金支付，那么互换期权的卖方将支付给买方一个持续 6 期，每半年 0.125%支付的现金流现值。

3. 基于未来贷款预期的利率互换期权应用

利率互换期权的作用：可将固定利率的贷款转化为浮动利率的贷款。反之亦然。如果有一个公司希望在未来的某个日期取得一笔贷款，同时这家公司预期银行的贷款要求将是浮动利率的，而该公司更喜欢固定利率的贷款，那么公司可以使用互换来改变贷款的利息支付形式。互换期权将会给公司更大的灵活性以一个有吸引力的利率来选择执行互换。

六、奇异期权（Exotic Option）

第一代期权：经典期权及其组合。

第二代期权：奇异期权（Exotic Option）。奇异期权是根据客户需求而制定的非标准化期权，大多数奇异期权在场外交易。

1. 奇异期权的种类

（1）打包期权：允许期权持有者购买另一种期权的复合期权。奇异期权是标准期权合同的变形。这类期权合约的大多数条款与标准期权合约相同，但是在支付条款等方面略有差异。

（2）路径依赖期权：这类期权的支付依赖于标的资产在一段时间内的价格变化，而不仅仅是依赖到期日当天的标的资产的价格。

（3）多因素期权：这类期权的支付取决于两种或两种以上的标的资产的价格。

2. 打包期权（Package）

打包期权是由标准欧式期权、远期合约、现金及标的资产构成的证券组合。如牛市价差期权、熊市价差期权、蝶式价差期权、跨式期权和宽跨式期权。

通常打包者会把打包期权设计成初始成本为 0 的证券组合。如范围远期合约（Range Forward Contract）由一个远期多头，一个看跌期权多头，一个看涨期权空头组成。通过选择执行价格使得看跌期权与看涨期权价值相等。这样买入期权支付的期权费抵消了卖出期权得到的期权费，同时远期合约在初始的价值为 0，这就是一个零成本组合。

3. 复合期权（Compound Option）

复合期权的标的资产是另一种期权，共有四种组合方式。

（1）基于看涨期权的看涨（Call on a Call）

（2）基于看跌期权的看涨（Call on a Put）

（3）基于看跌期权的看跌（Put on a Put）

（4）基于看涨期权的看跌（Put on a Call）

每份复合期权有两个到期日和两个执行价格。如一份复合期权为欧式看涨期权，到

期日为 T_1，执行价格为 K_1，标的资产为一份看涨期权，该期权到期日为 T_2（$T_1<T_2$），执行价格为 K_2。当到期时刻 T_1，期权持有者有权选择是否执行该复合期权。如果此时标的资产的看涨期权价值高于复合期权的执行价格 K_1，那么选择执行期权，得到一份到期时刻为 T_2 的看涨期权。

4. 路径依赖期权（Path Dependent Option）

路径依赖期权是指期权在到期日的支付不仅仅取决于到期日当天的标的资产价格，还依赖于到期日之前一段时间内标的资产价格变化的情况。即期权的价值依赖于标的资产价格在期权存续期内所走过的路径。这类期权种类很多，如亚式期权、回望期权、障碍期权和呼叫期权等。

（1）亚式期权（Asian Options）

亚式期权指的是到期资产的收益不仅取决于到期那一时点的价格变化，而是取决于整个持有期内价格的路径情况。主要应用于外汇市场和商品市场，一般采用现金结算。

亚式期权可分为两类：

① 平均价格期权（Average Price Option）

平均价格看涨期权多头收益：

$$V=\max\left(\bar{S}_{[0,T]}-X,0\right) \tag{2-3}$$

② 平均执行价格期权（Average Strike Option）

平均执行价格看涨期权多头收益：

$$V=\max\left(S-\bar{S}_{[0,T]},0\right) \tag{2-4}$$

把执行价格变成了标的资产在整个时期内的平均值。

（2）回顾式期权（Lookback Option）

回顾式期权赋予持有人在期权到期时，能以期权有效期内标的资产曾出现过的最有利价格购买或出售资产的权利。收益依赖于期权有效期内标的资产达到的最大或最小价格。

对于欧式回顾看涨期权，其收益等于到期日标的资产价格减去期权有效期内标的资产达到的最低价格；对于欧式回顾看跌期权来说，收益等于期权有效期内标的资产达到的最高价格减去到期日价格。

欧式回顾式看涨期权：

$$\max\left(0,S_T-S_{\min}\right) \tag{2-5}$$

$S_{\min}$ 表示期权有效期内标的资产达到的最小值。

欧式回顾式看跌期权：

$$\max\left(0,S_{\max}-S_T\right) \tag{2-6}$$

$S_{\max}$ 表示期权有效期内标的资产达到的最大值。

还有一种类型是执行价在购买期权时已固定，到期时回顾标的资产在期权有限期内所曾触及的价格，看涨期权选择在最高价水平行使期权，看跌期权则选择在最低价行使期权。回顾式期权赋予持有人更好的获利机会，因此较一般期权更昂贵。

（3）呼叫期权（Shout Option）

呼叫期权是一种欧式期权，该期权的持有者可以在期权有效期内的任意时刻向期权卖方呼叫。当期权到期日时，期权持有者得到的支付是以下两个值的较大者：按欧式期权计算的到期日收益和按呼叫时的标的资产价格计算的期权内在价值。

$$\max\left(S_{t_s}-K,S_T-K,0\right)=\max\left(0,S_T-S_{t_s}\right)+\left(S_{t_s}-K\right) \tag{2-7}$$

S_{t_S} 是期权买方呼叫时标的资产的价格。与回望期权相似，都取决于标的资产价格变化的路径，但是其价格更加便宜。

（4）障碍期权（Barrier Option）

比较早的奇异期权。场外市场较大。收益依赖于标的资产价格是否在一段时期内达到了某个合约事先约定的特定水平，该水平也称为障碍水平。根据标的资产价格达到障碍水平后期权存在与否，可以分为敲出期权和敲入期权。

① 种类。敲出期权：若资产价格达到障碍水平，期权作废，即只有在到期日前没有达到障碍水平才能获得收益。敲入期权：若资产价格达到障碍水平，则得以存在，即只有在到期日前达到障碍水平，才能获得收益。

② 障碍期权是路径依赖型期权。他们的收益取决于实际资产路径与其（障碍）水平的对比。如果资产价格过高或者过低，合约的某些方面就会被触发。如一个向上敲出看涨期权在到期日支付 max（S_T-X，0），除非在这之前资产以 S_u 或者更高的价格交易。即如果资产价格达到这一水平，那么就被敲出了。

对于下降敲出看涨期权是指标的资产价格下降到障碍水平从而使该期权作废的看涨期权。当期权作废后，期权持有者会收到部分期权费的退回，根据合同事先约定。

5. 梯式期权（Ladder Option）

梯式期权英文又称为 Ratchet Option 或 Lock-in Option。梯式期权是一种较为复杂的期权，投资人付出较高的代价，换取“锁定获利”的好处。这种期权在设定执行价之余，还设有多个“梯级价”（Rungs），一旦标的资产的价格触及某一梯级价，即可锁定一定水平的获利。

例 2.23　某股当前市价为 45 元，其梯式看涨期权（Ladder Call）行使价为 50 元，另设有 54、60 以及 66 元三个梯级价。假如该股升至 58 元，即无论随后回落多少，期权持有人至少可获得 4 元（54－50）的获利；若该股在期权到期前最高升至 68 元，则锁定的获利为 16 元（66–50）。

6. 百慕大期权（Bermuda Option）

介于欧式期权与美式期权之间，百慕大期权允许持有人在期权有效期内某几个特定日期执行期权。比如，期权可以有 3 年的到期时间，但只有在 3 年中每一年的最后一个月才能被执行。它的应用常常与固定收益市场有关，适合外汇类合约。

第三章 金融产品的定价原理

本章主要讨论金融衍生品的定价原则，我们通过例子来介绍金融工程的定价方法，而这些方法也是我们后面几章的基础。

本章主要内容包括以下几个部分：

1. 金融产品的定价原则
2. 二叉树模型下欧式期权的无套利定价理论
3. 欧式与美式期权两步二叉树模型
4. 利用二叉树模型为障碍期权、回望期权定价

第一节 金融产品的定价原则

一、绝对定价法与相对定价法

绝对定价法是根据金融工具未来现金流的特征，运用恰当的贴现率将这些现金流贴现成现值，该现值就是绝对定价法要求的价格。

相对定价法则利用基础产品价格与衍生产品价格之间的内在关系，直接根据基础产品价格求出衍生产品价格。

债券是采用绝对定价法来定价的金融产品。债券的当前价值等于其未来现金流贴现值之和，债券的基本估值公式如下：

假设 C_k 是面值为 100 元的债券在第 k 年获得的利息，则 n 年期的面值为 100 元的债券的价格为：

$$P=\frac{C_1}{1+r}+\frac{C_2}{(1+r)^2}+\cdots+\frac{C_n+100}{(1+r)^n}$$

如果我们找到合适的贴现率，那么就可以利用绝对定价法得出债券的价格。

二、套利

套利是在某项资产的交易过程中，交易者可以在不需要期初投资支出的条件下，获得无风险利润。同一资产在两个不同市场上进行交易，各个市场上的交易价格不同，如果没有其他约束，就存在套利机会。

商品市场套利策略是低买高卖，金融市场套利策略是高卖低买。比如两项金融产品A、B，在期末有相同的现金流（收益），如果在期初的价格不同，就有套利机会。

如果市场是有效率的话，市场价格必然由于套利行为做出相应的调整，重新回到均衡的价格状态，达到无套利的价格。根据这个原则，在有效的金融市场上，任何一项金融资产的定价，应当使得利用该项金融资产进行套利的机会不复存在。

三、无套利定价原则

衍生金融产品的定价有一些基本的假设条件需要满足，本章后面的讨论都需要基于这些假设：

1. 市场不存在摩擦，即没有交易成本、没有保证金和没有卖空限制。
2. 市场参与者不承担对手风险，即合同没有违约问题。
3. 市场是完全竞争的，金融产品作为商品的经济学特性。
4. 市场参与者厌恶风险，希望财富越多越好。
5. 市场不存在套利机会，无套利假设是金融衍生工具定价理论生存和发展的最重要的基础。

采用无套利定价原则为金融产品定价，本质上是利用复制的办法将需要定价的金融产品用已知价格的金融产品来进行复制。这里复制是指如果产品A和产品B未来的现金流状态完全相同，称A和B互相复制。

下面我们给出无套利定价原则。

定理 3.1 在无套利市场中，如果两项金融产品在到期日的价值完全相同，则它们在到期日之前任意时刻的价值也必然相同。

下面我们通过一些具体的例子来说明如何应用无套利定价方法为金融产品定价。

例 3.1 股票远期价格的确定。假设IBM股票价格是100美元，如果某投资者打算签署一年的远期合约，已知一年的无风险年利率5%，请问一年的股票远期价格按无套利定价方法该如何确定？空头认为IBM股票的预期收益率为10%，所以价格为110美元，你同意吗？

解： 远期价格的确定可以采用无套利定价方法。假设投资者在0时期借入100美元，买入 1 股股票，同时签订空头远期合约，远期价格为 F。一年后，投资者将股票按远期价格出售，所获金额应该与 0 时期借入 100 美元需要支付的本金与利息之和相等，即

$$F = 100e^{rT} = 105 \text{ 美元}$$

因此远期价格应该是 105 美元。如果市场中的远期价格为 110 美元，有套利机会。投资者可以按相同的方法，借入 100 美元，买入 1 股股票，签订远期合约，到期时执行远期合约，可以获得 5 美元的无风险利润。

如果远期价格是 102 美元，说明远期价格过低，我们可以反向操作，卖空股票，将获得的金额进行无风险投资，同时签订远期合约多头，最终可以获得 3 美元的无风险利润。

例 3.2　远期外汇定价。为中国银行工作的远期外汇交易员，他被一个美国客户要求报出 1 年后人民币兑美元的汇价。客户希望届时从银行购买 1 980 000 人民币，以便偿还账目。假设即期汇率是 1 美元 = 6.5 元人民币，1 年期美元利率 1%，1 年期人民币利率 3%，为此银行需考虑（单利）：

1. 一年期美元/人民币远期的汇率是多少？
2. 若市场中给出 1 年期美元/人民币的远期汇率为 7，怎么实现套利？
3. 若市场中给出 1 年期美元/人民币的远期汇率为 6，怎么实现套利？

解：假定 0 时刻投资者拥有 1 美元，如果把 1 美元存入银行，1 年后获得 1 ×（1 + 1%）美元，如果兑换为人民币可以获得 6.5 元人民币，存入银行，可以获得 6.5 ×（1 + 3%）元。假设一年后的外汇远期价格为 F，即 1 美元 = F 元人民币，则根据无套利定价原则，需要满足等式 $1 \times (1 + 1\%) \times F = 6.5 \times (1 + 3\%)$，可求出 $F = 6.628$ 元。这一过程可以用下面的方式更直观地表述：

1 美元　　=　　6.5 元人民币

↓　　　　　　　↓

$1 \times (1 + 1\%) \times F = 6.5 \times (1 + 3\%)$，求出 $F = 6.628$ 元。

若 $F = 7$ 元，我们可以借入 6.5 元人民币，兑换 1 美元，贷出 1 年，签订人民币远期多头，可获利 $7.07 - 6.5 \times 1.03 = 0.375$ 元人民币。

若 $F = 6$ 元，我们可以借入 1 美元，兑换 6.5 元人民币，贷出 1 年，签订人民币远期空头，可获利 0.045 8 美元。

远期利率是现在确定的在将来两个时间之间的货币的利率。确定远期利率的目的是为了避免利率波动造成借款成本提高的风险，从而保证借款不受利率变化的影响。我们将在第四章重点介绍远期利率协议，这里我们先看看如何利用无套利定价原则确定远期利率。

例 3.3　远期利率的确定。如果有公司打算 6 个月后借款 100 万元，期限 6 个月，已知现在 6 个月即期年利率为 10%（连续复利，下同），1 年期的即期利率是 12%。如果有

人把 6 个月到 1 年期的远期利率定为 11%，试问这样的市场行情能否产生套利活动？若定为 15%，还会有套利吗？

解：我们假定 0 时期投资者有 1 元，将 1 元进行 1 年的无风险投资，利率为 12%，与将 1 元分两个阶段投资，先投资 6 个月，无风险利率为 10%，再投资 6 个月，远期利率为 r，两种情况下的未来收益应该相同，因此我们有：

$$e^{10\%\times\frac{1}{2}}\times e^{r\times\frac{1}{2}}=e^{12\%\times 1}$$

解得：$r=14\%$

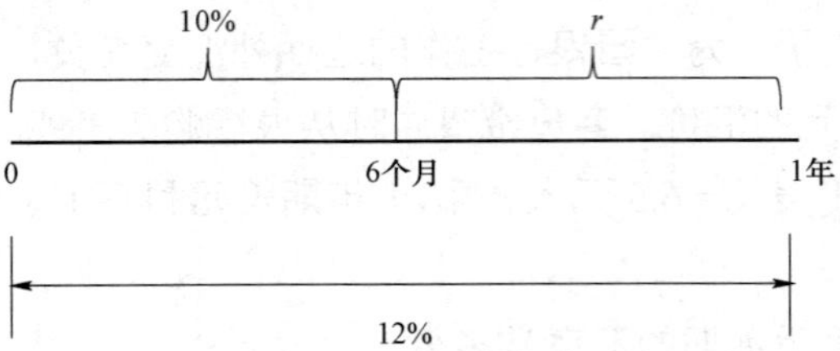

图 3-1 远期利率的确定

如果市场上 $r=11\%$，我们可以构造套利策略：0 时期借入 100 万 6 个月，贷出 1 年。同时签订远期利率协议 $r=11\%$，名义本金为：$100e^{10\%\times\frac{1}{2}}$万元。1 年后可获得套利利润

$100万\times e^{12\%\times 1}-100万\times e^{10\%\times\frac{1}{2}}e^{11\%\times\frac{1}{2}}=1\ 678.62$ 元

如果市场给出的远期利率为 15%，说明定价过高，我们可以反向操作，借入资金 1 年，分两个阶段贷出，先以 10%的利率贷出 6 个月，同时签订远期利率协议，把名义本金 $100e^{10\%\times\frac{1}{2}}$ 再贷出 6 个月，由此获得无风险套利利润。具体计算可由读者自行完成。

这里我们总结一下有关远期利率的确定办法。

已知 T_1 时刻的利率为 R_1，T_2 时刻的利率为 R_2，则 T_1 到 T_2 时刻的远期利率 R_F 应该如何确定？

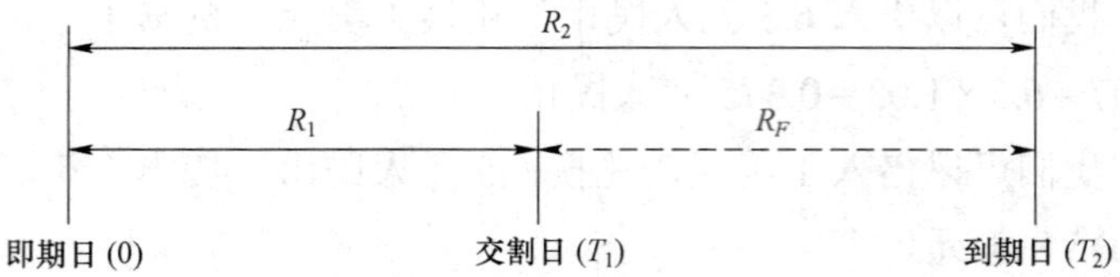

图 3-2 远期利率的确定

如果市场上不存在套利机会，那么按单利表示：

$$(1+R_1T_1)\times\left[1+R_F\left(T_2-T_1\right)\right]=1+R_2T_2 \tag{3-1}$$

解出：

$$R_F=\frac{R_2T_2-R_1T_1}{(1+R_1T_1)(T_2-T_1)} \tag{3-2}$$

若按连续复利表示：

$$R_F = \frac{R_2T_2 - R_1T_1}{T_2 - T_1} \tag{3-3}$$

四、无套利定价的复制技术

无套利定价的关键技术是所谓“复制”技术，即用一组已知价格的证券来复制待定价格的金融产品。使得复制组合的未来现金流特征与被复制的金融产品的未来现金流特征完全一致，则二者的现值完全相同。

下面我们看看如何利用复制技术来证明看涨期权与看跌期权之间的平价关系。我们回忆一下看涨看跌期权的平价关系可以写成：

$$c + Xe^{-r(T-t)} = p + S \tag{3-4}$$

这里 c，p 表示相同股票的相同到期时间的看涨与看跌期权，X 为两个期权的执行价格，S 为股票价格，$T-t$ 为到期时间，r 为无风险利率。

为了证明这个等式，能否构造两个组合未来具有相同的现金流？

考虑下面两个投资组合。

产品 A：一份欧式看涨期权加上现金，金额为 $Xe^{-r(T-t)}$。

到期时 A 的价值为：

$$\max\{S_T - X, 0\} + X = \max\{S_T, X\}$$

产品 B：一份有效期和协议价格与看涨期权相同的欧式看跌期权加上一单位标的资产。

到期时 B 的价值为：$\max\{S_T, X\}$

在期权到期时，两个组合的价值均为 $\max\{S_T, X\}$。由于欧式期权不能提前执行，因此两组合在时刻 t 必须具有相等的价值，即：

$$c + Xe^{-r(T-t)} = p + S$$

这就是无收益资产欧式看涨期权与看跌期权之间的平价关系（Call-put Parity）。这个平价关系说明可以根据 c 来求 p，或者根据 p 来求 c。如果上式不成立，则存在无风险套利机会。套利策略如下。

如果有 $c + Xe^{r(T-t)} < p + S$，相对产品 A 来说，产品 B 被高估了，可构建如下的套利策略：买入产品 A 的证券，卖空产品 B 的证券。因此可以卖出看跌期权，买入看涨期权来获得无风险利润。我们通过下面的例子具体说明。

例 3.4 假定股票价格为 30 美元，$X=30$ 美元，$r=0.1$，$T=1/4$，$c=1$，$p=2$，市场是否存在套利机会？

解：$c + Xe^{-rT} = 30.25$，$p + S = 32$，因此 $c + Xe^{-rT} < p + S$，存在套利机会。我们构造如下的套利策略：

t 时刻：卖出看跌期权，卖空股票，买入看涨期权，剩余资金为 $2+30-1=31$ 美元，贷出 3 个月，可获得：$31\,e^{rT}=31.78$ 美元。

T 时刻：无论 $S_T \geqslant 30$ 还是 $S_T < 30$，我们都可以以 30 美元的价格买入股票，可得套利收益 $=31.78-30=1.78$ 美元。

例 3.5 假定股票价格为 31 美元，$X=30$，$r=0.1$，$T=1/4$，$c=3$，$p=1$，存在套利吗？

这个例子可以由读者自行完成。

第二节 二叉树模型下欧式期权的无套利定价理论

本小节我们将主要利用无套利定价方法为欧式股票期权定价。我们将分别讨论 Delta 对冲方法、风险中性定价方法、状态价格定价方法、复制方法四种定价方法。为了讨论简便，我们假定市场中的股票价格变化是一个二叉树模型，图 3－3 给出了股票价格变化的结果。其中，S 表示初始时期资产价格，p 和 $1-p$ 分别表示资产价格上涨或下跌的概率，uS，dS 分别表示资产上涨或下跌后的价格。u，d 分别代表股票价格上涨与下跌的比率。

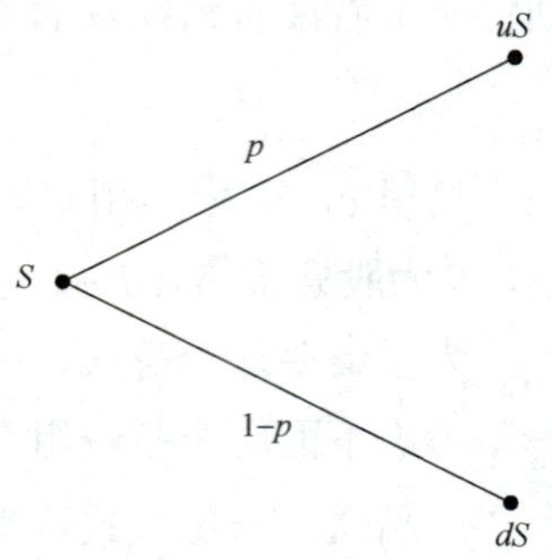

图 3－3 股价变化的二叉树图

一、Delta 对冲策略

例 3.6 假设一只不支付红利的股票目前的市价为 10 元，我们知道在一年后，该股票价格可以是 11 元或 9 元。概率未给定，即期年利率为 5%，一年之后到期执行价格为 10 元的该股票欧式看涨期权的公平价格是多少？

解：构建二叉树模型如下：左边为股票价格的变化情况，右边为对应期权的价值变化。假设期权当前价格为 f_0。由于衍生产品的对冲功能，可以利用期权与股票构建一个无风险资产组合，其价值可以与无风险债券进行比较，以得到衍生产品的价格。

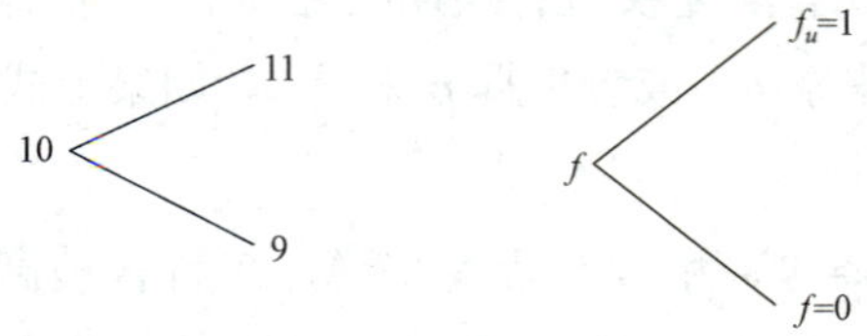

图 3－4 股价与期权价值的二叉树图

为此，假定买入 a 个期权和 b 个股票，可以构成无风险资产组合。即要令 a 份期权 $+b$ 份股票 $=$ 无风险资产。因此有：$a+11b=9b$，推出：$a=-2b$，其中，负号表示操作方向相反。因此选择 1 份看涨期权空头以及 0.5 份股票无风险资产可得到无风险组合。无风险资产可以按照无风险利率进行贴现，得到如下等式：

$$0.5\times10-f=9\times0.5e^{-rT}$$

$$f=0.719\text{ 元}$$

进一步，若假定例 3.6 中的期权为看跌期权，其期权价格为 f'，我们可以利用类似的方法求出看跌期权的价格。首先我们给出期权的二叉树模型。

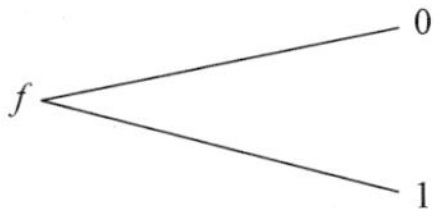

图 3－5　期权的二叉树图

我们同样构建 a 份期权 + b 份股票 = 无风险资产

$$a\times0+11b=1\times a+9b$$

$$a=2b$$

$$a=1,b=0.5$$

1 份看跌期权空头 + 0.5 份股票 = 无风险资产，由此：

$$f'+5=11\times0.5\times e^{-rT}$$

$$f'=0.231\text{ 元}$$

从这个例子中，我们可以看出：

1. 用看涨和看跌期权分别构建无风险资产时，其头寸相同但操作方向相反。其中，看涨期权价值与股票同向变化，故构建的头寸方向相反。而看跌期权价值与股票反向变化，故构建的头寸方向相同。此时，可自行验证看涨和看跌期权的平价关系。

2. 我们可以验证这里的看涨与看跌期权价格满足平价公式。

下面我们推广到一般二叉树模型下的期权定价问题。

二、一般二叉树模型

假设一只无红利支付的股票，当前时刻 t 价值是 S，期末 T 时刻价值是 S_1，假定有两种市场状态，即 S_1 只可能取两个值：一是 $S_1=u\times S$，$u>1$；二是 $S_1=d\times S$，$d<1$，即如下的二叉树模型：

图 3－6　股价变化与期权的二叉树图

首先无套利市场中，必须满足：

$$d<e^{rT}<u$$

其中，d 为股票下跌的幅度，u 为股票上涨的幅度。

运用反证法：当 $d\geqslant e^{rT}$ 时，我们可以借入 S，买入股票获得套利收益。而当 $e^{rT}\geqslant u$ 时，可通过卖空股票，贷出资金获得套利收益。

我们现在想要确定的是当无风险利率为 r 时依附于该股票的看涨期权的价值 f 是多少？

和例 3.6 类似，我们可以建立一个包含衍生品头寸和基础资产头寸的无风险的资产组合。若数量适当，基础资产多头的赢利就会与衍生品的空头亏损相抵，实现瞬间无风险。无风险组合的收益率必须等于无风险利率，由此推出期权的价格。

假定Δ份股票多头+1 份看涨期权空头可以组成一个无风险资产，其未来价值为：

$$uS\Delta - f_u = dS\Delta - f_d$$

可得：

$$\Delta = \frac{f_u - f_d}{uS - dS} \tag{3-5}$$

当前时刻，组合的价值为：

$$(uS\Delta - f_u)\mathrm{e}^{-rT} = \Delta S - f$$

代入 Δ 可得：

$$f = \mathrm{e}^{-rT}[pf_u + (1-p)f_d] \tag{3-6}$$

$$p = \frac{\mathrm{e}^{rT} - d}{u - d} \tag{3-7}$$

我们将 p 称为风险中性概率。

因此，当我们面对一个一般二叉树模型时，可以得到期权的价格为：

$$f = \mathrm{e}^{-rT}[pf_u + (1-p)f_d]$$

其中：

$$p = \frac{\mathrm{e}^{rT} - d}{u - d}$$

例 3.7 假设一只不支付红利的股票目前的市价为 10 元，我们知道在 3 个月后，该股票价格要么是 11 元，要么是 9 元。假设现在的无风险年利率等于 10%，求一份 3 个月期协议价格为 10 元的股票欧式看涨期权的价值，并求出相应 Delta 值。

解：根据已知条件，可算出：

$$u = 1.1 \quad d = 0.9 \quad \Delta = 0.5 \quad p = 0.63$$

看涨期权价值为：

$$f = \mathrm{e}^{-rT}\left[pf_u + (1-p)f_d\right] = 0.61\text{元}$$

若为看跌期权：

$$\Delta = \frac{0-1}{11-9} = -0.5$$

（注意：针对看跌期权，其 Δ 值总为负）

进一步求出看跌期权的价格 $f' = 0.36$ 元。

在例 3.7 中，二叉树模型下的欧式期权平价关系依旧成立。请读者自行验证。

三、风险中性定价法

风险中性定价法（Risk Neutral Valuation，RNV）是指在对衍生证券定价时，我们可以假定所有投资者都是风险中性的，此时所有证券的预期收益率都可以等于无风险利率 r，所有现金流量都可以通过无风险利率进行贴现求得现值。

风险中性假定表面看好像是为了定价方便而做出的人为假定，但实际是无套利市场的本质定量刻画。通过这种假定所获得的结论不仅适用于投资者风险中性情况，也适用于投资者厌恶风险的所有情况。

在上文中虽然 p 是通过计算求得，但是我们可以把 p 解释为股票价格上升的概率，$1-p$ 就是股票价格下降的概率，则 $pf_u+(1-p)f_d$ 是期权的未来预期收益。则 $f=\mathrm{e}^{-rT}\left[pf_u+(1-p)f_d\right]$ 可表述为今天期权的价值是其未来预期值按无风险利率贴现的值。

为了说明这一解释是合理的，我们假定无论真实股票价格上升的概率是多少，我们都认为股票价格上升的概率为 p，下降的概率为 $1-p$。我们考察一下股票的预期收益。在 T 时刻预期的股票价格由下式表示：$E(S_T)=pSu+(1-p)Sd$，进一步有 $E(S_T)=pS(u-d)+Sd$。如果把 p 的计算公式代入，则有：

$$E(S_T)=S\mathrm{e}^{rT}$$

显然，当我们设定股票价格上升概率为 p 时，股票价格的变动按无风险利率计算，投资者对股票的要求回报率为无风险利率，即投资者为风险中性投资者，我们就假设在一个风险中性世界。

在风险中性世界里（Risk-neutral World），所有的人对风险是无差异的。在这样的世界中，投资者对风险不要求补偿，所有证券的预期收益都是无风险利率。风险中性定价原理是任何基于其他交易证券的衍生产品都可以在投资者是风险中性的假设下定价。

风险中性定价下成立的两个基本原理：所有证券的预期收益率为无风险利率；无风险利率是任何预期的未来现金流的最合适的折现率。

风险中性定价步骤：首先假设标的资产的预期收益率为无风险利率，然后计算期权或衍生产品在到期日的预期收益，最后以无风险利率将预期收益折现。

下面我们通过一个例子来看如何利用风险中性定价法为期权定价。

例 3.8　已知股票现价为 20 美元，3 个月末股票价格可能上涨到 22 美元或下降到 18 美元。以该股票为标的资产的期权是一份执行价格为 21 美元，有效期为 3 个月的欧式看涨期权。无风险利率是 12%。请利用风险中性定价法定价。如果期权报价 1 美元，套利策略是什么？如果期权报价 0.5 美元，套利策略是什么？

解：假设股票价格变化的概率为 p 和 $1-p$：

$$22p+18(1-p)=20\mathrm{e}^{rT}$$

$$p = 0.652\ 3$$

$$f = \left[1 \times p + 0 \times (1-p)\right] e^{-rT} = 0.633 \text{ 美元}$$

若 $f' = 1$ 美元，说明期权定价过高，我们可运用 Δ 对冲方法构建套利策略：

$$\Delta \text{ 份股票} + 1 \text{ 份期权空头} = \text{无风险资产}$$

$$\Delta = \frac{f_u - f_d}{uS - dS} = \frac{1}{22 - 18} = 0.25$$

即可用 0.25 股票 + 1 份看涨空头构建无风险资产组合。

未来价值：$18 \times 0.25 = 22 \times 0.25 - 1 = 4.5$ 美元。

当前价值：$4.5e^{-rT} = 4.367$ 美元。

若 $f' = 1$ 期权被高估，我们借钱买入无风险资产组合，成本为 4 美元，期末需要归还 $4e^{rT} = 4.12$ 美元。因此可以产生套利收益：$4.5 - 4.12 = 0.38$ 美元。

若 $f' = 0.5$ 期权被低估，卖出无风险资产组合，收益为 $4.5e^{rT} = 4.64$ 美元。期末平仓后可获得收益：$4.64 - 4.5 = 0.14$ 美元。

小结：

在二叉树模型计算欧式看涨期权价值中，不难发现：

（1）期权的价格只依赖于股票价格 S 的变动范围（即 u，d 的值），u 和 d 衡量的是股票价格的波动率，以后会在 BS 模型中看到波动率的重要性。

（2）计算公式中没有出现股票实际上涨或下跌的概率，也没有描述投资者对于风险偏好程度的变量。

股票价格在未来涨跌的概率影响股票现在的价格，却不影响看涨期权的价格。所以对于所有投资者来说，无论他对未来股票价格涨跌的概率有什么预期，或他对风险厌恶程度如何，都能对看涨期权的“公平”或“正确”价格达成一致。这进一步表明：看涨期权的价格由给出的标的资产股票价格决定，这是衍生产品定价的本质，期权相对股票进行定价。

（3）p 为股票价格上涨的风险中性概率（Risk Neutral Probability），不要与股票价格上涨的实际概率相混淆，实际概率并不影响期权价格，p 也称为等价鞅测度概率。

四、资产组合复制方法

之前我们讨论了利用衍生品与股票复制无风险资产。如果引入无风险债券，与股票适当搭配头寸形成资产组合，能否复制出与衍生产品相同的现金流？

1. 无风险资产与股票复制期权

假设一只无红利支付的股票，当前时刻 t 价值是 S，期末 T 时刻价值是 S_1，有两种市场状态，即 S_1 只可能取两个值：一是 uS，$u>1$；二是 dS，$d<1$。我们现在想要确定的是依附于该股票的看涨期权的价值。假设无风险利率为 r ($d < e^{r(T-t)} < u$)。

我们构造这样一个投资组合，使它与看涨期权的价值特征完全相同。以无风险利率 r 借入一部分资金 B（相当于卖空无风险债券），同时在股票市场上购入 N 股标的股票。由于这一组合完全复制期权的价格变动，那么在期初，组合的价值应该与看涨期权的价值相同，即有 $NS-B=f$。

股票和期权的二叉树模型分别如下：

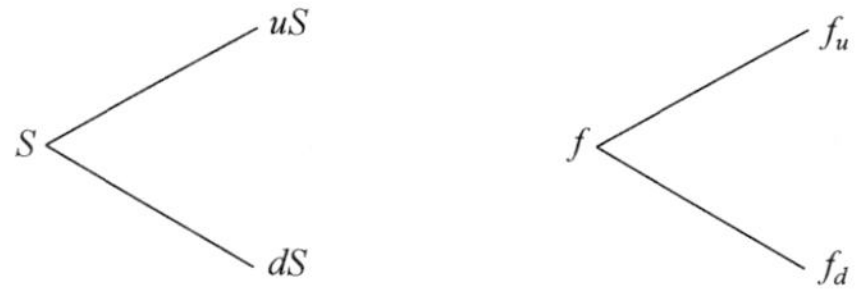

图 3－7　股票和期权的二叉树图

则期末时我们有：

$$uS\times N-B\mathrm{e}^{rT}=f_u \tag{3-8}$$

$$dS\times N-B\mathrm{e}^{rT}=f_d \tag{3-9}$$

解得：

$$B=(d\,f_u-uf_d)\mathrm{e}^{-rT}/(u-d) \tag{3-10}$$

$$N=(f_u-f_d)/(uS-\mathrm{d}S) \tag{3-11}$$

我们的目的是求得 f，则有：

$$f=NS-B=\mathrm{e}^{-rT}\left[pf_u+(1-p)f_d\right] \tag{3-12}$$

其中：

$$p=\left(\mathrm{e}^{rT}-d\right)/(u-d)$$

显然，这里得到的期权价格 f 与我们之前利用风险中性定价法得到的结论是一样的。下面我们来看一个例子。

例 3.9　一份看涨期权，到期时间为 1 年，执行价格 112 元；标的股票当前的价格为 100 元，无风险利率为 8%。一年后，股票的价格或是上升到 180，或是下降到 60 元，则期权的价格为多少？（用复制、Delta 对冲以及风险中性法分别验证）需要借入多少资金来购买多少股票可以复制该期权？

解：根据已知条件，可以得到股票和期权的二叉树模型分别为：

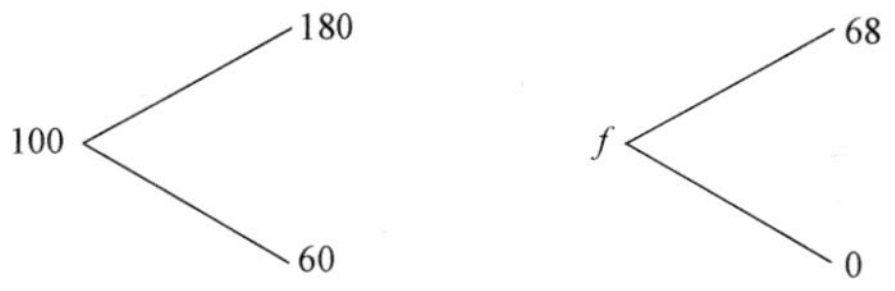

图 3－8　股票和期权的二叉树图

方法 1，delta 对冲法。

$$\Delta=\frac{f_u-f_d}{uS-dS}=0.57$$

$$60\times0.57\mathrm{e}^{-0.08}=100\Delta-f$$

$$f=25.43\text{ 元}$$

方法 2，无风险定价法。先求出风险中性概率：

$$180p+60\times(1-p)=100\mathrm{e}^{rT}$$

求出风险中性概率 $p=0.4$ 。进一步求得期权价格为：

$$f=68\times0.4\mathrm{e}^{-rT}=25.43\text{ 元}$$

方法 3，复制方法：借入 L 份无风险资产，买入Δ份股票：

$$180\Delta-L\mathrm{e}^{rT}=68$$

$$60\Delta-L\mathrm{e}^{rT}=0$$

求出 $\Delta=0.57$ ， $L=31.57$ 。因此：

$$f=25.43\text{ 元}$$

五、利用一种证券来复制另一种证券

例 3.10 如果已知某证券 A 现在价格为 100 元，1 年后价格可能为 107 元，可能为 95 元，无风险利率为 1%。请利用 A 的价格为另一个证券 B 定价，B 一年后价格可能为 104 元，也可能为 96.5 元。请问 B 现在的价格是多少？

解：A 和 B 的二叉树模型为：

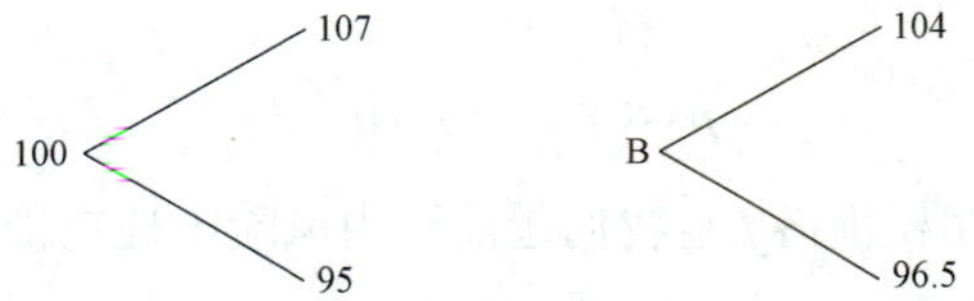

图 3－9 证券 A 与证券 B 的二叉树图

我们可以利用购买无风险资产，同时购买一部分 A 来复制资产 B 未来现金流的变化。如果求得需要 A 和无风险资产的数量，便可得到资产 B 的价格。假设借钱 L，购买 Δ 份 A 可以复制组合 B，即 $P_B=100\times\Delta+L$ 。未来这一组合应该也能复制 B 的收益，则有：

$$107\Delta+L\mathrm{e}^{rT}=104$$

$$95\Delta+L\mathrm{e}^{rT}=96.5$$

求出 $\Delta=0.625$ ， $L=36.76$ ，因此可得 $P_B=99.26$ 元。

六、状态价格定价技术

如果市场中存在一类特殊的证券，这些证券只在特定状态下有单位 1 的支付，其余状态支付为 0，我们把这类证券称为基本证券。状态价格指的是基本证券当前的价格。

假定π_i代表基本证券 i 的价格，$i=1$，…，N。假定未来有 N 个状态，基本证券 1 未来支付为$(1,0,0,\cdots,0)^{\mathrm{T}}$，其当前价格为$\pi_1$。基本证券 2 未来支付为$(0,1,0,\cdots,0)^{\mathrm{T}}$，其当前价格为$\pi_2$，以此类推。我们可以把所有基本证券的支付矩阵写为：

$$\begin{pmatrix} 1 & \dots & 0 \\ \vdots & \vdots & \vdots \\ 0 & 0 & 1 \end{pmatrix}_{N\times N}$$

如果我们已知所有基本证券的状态价格，那么就可以对任意资产进行定价。下面我们具体说明。

假设市场未来只有两个状态：上升（概率为 q）或下降（概率为 $1-q$）。风险证券 A 当前的价格是 P_A，一年后其价格要么上升到 $u\times P_A$，要么下降到 $d\times P_A$，我们可以用二叉树来表示其价格变化。

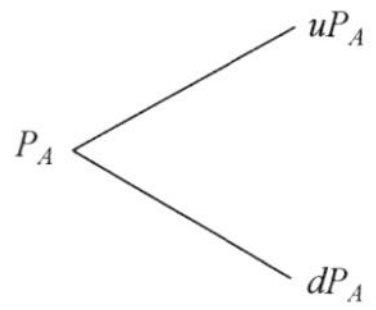

图 3－10　证券 A 的二叉树图

我们现在来构造两个基本证券：基本证券 1 在证券市场上升时价值为 1，下跌时价值为 0；基本证券 2 恰好相反，在市场上升时价值为 0，在下跌时价值为 1。基本证券 1 现在的市场价格是π_1，基本证券 2 的价格是π_2。

图 3－11　基本证券 1、2 的二叉树图

我们可以用 uP_A 份基本证券 1 和 $\mathrm{d}P_A$ 份基本证券 2 便可复制得到 A 的未来现金流。

$$uP_A\pi_1+\mathrm{d}P_A\pi_2=P_A \tag{3－13}$$

持有 1 单位基本证券 1 和 1 单位基本证券 2 可在期末获得 1 单位的无风险收益，即有：

$$\pi_1+\pi_2=\mathrm{e}^{-rT} \tag{3－14}$$

联立（3－13）和（3－14）我们可以求出：

$$\pi_1=\frac{1-d\mathrm{e}^{-rT}}{u-d} \tag{3－15}$$

$$\pi_2=\frac{u\mathrm{e}^{-rT}-1}{u-d} \tag{3－16}$$

进而得到风险证券 A 的价格。

例 3.11　如果已知某证券 A 现在价格为 100 元，1 年后价格可能为 107 元，可能为 98 元，无风险利率为 2%。请利用状态价格定价法为证券 B 定价，已知 B 一年后价格可能为 103 元，也可能为 98.5 元。请问 B 现在的价格是多少？

解：A 和 B 的二叉树模型分别如下：

图 3－12　证券 A、B 的二叉树图

我们运用 107 份基本证券 1 和 98 份基本证券 2 复制 A 未来现金流，可以得到：

$$107\pi_u + 98\pi_d = 100$$

$$\pi_u + \pi_d = e^{-rT}$$

解出 π_u，π_d，我们可以求出 $P_B = 103\pi_u + 98.5\pi_d = 98.52$ 元。

利用状态价格定价法不依赖于有价证券的价格上升的概率 q，q 依赖于人们做出的主观判断，但是人们对 q 认识的分歧不影响有价证券定价的结论。无套利分析（包括状态价格定价技术）的过程与结果同市场参与者的风险偏好无关。

七、两期的扩展状况

对于两期及多期二叉树模型，一般都从最后一期开始倒推求解出资产价格。我们举例说明。

例 3.12　如果已知某证券 A，B 的价格变化如下图所示，无风险利率为 3%。请利用 A 的价格为另一个证券 B 现在的价格定价。

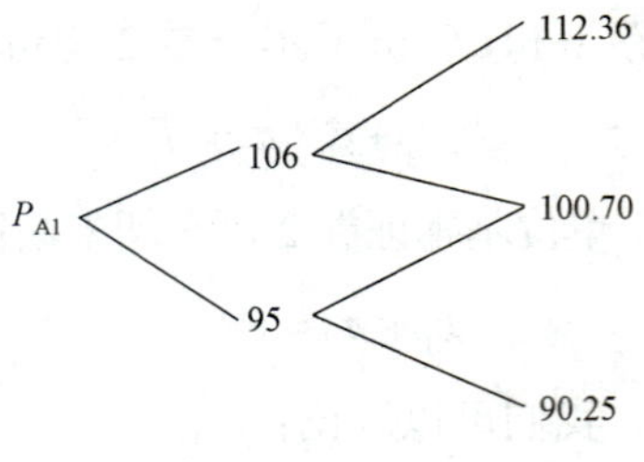

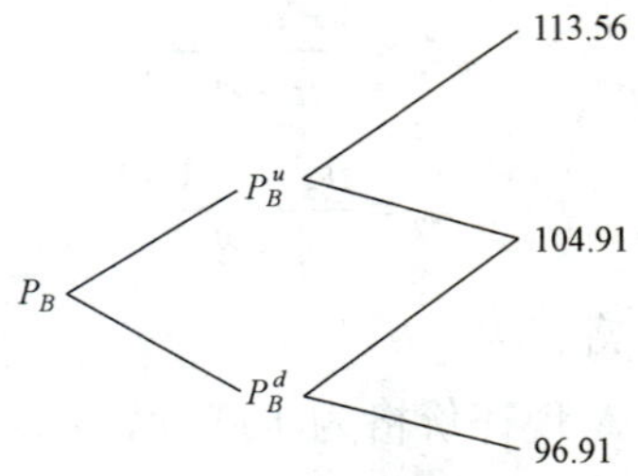

图 3－13　证券 A、B 的两期二叉树图

解：我们采用“倒推”的方法，先从最后一期开始计算，然后倒推出前一期的价格，如果有多期，那就需要计算多个单期的二叉树模型。

第一步，考虑如下两个二叉树模型：

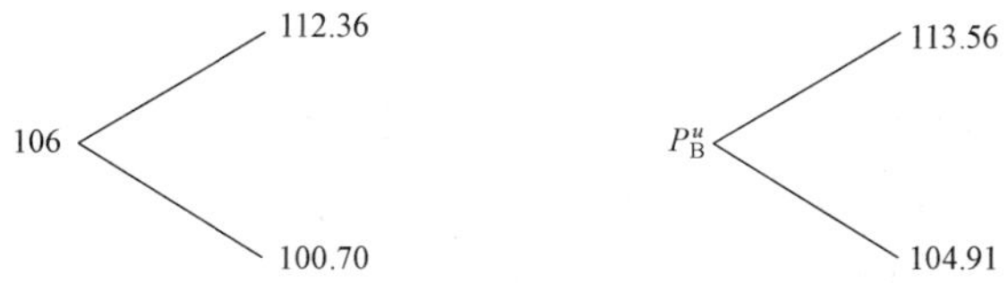

图 3－14　A 和 B 的第一步二叉树图

运用 Δ^u 份 A＋L^u 份无风险资产复制 B：

$$112.36\Delta^u + L^u e^{rT} = 113.56$$

$$100.70\Delta^u + L^u e^{rT} = 104.91$$

解出 $\Delta^u = 0.74$　$L^u = 29.51$。进而求出 $P_B^u = 106\Delta^u + L^u = 107.95$。

第二步，考虑如下两个二叉树模型：

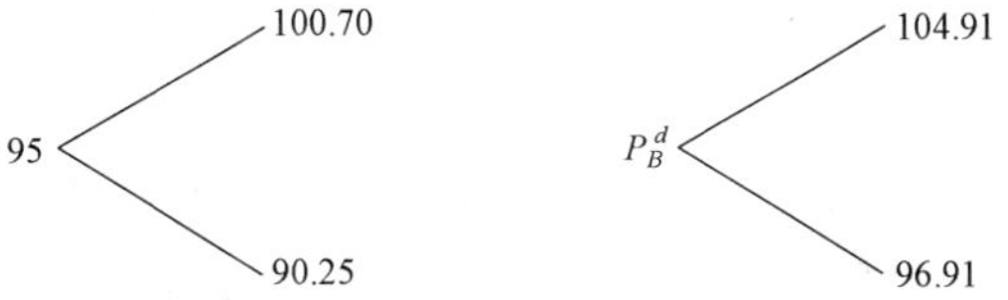

图 3－15　A 和 B 的第二步二叉树图

运用 Δ^d 份 A＋L^d 份无风险资产复制 B：

$$100.70\Delta^d + L^d e^{rT} = 104.91$$

$$90.25\Delta^d + L^d e^{rT} = 96.91$$

解出：$\Delta^d = 0.77$　$L^d = 26.56$。进而求出：

$$P_B^d = 95\Delta^d + L^d = 99.71$$

第三步，最终考虑如下第一期二叉树模型：

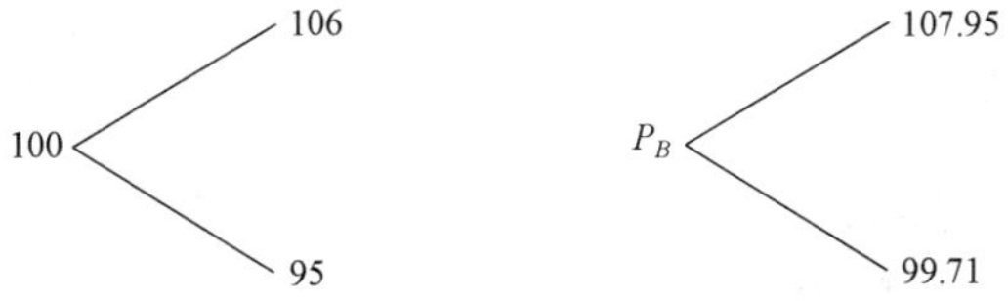

图 3－16　A 和 B 的第一期二叉树图

读者可以自行算出 B 资产的价格。

第三节　欧式与美式期权两步二叉树模型

一、欧式期权两步二叉树模型

我们考虑一般的欧式期权两步二叉树模型，假设变量 p^2，$2p(1-p)$，$(1-p)^2$ 是股价达到最后上、中、下三个节点的概率。从第二步二叉树模型进行倒推，我们可以求出每个节点上的期权价格。

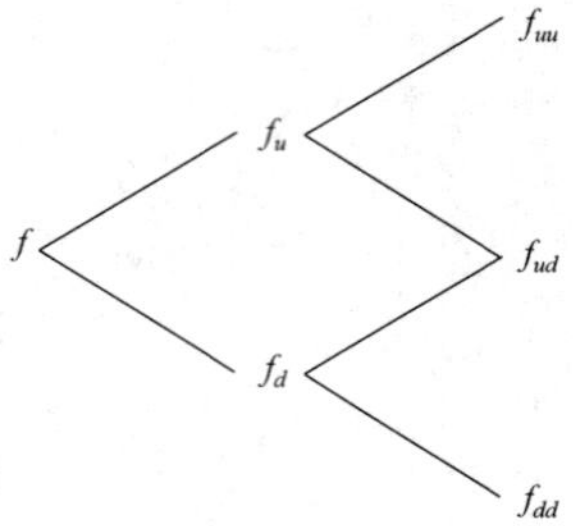

图 3－17　欧式期权的两期二叉树图

根据前文单步二叉树的计算方法，我们可以得到：

$$f_u = e^{-r\Delta T}\left[pf_{uu} + (1-p)f_{ud}\right] \tag{3-17}$$

$$f_d = e^{-r\Delta T}\left[pf_{ud} + (1-p)f_{dd}\right] \tag{3-18}$$

$$f = e^{-r\Delta T}\left[pf_u + (1-p)f_d\right] \tag{3-19}$$

进一步，我们可以得到：

$$f = e^{-2r\Delta T}\left[p^2 f_{uu} + 2p(1-p)f_{ud} + (1-p)^2 f_{dd}\right] \tag{3-20}$$

例 3.13　初始股票价格为 20 美元，并在两步二叉树的每个单步二叉树图中，股票价格可以上升 10%或者下降 10%（我们假定每步二叉树上升下降的概率均相同，且时长相同）。我们假设每个单步二叉树的步长是 3 个月，无风险利率是 12%。如何计算一个执行价格是 21 美元的欧式看涨期权价格？计算出每步的 Delta 值。

解：根据题意，我们给出股票与期权价格变化的路径如下：

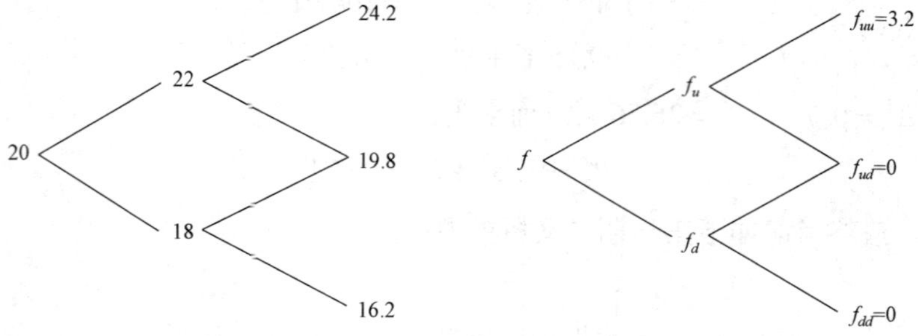

图 3－18　股票与期权价格变化的两步二叉树图

根据公式可得：$f_u = 2.025\ 7$ 美元，$f_d = 0$。进而推出 $f = 1.282\ 3$ 美元。

下面我们求出每步对应的 Delta 值。

B 点处的 Delta 值：$\Delta = \dfrac{3.2-0}{24.2-19.8} = 0.73$

C 点处的 Delta 值：由于价格变化后价值均为零，故 $\Delta_c = 0$

A 点处的 Delta 值：$\varDelta=\dfrac{2.025\,7-0}{22-18}=0.51$

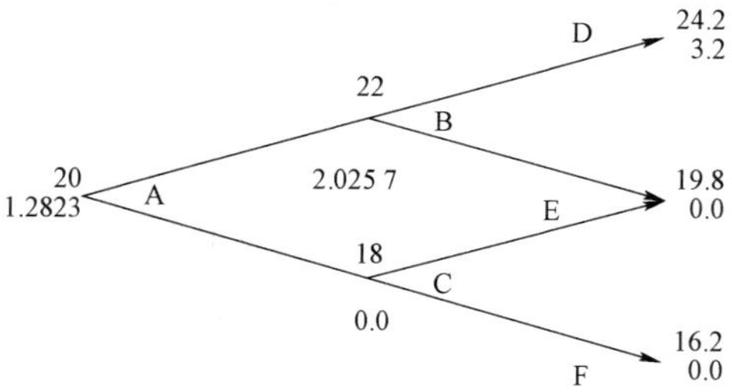

图 3－19　两步二叉树图

结论：不同时期不同股价获得完全保值需要的股票数量是不同的，因此，现实的套期保值策略是一个动态调整的过程。

二、美式期权两步二叉树定价

美式期权与欧式期权不同，美式期权有提前执行的可能，需要在每个单步时考虑是否提前执行。具体步骤如下：

（1）使用倒推法，计算前一节点每个位置期权的价值；

（2）计算如果前一节点提前执行的话，期权在每个位置的收益；

（3）在每个位置比较上述二者，确定最大者；

（4）继续使用倒推法，计算初时期权的价值。

例 3.14　在无套利市场中，考虑一个两年期的看跌期权，假设股票当前价格为 40 美元，价格变化为两步二叉树模型，每个步长为一年，在每个单步二叉树中，股票价格或者按比率上升 20%，或者按比率下降 20%，期权的执行价格为 45 美元，无风险连续利率为 3%，求：

（1）风险中性概率；

（2）如果为欧式看跌期权，确定其价格；

（3）如果为美式看跌期权，确定其价格。

解：

（1）股票两步二叉树模型如下：

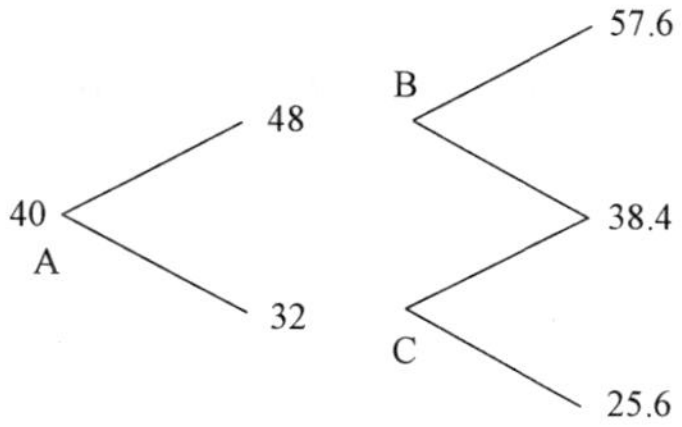

图 3－20　股价的两期二叉树图

根据公式容易算得：$p=0.5761$。我们首先计算出 B、C 两个节点处的期权价格：

$$f_B=\left[0\times0.576\,1+6.6\times(1-0.576\,1)\right]\mathrm{e}^{-rt}=2.714\,8$$

$$f_C=11.67\text{美元}$$

（2）如果是欧式看跌期权：

$$f_A=\mathrm{e}^{-rt}\left[p\times2.714\,8+(1-p)\times11.67\right]=6.318\text{美元}$$

（3）如果是美式看跌期权：B 点提前执行期权的价值为-3，因此不能提前执行。C 点提前执行期权的价值为$13>f_C=11.67$，可提前执行。因此美式期权的价格为：

$$f_A'=\mathrm{e}^{-rt}\left[P\times2.714\,8+(1-P)\times13\right]=6.865\text{美元}$$

三、三步二叉树模型下期权的定价

我们可以进一步把两步二叉树模型的期权定价模型推广到多期的情况。

例 3.15 假设标的资产为不付红利股票，其当前市场价为 100 元，无风险连续复利为 5%，$u=1.1$，$d=0.9$，二叉树步长为 1 年，试计算该股票 3 年期的，协议价格为 105 元的欧式看涨期权的价值。

解：首先可以计算得出 $P_u=0.76$，$P_d=0.24$。我们给出股票价格的变化路径如下：

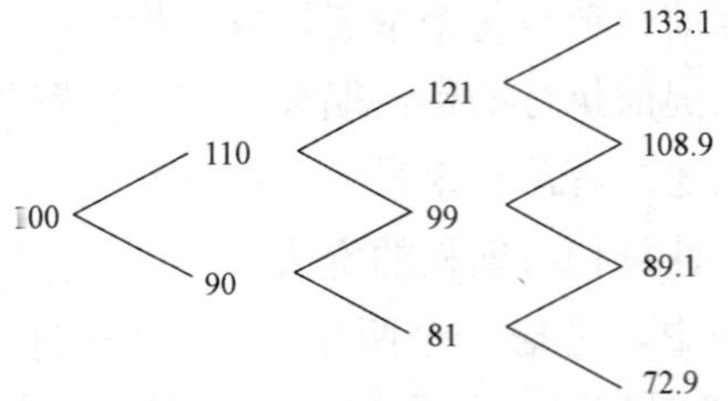

图 3－21 股票价格变化的二叉树图

运用倒推法，可得到期权价值二叉树：

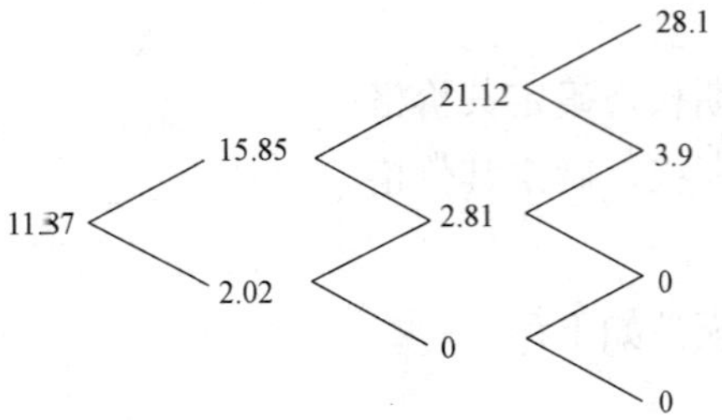

图 3－22 期权二叉树图

即：欧式看涨期权价值为 11.87 元。

四、多期二叉树模型

假设证券价格的树型结构如图 3－23 所示：

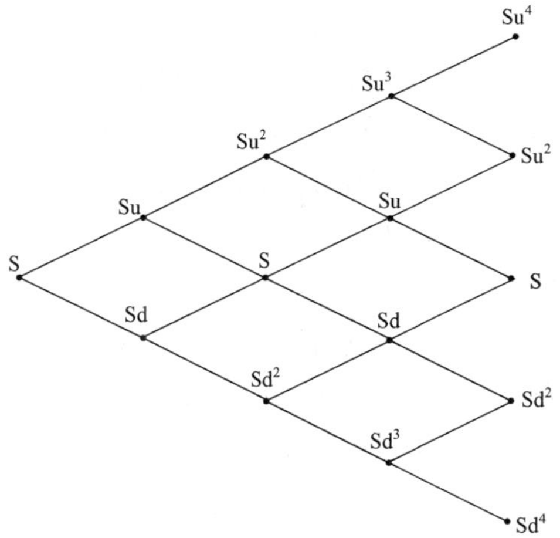

图 3－23 证券价格的多期二叉树图

一般而言，在 $i\Delta t$ 时刻，证券价格有 $i+1$ 种可能，它们可用符号表示为：Su^jd^{i-j}，其中 $j=0,1,\cdots,i$。实际操作中，由于 $u=\dfrac{1}{d}$，使得许多结点是重合的，从而大大简化了树图。

欧式看涨期权的价格计算如下：

$$c=\frac{\sum_{j=0}^{N}\frac{N!}{j!(N-j)!}-p^j(1-p)^{N-j}\max\left(Su^jd^{N-j}-X,0\right)}{\mathrm{e}^{rN\Delta t}} \tag{3-21}$$

其中 r 为单期的无风险连续利率。

上述公式表明：二叉树模型说明期权价格等于期权在到期日的收益在风险中性概率下的期望值，并以无风险利率折现。

与欧式期权不同，美式期权需要考虑提前执行。假设把该期权有效期划分成 N 个长度为 Δt 的小区间，同时用 Su^jd^{i-j} 表示结点 (I,j) 处的证券价格。可得：

$$f_{N,j}=\max\left(X-Su^j\mathrm{d}^{N-j},0\right)\quad j=0,1,\cdots,N$$

假定期权不被提前执行，$i\,\Delta\,t$ 后，则：

$$f_{ij}=\mathrm{e}^{-r\Delta t}\left[pf_{i+1,j+1}+(1-p)f_{i+1,j}\right]f_{ij}\left(0\leqslant i\leqslant N,0\leqslant j\leqslant i\right)$$

上式表示在时间 Δt 时第 j 个结点处的美式看跌期权的价值。若有提前执行的可能性，则：

$$f_{ij}=\max\left\{X-Su^j\mathrm{d}^{i-j},\mathrm{e}^{-r\Delta t}\left[pf_{i+1,j+1}+(1-p)f_{i+1,j}\right]\right\}$$

第四节 利用二叉树模型为障碍期权、回望期权定价

一、障碍期权（Barrier Option）的二叉树模型

我们在第二章曾经讲过障碍期权的定义，这里我们再回忆一下。

敲入障碍（Knock In）：敲入期权在没有到达障碍水平时，期权价值为 0。

对于敲入期权来说，其价值在于到达障碍的可能性。如果是一个向上敲入期权，那么在资产价格到达上限的时候，合约的价值就等于一个相应的常规期权价值。敲出障碍（Knock Out）是当标的资产价格达到敲出障碍水平 H 时，期权合约作废。

我们看一个如何利用二叉树模型为敲出（Down-out）期权定价的例子。

例 3.16 假设标的资产为不付红利股票，其当前市场价为 100 元，无风险连续复利为 5%，$u=1.1$，$d=0.9$，二叉树步长为 1 年，试计算该股票的 3 年期，协议价格为 $X=105$ 元，障碍水平为 95 元的向下敲出欧式看涨期权的价值。

解：向下敲出欧式看涨期权障碍水平为 95，意味着对应价格路径上，只要价格低于 95，则期权价格为 0。在运用二叉树模型分析时，注意不能将价格路径终点简单合并。我们在括号中给出对应价格路径下的期权价值。

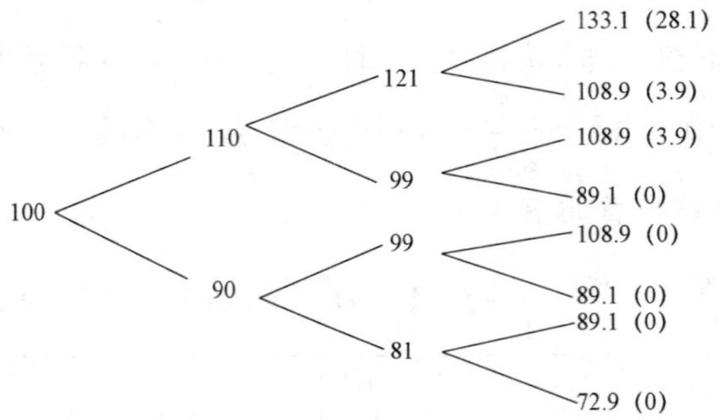

图 3－24 向下敲出欧式看涨期权三期二叉树模型

根据括号内所给出价值，运用二叉树模型倒推的技巧便可计算出期权价格为 11.55 元。

二、回望期权（Lookback Option）的二叉树模型

回望期权的收益依附于标的资产在某个确定的时段（称为回望时段）中达到的最大或最小价格（又称为回望价），根据是资产价还是执行价格采用这个回望价格，回望期权可以分为：

固定执行价期权：执行价格固定

$$C=\max\left(\max\left(S_t,s\leqslant t\leqslant T\right)-K,0\right) \tag{3-22}$$

$$P=\max\left(K-\min\left(S_t,s\leqslant t\leqslant T\right),0\right) \tag{3-23}$$

浮动执行价期权：执行价格为路径过程中的最大或者最小值

$$C=\max\left(S_T-\min\left(S_t,s\leqslant t\leqslant T\right),0\right) \tag{3-24}$$

$$P=\max\left(\max\left(S_t,s\leqslant t\leqslant T\right)-S_T,0\right) \tag{3-25}$$

例 3.17 $S=100$，$d=0.9$，$u=1.1$，执行价格 $X=105$，无风险连续利率 $r=5\%$，利用 3 步二叉树模型计算到期日 3 年的固定执行价的欧式回望看涨期权的价格。

解：根据公式$C=\max\left(\max\left(S_t, s\leqslant t\leqslant T\right)-K,0\right)$，我们在括号中给出期权价值：

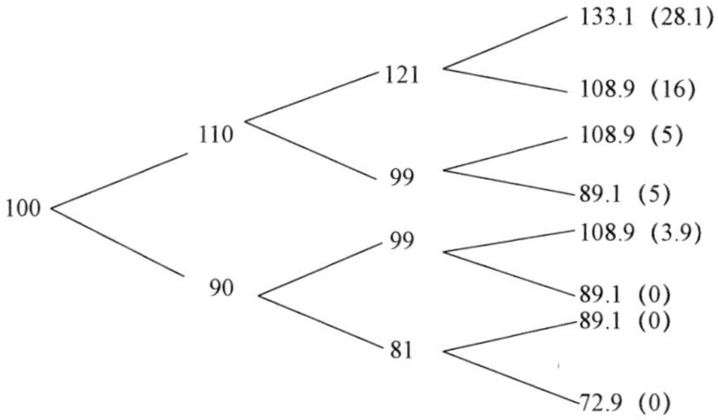

图 3－25 欧式回望看涨期权的三期二叉树图

大家可以运用二叉树定价方法自行计算出该看涨期权的价格。

第四章 远期合约

远期合约是非常重要的一类衍生产品。我们在第一章曾经举例说过，金融工程技术可以通过金融衍生品把未来的不确定性用确定性来替代，远期合约即是可以达到这一目的的金融产品。我们在这一部分将会详细地阐述如何利用金融工程的无套利和复制技术来为远期合约定价。

本章主要内容包括以下几个部分：

1. 远期合约的定价
2. 外汇远期和期货的定价
3. 远期利率协议和综合的远期外汇协议

第一节　远期合约的定价

我们先给出市场需要满足的一些基本假设：

1. 市场不存在摩擦。没有交易成本、没有保证金、没有卖空限制。
2. 市场参与者不承担对手风险，合同没有违约问题。
3. 市场是完全竞争的。
4. 市场参与者厌恶风险，希望财富越多越好。
5. 市场不存在套利机会。
6. 所有市场参与者的各种净交易利润的税率相同。
7. 所有市场参与者能够以无风险利率进行借贷。

在上述假设下，我们分三种情况讨论远期合约的定价。

1. 无收益资产。到期日前不产生任何现金流的资产，如贴现债券、不分红利股票。

2. 支付已知现金收益的资产。在到期前会产生完全可预测的现金流的资产，如付息债券，支付已知红利的股票、黄金、白银。

3. 支付已知利率投资资产。

一、无红利收益资产远期合约

（一）无收益资产远期合约的定价

定理 4.1 现货－远期平价定理（Spot-forward Parity Theorem）。对于无收益资产而言，远期价格等于其标的资产现货价格的终值。用复利表示为：

$$F = S(1+r)^T \tag{4-1}$$

用连续复利表示：

$$F = Se^{rT} \tag{4-2}$$

当 $F > Se^{rT}$ 时，即交割价格大于现货价格的终值。在这种情况下，套利者可以按无风险利率 r 借入 S 现金，期限为 T。然后用 S 购买一单位标的资产，同时卖出一份该资产的远期合约，交割价格为 F。在 T 时刻，该套利者就可将一单位标的资产用于交割换来 F 现金，并归还借款本息 Se^{rT}，这就实现了 $F - Se^{rT}$ 的无风险利润。

当 $F < Se^{rT}$ 时，即交割价值小于现货价格的终值。套利者就可进行反向操作，即卖空标的资产，将所得收入 S 以无风险利率进行投资，期限为 T，同时买进一份该标的资产的远期合约，交割价为 F。在 T 时刻，套利者收到投资本息 Se^{rT}，并以 F 现金购买一单位标的资产，用于归还卖空时借入的标的资产，从而实现 $Se^{rT} - F$ 的无风险利润。

例 4.1 考虑一个股票远期合约，标的股票不分红利，合约的期限为 3 个月。假设标的股票现在的价格为 35 元，连续复利的无风险利率为 4%，则该股票 3 个月的远期价格为多少？

解：$F = 35e^{4\% \times 0.25} \approx 35.4$ 美元

例 4.2 考虑一份零息债券远期合约，其面值为 1 000 美元，期限为 120 天，现在报价为 800 美元。假设无风险年利率为 5%，假设为复利，根据无套利定价原理，该远期合约的价格为多少？

解：$F = S(1+r)^{T-t} = 800 \times (1+5\%)^{120/360} = 813.12$ 美元

例 4.3 假设市场完美无摩擦，标的资产价格为 35 美元，远期价格为 37 美元，年无风险利率为 4%，假设为复利，期限为一年。则套利利润为多少？

解：远期合约的价格应为：

$$F = S(1+r)^{T-t} = 35 \times (1+4\%) = 36.4 \text{ 美元} < 37 \text{ 美元}$$

故投资者可以借入资金 35 美元，买入标的资产，并签订远期合约空头。一年后，投资者以远期价格 37 美元出售标的资产，并归还借入资金的本息和 36.4 美元。最终实现的套利利润为 0.6 美元。

（二）无收益资产远期合约的价值

远期价格是 $t=0$ 时刻使得远期合约价值为 0 的价格，因此多头与空头双方在签约时没有任何成本，远期价格在合约开始后不会再变化。但在合约开始后，随着标的资产的现货价格发生变化，远期合约的价值也会随之发生变化，从而对合约双方产生正的或负的价值。

我们构建组合 A 和组合 B。

组合 A：一份远期合约多头加上一笔数额为 $Ke^{-r(T-t)}$ 的现金；

组合 B：一单位标的资产。

期末时，组合 A 和组合 B 的价值相同，均等于一单位的标的资产价值。根据无套利定价原理，期初时两组合的价值也应相同。因此，我们有：

$$f+Ke^{-r(T-t)}=S$$

即：

$$f=Ke^{-r(T-t)}-S \tag{4-3}$$

无收益资产远期合约多头的价值等于标的资产现货价格与交割价格现值的差额，或者说一单位远期合约的多头可以由一单位资产的多头和 $Ke^{-r(T-t)}$单位无风险负债组成。

如果是复利的情况下，则远期合约的价值可以表示为：

$$f=S-K/(1+r)^{(T-t)} \tag{4-4}$$

例 4.4　考虑一份标的证券为一年期贴现债券，剩余期限为 6 个月的远期合约多头，其交割价格为 900 美元，6 月期无风险利率为 5%（年连续复利），债券现价为 880 美元。

（1）远期合约的多头价值为多少？

（2）若现在建立 900 元的远期价格的头寸，出现什么情况？

解：已知 $T-t=0.5$；$K=900$；$r=5\%$；$S=880$，则有：

（1）$f=S-Ke^{-r(T-t)}=880-900e^{-5\%\times0.5}=2.22$ 美元

（2）$F=Se^{r(T-t)}=880e^{5\%\times0.5}=902.28$ 美元＞900 美元

理论的远期价格大于实际的远期价格，因此可以构造套利策略。卖空标的资产，将资金 880 美元贷出 6 个月，并签订远期合约多头。6 个月后收到贷出资金的本息和为 902.28 美元。以 900 美元的远期价格买入标的资产平仓，最终的套利利润为 2.28 美元。

（三）远期价格的期限结构

远期价格的期限结构主要是用于描述不同期限的远期价格的关系。假设 F 为 T 时刻交割的远期价格，F^*为 T^*时刻交割的远期价格，r 为 T 时刻的即期利率，r^*为 T^*时刻的即期利率。则可以得到：

$$F=Se^{r(T-t)} \tag{4-5}$$

$$F^*=Se^{r^*(T^*-t)} \tag{4-6}$$

上述两式消除 S，得到：

$$F^{*}=Fe^{r^{*}(T^{*}-t)}e^{-r(T-t)}$$

化简得到：

$$F^{*}=Fe^{\hat{r}(T^{*}-T)} \tag{4-7}$$

其中，$\hat{r}$ 为 T 到 T^{*}时期的远期利率。

例 4.5 假设某种不付红利的股票 6 个月的远期合约价格为 30 元，目前市场上 6 个月到 1 年的远期利率为 5%，求该股票的 1 年期的远期合约价格？

解：$F^{*}=30e^{5\%\times(1-0.5)}=30.76$ 元

二、支付已知现金收益资产的远期合约

支付已知现金收益资产到期前会产生完全可预测的现金流的资产。假设 I 为现金收益的现值。根据标的资产不同，I 的值可能是正数也可能是负数。

（1）$I>0$：这类资产包括付息债券、支付已知红利的股票。

（2）$I<0$：这类资产包括黄金、白银，储存成本为负的收益。

（一）支付已知现金收益资产远期合约的定价

考虑一个支付已知现金收益的投资资产的远期合约。假设 S 是资产的即期价格，I 是投资资产的现金收益的现值，T 是远期合约到期的时刻，r 是以连续复利计算的无风险年利率，F 是远期价格。我们可以采取如下投资策略：（1）即期买入该项资产；（2）持远期合约空头。

开仓时，远期合约价值为 0，所以该策略下的即期成本为资产的即期价格 S，并使投资者在即期得到现值为 I 的现金流入，T 时刻得到等于远期价格为 F 的收益。故支付已知现金收益的远期合约的价格为：

$$F=(S-I)e^{r(T-t)} \tag{4-8}$$

例 4.6 考虑购买一份附息票债券的远期合约，债券的当前价格为 900 美元。假定远期合约期限为 1 年，债券在 5 年之后到期。因此该远期合约相当于一份一年之后购买 4 年期债券的合约。我们假设 6 个月和 12 个月后，债券会支付 40 美元利息，其中第二次付息日在远期合约交割日的前一天。6 个月期与 1 年期的无风险利率（连续复利）分别为 9%和 10%。

（1）远期价格为多少？

（2）若市场中发行的该债券的远期价格为 930 美元与 905 美元，如何套利？

解：

（1）该附息票债券一年内的现金收益现值为：

$$I=40e^{-9\%\times0.5}+40e^{-10\%\times1}=74.43 \text{ 美元}$$

理论的远期价格为：

$$F=(S-I)e^{r(T-t)}=(900-74.43)\times e^{10\%\times1}=912.39\text{美元}$$

（2）

① 若 $F'=930>912.39$ 美元

套利策略：

共借入 900 美元，买入债券，并签订远期空头 $F'=930$。其中借入的 900 美元分为两部分，借入 $40e^{-9\%\times0.5}=38.24$ 美元 6 个月；借入 $900-38.24=861.76$ 美元 12 个月。套利利润为：$930+40-861.76e^{0.1\times1}=17.61$ 美元。

②若 $F'=905<912.39$ 美元

套利策略：

卖空债券，贷出 900 美元，并签订远期多头 $F'=905$ 美元。900 美元分两部分贷出，贷出 38.24 美元 6 个月；贷出 861.76 美元 12 个月。套利利润为：$861.76e^{0.1\times1}-905-40=7.39$ 美元。

（二）支付已知现金收益资产远期合约的价值

组合 A：一份远期合约多头加上一笔数额为 $Ke^{-r(T-t)}$ 的现金；

组合 B：一单位标的证券加上利率为无风险利率、期限为从现在到现金收益派发日、本金为 I 的负债。

由于期末时组合 A、B 的价值相同，均为一单位标的证券的价值，故期初时两组合的价值也应相同：

$$f+Ke^{-r(T-t)}=S-I$$

即：

$$f=S-I-Ke^{-r(T-t)} \tag{4-9}$$

故支付已知现金收益资产的远期合约多头价值等于标的证券现货价格扣除现金收益现值后的余额与交割价格现值之差。根据远期价格的定义，我们可从式（4-9）求得支付已知现金收益资产的远期合约价格为：

$$F=(S-I)Ke^{r(T-t)} \tag{4-10}$$

这就是支付已知现金收益资产的现货-远期平价公式。其表明，支付已知现金收益资产的远期价格等于标的证券现货价格与已知现金收益现值差额的终值。

例 4.7　假设 6 个月和 12 个月期的无风险年利率为 8%和 10%，而一种 10 年期债券现货价格为 985 美元，该证券 1 年期远期合约的交割价格为 1 005 美元，该债券在 6 个月和 12 个月后都将收到 50 美元的利息，且第 2 次付息日在远期合约交割之前，求该合约的价值。

解：已知：$S=985$，$K=1\,005$

则 $I = 50e^{-8\%\times0.5} + 50e^{-10\%\times1} = 93.28$ 美元

$f = 985 - 93.28 - 1\,005e^{-10\%\times1} = -17.64$ 美元

例 4.8 假设黄金的现价为每盎司 460 美元，其存储成本为每年每盎司 3 美元，年底支付，无风险年利率为 5%。则 1 年期黄金的远期价格为多少？

解： $I = -3e^{-5\%*1} = -2.854$ 美元

我们可以用两种方法来计算远期价格，结果都是一样的。

方法 1：$F = (S - I)e^{rT} = (460 + 2.854)e^{5\%\times1} = 486.6$ 美元

方法 2：$F = 460e^{5\%\times1} + 3 = 486.6$ 美元

三、支付已知收益率的远期合约

支付已知收益率的资产是指到期前将产生与该资产现货价格成一定比率的收益的资产，如股指远期等。

（一）支付已知收益率远期合约的定价

以股指远期合约为例，如果买入股票后，持有者有权获得红利，且红利以连续复利的方式支付。投资者可以：

1. 即期买入 $e^{-q(T-t)}$ 个其收益以连续复利 q 投资的资产。
2. 卖空远期合约。

从而得到远期价格公式：

$$F = Se^{(r-q)(T-t)} \tag{4-11}$$

例 4.9 日经指数目前位于 28 000 点。连续复合无风险利率为 5%，连续红利率为 3.5%。计算 180 天以该指数为标的资产的远期合约的无套利价格。

解： $F = 28\,000e^{(r-q)\times0.5} = 28\,210.79$

（二）支付已知收益率远期合约的价值

组合 A：一份远期合约多头加上一笔数额为 $Ke^{-r(T-t)}$ 的现金；

组合 B：$e^{-q(T-t)}$ 单位标的证券。

期末时组合 A、B 的价值相同，均为一单位标的证券的价值，故期初时两组合的价值也应相同。

$$f + Ke^{-r(T-t)} = Se^{-q(T-t)}$$

即：

$$f = Se^{-q(T-t)} - Ke^{-r(T-t)} \tag{4-12}$$

例 4.10 考虑一个 6 个月期远期合约，标的资产预期提供年率为 4%的连续红利收益率，无风险利率（连续复利）为每年 10%，股价为 20 美元。

（1）远期合约多头价格为多少？

（2）若市场上远期交割价格为 25 美元，则远期合约的多头价值是多少？

解：

（1）$F = Se^{(r-q)(T-t)} = 20 \times e^{(10\%-4\%)\times 0.5} = 20.61$ 美元

（2）$f = Se^{-q(T-t)} - Ke^{-r(T-t)} = 20e^{-4\%\times 0.5} - 25e^{-10\%\times 0.5} = -4.18$ 美元

第二节　外汇远期和期货的定价

一、外汇远期和期货

外汇远期合约属于支付已知收益率资产的远期合约。S 表示以本币表示的一单位外汇的即期价格，F 表示远期合约中约定的以本币表示的一单位外汇的交割价格，收益率 r 可以看作本币国的无风险利率，r_f 是外币国的无风险利率，外汇远期和期货合约价格的确定公式如下。

连续复利下：

$$F = Se^{(r-r_f)(T-t)} \tag{4-13}$$

复利下：

$$F = S\frac{(1+r)^{T-t}}{(1+r_f)^{T-t}} \tag{4-14}$$

这就是国际金融领域著名的利率平价关系。它表明，若外汇的利率大于本国利率，则该外汇的远期和期货汇率应小于现货汇率；若外汇的利率小于本国的利率，则该外汇的远期和期货汇率应大于现货汇率。我们也可以类似得出远期合约价值：

$$f = Se^{-r_f(T-t)} - Ke^{-r(T-t)} \tag{4-15}$$

例 4.11　瑞士和美国两个月连续复利率分别为 2%和 7%，瑞士法郎的现货汇率为 0.650 0 美元，2 个月期的瑞士法郎远期价格为 0.660 0 美元。

（1）有无套利机会？

（2）该份远期合约的价值为多少？

解：

（1）已知：$S=0.65$，$r=7\%$，$r_f=2\%$

$$F = Se^{(r-r_f)(T-t)} = 0.65 \times e^{(7\%-2\%)\times 1/6} = 0.655\,4 < 0.66\text{美元}$$

故理论的远期合约价格与实际的不一致，存在套利空间。

套利策略：期初借入 0.65 美元兑换 1 法郎，签订法郎远期空头 $F=0.66$。2 个月后归还 $0.65e^{7\%\times 1/6}$ 美元，以 $F=0.66$ 交割 1 法郎，1 法郎在 2 个月内的收益率为 2%。套利利润为：$F \times 1 \times e^{r_f(T-t)} - S \times e^{r(T-t)} = 0.66 \times 1 \times e^{2\%\times 1/6} - 0.65 \times e^{7\%\times 1/6} = 0.004\,6$ 美元。

远期合约的价值为：

$$f = Se^{-r_f(T-t)} - Ke^{-r(T-t)} = 0.65e^{-2\%\times1/6} - 0.66e^{-7\%\times1/6} = 0.01\text{美元}$$

二、远期合约不同时期的价格与价值

（一）远期合约发行时的价格与价值

当远期合约以 F_0 的远期价格发行时：$F_0 = K$

远期合约价值为 0，多头与空头方不需要持有成本：$f_0 = 0$

（二）远期合约到期时的价格与价值

到期日，远期合约的价格必须等于现货价格：$F_T = S_T$

远期合约多头的价值：$f_T = S_T - K$

（三）远期合约到期之前的价格与价值

若一份远期合约已经发行了一段时间，这时远期价格 F_0 是在这一段时间之前确定的。因为远期报价 F_t 是连续变化的，所以要区分两个 F 的差别。我们可以证明 0 时刻签订的远期合约在到期之前的时刻 t 的远期价值为：

$$f_t = (F_t - F_0)e^{-r(T-t)} \tag{4-16}$$

其中：F_0 是协议在签订之初使得远期合约价值为 0 的远期价格，F_t 是在 t 时刻的远期合约价格。

下面对式（4－16）进行推导。

假设在 0 时刻签订了一份 T 时刻到期的远期合约。在 t 时刻，持有一份旧的远期合约，其价格为 F_0。另外卖出一份 T 时刻到期的新远期合约，其价格为 F_t。

在 T 时刻，两份远期合约同时到期执行，0 时刻签订的远期合约为多头，t 时刻签订的远期合约为空头。此时将两份远期合约的价格之差贴现到 t 时刻，可以得到 t 时刻的两份远期合约的价值，即：

$$(F_t - F_0)e^{-r(T-t)} = f_{\text{旧}} + f_{\text{新}}$$

其中，F_t 能够使得新的远期合约在签订时刻（t 时刻）的价值为 0，即 $f_{\text{新}} = 0$：

$$(F_t - F_0)e^{-r(T-t)} = f_{\text{旧}} + 0$$

整理得到：

$$f_t = f_{\text{旧}} = (F_t - F_0)e^{-r(T-t)}$$

其含义是：一份 0 时刻签订的远期合约在到期之前任意时刻 t 时的价值等于 t 时刻与 0 时刻的远期价格之差按照无风险利率贴现到 t 时刻的现值。

下面我们对以上介绍的公式做一个小结。

无收益资产远期合约价格：$$F_t = Se^{r(T-t)} \tag{4-17}$$

无收益资产远期合约价值：　$f_t = S - Ke^{-r(T-t)}$　（4－18）

有现金收益的远期合约价格：$F_t = (S-I)e^{r(T-t)}$　（4－19）

有现金收益的远期合约价值：$f_t = (S-I) - Ke^{-r(T-t)}$　（4－20）

支付已知收益率远期合约价格：$F_t = Se^{(r-q)(T-t)}$　（4－21）

支付已知收益率远期合约价值：$f_t = Se^{-q(T-t)} - Ke^{-r(T-t)}$　（4－22）

例 4.12　假定现在是 3 月份，一份 1 月份发行的远期合约交割价格为 90 美元，并且远期合约在 6 月份到期。已知现在标的资产的价格为 100 美元，标的资产不产生现金流，3 个月无风险利率为 5%。要问现在 1 月份发行的远期合约的价值为多少？

解：

$F_t = Se^{r(T-t)} = 100 \times e^{5\% \times 0.25} = 101.26$ 美元。我们可以用两种方法来计算

方法 1：$f = (F_t - F_0)e^{-r(T-t)} = (101.26 - 90)e^{-5\% \times 0.25} = 11.12$ 美元

方法 2：$f = S - Ke^{-r(T-t)} = 100 - 90e^{-5\% \times 0.25} = 11.12$ 美元

第三节　远期利率协议和综合的远期外汇协议

一、远期利率协议

从本质上来说，远期利率协议（Forward Rate Agreement，FRA）是以固定利率下的远期对远期贷款，只是没有发生实际的贷款交付。因此，这个金融工具不会在资产负债表中出现，从而也不需要有资本充足率的要求。远期利率协议的特点包括以下内容。

1. 远期利率协议的买方是名义借款人，目的是为避免利率上升的风险，交易的卖方是名义贷款人，目的是希望防范利率下降的风险，双方约定在未来某个期限一笔资金使用时限定一个利率。

2. 买方和卖方不受利率波动的影响，无论市场利率上升还是下降，都按协议利率支付。

3.“名义”本金。借贷双方不交换本金，只是在结算日根据协议利率和参照利率的差额以及名义本金金额结算利差，由金额大的一方支付一个利息差额给利息差额小的一方。

4. 协议利率是双方在合同中同意的固定利率，参照利率为合同基准日确定的市场利率。

远期利率协议的交易地点是由银行提供的场外交易产品。远期利率协议的优点是为银行提供了一种管理利率风险而无须改变银行资产负债表的有效工具，但是远期利率协议是场外交易，风险较大。

接下来我们讨论一个问题，远期利率协议与利率期货之间有什么区别？两者共同点是都广泛地应用于短期远期利率风险管理。远期利率协议更简便、灵活，不必支付保证金，没有固定的交割日和标准的金额，具体的要求可通过双方协商。但是远期利率协议仅凭信用，是场外交易，因此信用等级不高的交易者往往难以找到对手，不能对冲。利率期货是在交易所交易，自由买卖，可以对冲，信用风险极小，需要保证金。

在远期利率协议里，有以下基本术语需要了解：

（1）协议数额（Contract Amount）：名义上借贷本金数额。

（2）协议货币（Contract Currency）：协议数额的面值货币。

（3）交易日（Dealing Date）：远期利率协议交易的执行日。

（4）交割日（Settlement Date）：名义存款或贷款的开始日。

（5）基准日（Fixing Date）：决定参考利率的日子。

（6）到期日（Maturity Date）：名义贷款或存款的到期日。

（7）协议期限（Contract Period）：交割日和到期日之间的天数。

（8）协议利率（Contract Rate）：远期利率协议中规定的固定利率。

（9）参考利率（Reference Rate）：市场决定的利率，用以计算交割。

（10）交割额（Settlement Sum）：在交割日，协议一方交割另一方的金额。

我们通过一个图形来表示远期利率协议交易的关键时间节点：

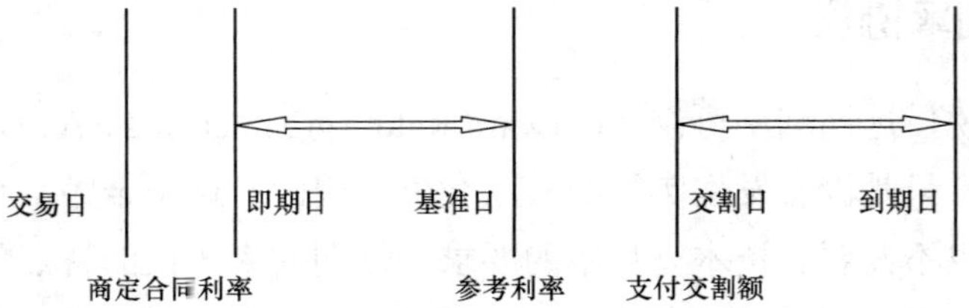

图 4－1　远期利率协议交易的关键时间节点

在图 4－1 中，反映了远期利率协议签订时的所有重要时间节点。在交易日，合约双方打算开始一份远期利率协议，即期日为交易日的后两天，从这天开始计算时间。在交易日，双方商定合同利率，确定协议数额。比如在交易日合约双方打算开始一份 100 万美元的 1×4 的远期利率协议，那么即期日到交割日为 1 个月，即期日到最后到期日为 4 个月。基准日是交割日的前两天，实际交割额将按照基准日的利率来进行计算。交割额的交割并不在到期日发生，而是在交割日进行交割。特别要注意的是远期利率协议不发生本金的支付。为了便于理解，我们看下面的一个例子。

例 4.13　假定一公司预期在未来三个月内将借款 100 万美元，时间为 3 个月。如果借款者能够以 LIBOR 水平筹借到资金，现在的 LIBOR 为 6%，他担心未来三个月内市场利率会上升，则为了避免遭受利率风险，借款者该如何去做？

借款者在今天购买一份远期利率协议。假定卖方为银行，交易日为 2015 年 4 月 12

日（星期一），协议双方买卖 5 份 1×4 远期利率协议，协议货币为美元，协议数额 100 万，协议利率为 6.25%。1×4 意味着名义上的即期日与交割日之间为 1 个月，从即期日到最后到期日之间为 4 个月。即期日通常在交易日之后的两天，为 4 月 14 日（星期三）。名义贷款从 2015 年 5 月 14 日星期五开始，于 2015 年 8 月 16 日星期一结束（8 月 14、15 为周六日），协议期限 94 天。则借款者能够将借款成本锁定。

如果市场利率比协议利率 6.25%高，则远期利率协议的买方从卖方那里收到交割额，以补偿他高成本借款的损失。如果利率低于协议利率，则买方向卖方支付一定数额，以弥补卖方比预期投资收益减少的损失。

假设用单利来计算，若市场利率为 7%，会发生怎样的情况？若市场利率为 6%，会发生怎样的情况？

解：

① 若市场利率为 7%，买方可以收到的交割额为：

$$\frac{(7\%-6.25\%)\times 100\text{万}\times 94/360}{1+7\%\times 94/360}=1\,923.18\text{美元}$$

② 若市场利率为 6%，买方须支付：

$$\frac{(6.25\%-6\%)\times 100\text{万}\times 94/360}{1+6\%\times 94/360}=642.71\text{美元}$$

我们总结一下远期利率协议的交割额计算公式：

$$\text{交割额}=\frac{(i_r-i_c)\times A\times \dfrac{DAYS}{BASIS}}{1+\left(i_r\times \dfrac{DAYS}{BASIS}\right)} \qquad (4-23)$$

其中，i_r 为参考利率，i_c 为协议利率，A 为协议数额，$DAYS$ 为协议期限的天数，$BASIS$ 为转换的天数（美元为 360 日，英镑为 365 天）。

$i_r > i_c$：交割额是正值，买方在市场利率较低时购买远期利率协议，随后利率上升，获利。

$i_r < i_c$：交割额是负值，卖方获利。

二、远期利率协议的定价

远期利率协议属于支付已知收益率资产的远期合约。假设远期利率协议在 0 时刻签订，需要计算其在当前时刻 t 的价值。T 时刻为远期利率协议的交割日，T^*时刻为到期日。远期利率协议多方（即借入名义本金的一方）的现金流为

T 时刻：A

T^*时刻：$-Ae^{r_K(T^*-T)}$

这些现金流的现值即为远期利率协议多头的价值。我们把 T 时刻得到的 A 按 r 进行贴现，T^*时刻的现金流 $-Ae^{r_K(T^*-T)}$ 先按远期利率 $\hat{r}$ 贴现到 T 时刻，然后再按 r 贴现到 t 时

刻。两个现金流的现值之和即是远期利率协议的价值。具体我们可以写为：

$$\begin{aligned} f &= Ae^{-r(T-t)} - Ae^{-r(T-t)}e^{(r_K-\hat{r})(T^*-T)} \\ &= Ae^{-r(T-t)}[1-e^{(r_K-\hat{r})(T^*-T)}] \end{aligned} \tag{4-24}$$

其中：

$$\hat{r} = \frac{r^*(T^*-t)-r(T-t)}{T^*-T} \tag{4-25}$$

例 4.14 假设 2 年期即期年利率（连续复利）为 10%。3 年期即期年利率为 11%，本金为 100 万美元的 2×3 年远期利率协议的合同利率为 11%；求该远期合同利率协议的价值和理论上的合同利率等于多少？

解：我们首先计算远期利率 $\hat{r} = \dfrac{11\%\times3-10\%\times2}{3-2} = 13\%$。

则远期利率协议的价值为 $f = 100万\times e^{-10\%\times2}\times[1-e^{(11\%-13\%)\times1}] = 16\,211$ 美元。

三、综合的远期外汇协议

综合的远期外汇协议与远期利率协议都属于资产负债表外工具。远期利率协议是针对货币市场上“远期对远期存（贷）”业务的创新，综合的远期外汇协议是对外汇市场上“远期对远期互换”的一种发展。综合的远期外汇协议在 20 世纪 80 年代末发展起来，同远期利率协议一样，是场外交易。所有的主要互换货币都有标准的期限，从 1 个月到 12 个月不等。

定义 4.1 综合的远期外汇协议（Synthetic Agreement For Forward Exchange，SAFE）是指双方在现在时刻约定，买方在交割日按照合同中规定的交割日直接远期汇率，用第二货币（Second Currency）向卖方买入一定名义金额的原货币（Primary Currency），然后在到期日，按合同规定的到期日直接远期汇率，把一定名义金额的原货币出售给卖方的协议。

远期外汇综合协议可以用于对未来远期汇率变化进行保值或投机。定义 4.1 说明：买方是指在交割日购进初级货币，在到期日再名义上售出的一方。卖方是指在交割日卖出初级货币，在到期日再名义上购进的一方。名义上是指在交易中并没有发生实际的本金交换。当双方开始同意执行一份综合的远期外汇协议时，他们约定了这笔交易将要执行名义上的汇率。在交割日一方支付给另一方交割额，这笔交割额是以协议原定的汇率与最后的市场汇率之差为基础计算出来。

远期外汇综合协议的术语（英国银行家协会出版外汇综合协议标准条款，SAFEBBA MASTER TERMS）包括：

（1）A_1：第一个协议的数额

（2）A_2：第二个协议的数额

（3）OER：直接汇率（Outright Exchange Rate）

（4）CFS：远期汇差（Contract Forward Spread），交割日协议汇率＝OER＋CFS

（5）SSR：即期交割汇率（Spot Settlement Rate），市场中的参考汇率

（6）SFS：交割远期汇差（Settlement Forward Spread），到期日交割汇率＝SSR＋SFS

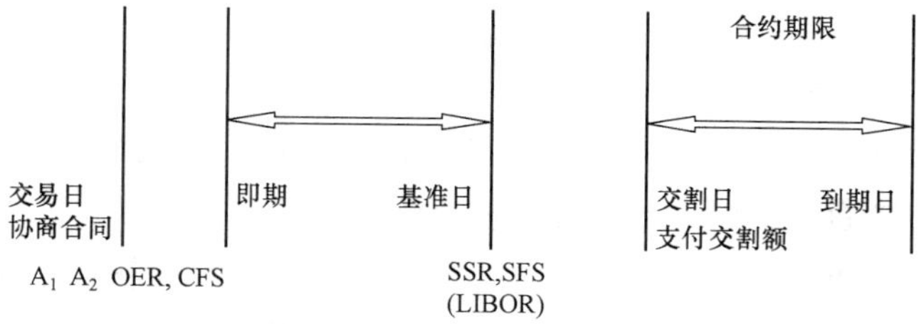

图 4－2　综合的远期外汇协议交易日期图

图 4－2 表明，在交易日，交易双方就交割日和到期日分别兑换的一级货币的名义金额 A_1 和 A_2 达成协议，分别在交割日和到期日进行交换。通常这些数额相同，然后同时双方还确定相应的直接汇率和协议远期汇差。即他们确定交割日的直接汇率和到期日的远期汇率，以计算二级货币的名义数额。在基准日，即期交割汇率和交割远期汇差以 LIBOR 同样的方式被决定下来。

四、综合的远期外汇协议的交割

SAFE 的交割数额是通过比较在一开始就为交割日和到期日设定的汇率 OER、CFS 以及基准日的市场汇率 SSR、SFS 后计算得出。

结算方式有汇率协议（Exchange Rate Agreement，ERA）和远期外汇协议（Forward Exchange Agreement，FXA）两种。汇率协议的结算方法仅涉及原先约定的换汇汇差与市场汇差。远期外汇协议的结算方法不仅涵盖了协议期限的换汇汇差，还涵盖了绝对汇率水平的任何变动。两种结算方法的公式如下：

$$\text{交割数额}_{ERA} = A_M \frac{W_C - W_R}{1 + i\dfrac{D}{B}} \tag{4-26}$$

$$\text{交割数额}_{FXA} = A_M \left[\frac{F_{MC} - F_{MR}}{1 + i\dfrac{D}{B}} \right] - A_S\left(F_{SC} - F_{SR}\right) \tag{4-27}$$

其中：

A_S：指在交割日交换的初级货币的名义数额；

A_M：指在到期日交换的初级货币的名义数额；

F_{SC}：指在协议原先约定的交割日的直接汇率；

F_{SR}：指在基准日决定的交割日的直接汇率；

F_{MC}：指在协议原先约定的到期日的直接汇率；

F_{MR}：指在基准日决定的到期日的直接汇率；

W_C：在协议原先约定的协议期间的换汇汇率；

W_R：基准日决定的协议期间的换汇汇率；

i：次级货币的利率；

D：协议期限的天数；

B：次级货币按年转换成的天数（360，365）。

正的交割额表示卖方向买方支付，负的交割额表示买方向卖方支付。具体采用哪一种交割额的计算方法通过协议由双方协商决定。

例 4.15 假定在 2010 年 3 月 18 日，一美国客户和交易商签订了 3×9 的欧元兑美元的远期外汇协议，名义本金为 500 万欧元。即客户打算购买 3 个月的远期欧元和卖出 9 个月的远期欧元。有关行情如下。

表 4－1　　2020 年 3 月 18 日行情

	类型	汇率（EUR/USD）
2020.3.18	即期	1.100 90
2020.6.18	远期	1.106 83
2020.12.18	远期	1.109 74

2020 年 6 月 18 日交割日行情如下，6 个月美元利率为 8.00%，时间为 183 天。请计算交割额。

表 4－2　　2020 年 6 月 18 日交割日行情

	类型	汇率（EUR/USD）
2020.6.18	即期	1.124 04
2020.12.18	远期	1.129 35

解：

$A_M = A_S = 500\text{万}$，$F_{MC} = 1.109\,74, F_{MR} = 1.129\,35, i = 8\%, F_{SC} = 1.106\,83, F_{SR} = 1.124\,04$

$$\text{交割额}_{FXA} = A_M\left[\frac{F_{MC} - F_{MR}}{1 + i \cdot \frac{D}{B}}\right] - A_S\left(F_{SC} - F_{SR}\right)$$

$$= 500\text{万} \times \left[\frac{1.109\,74 - 1.129\,35}{1 + 8\% \times 183/360} - (1.106\,83 - 1.124\,04)\right] = -8\,168.4\text{美元}$$

$$\text{交割额}_{ERA} = A_M \times \frac{W_C - W_R}{1 + i\frac{D}{B}}$$

$$= 500\text{万} \times \frac{0.002\,91 - 0.005\,31}{1 + 8\% \times 183/360} = -11\,531.1\text{美元}$$

其中：

$$W_C = CFS = F_{MC} - OER = F_{MC} - F_{SC} = 1.109\,74 - 1.106\,83 = 0.002\,91$$

$$W_R = SFS = F_{MR} - F_{SR} = 1.129\,35 - 1.124\,04 = 0.005\,31$$

第五章 期货合约的定价和对冲

期货可以分为商品期货与金融期货。商品期货主要是指标的资产为商品的期货合约。金融期货（Financial Futures）是指以金融工具为标的物的期货合约。金融期货合约其标的物不是实物商品，而是金融商品，如证券、货币、汇率和利率等。金融期货的主要分类有股指期货、利率期货、货币期货。期货合约的定价方法与远期合约类似，在本章中我们将把第四章给出的定价公式统一起来。

本章主要内容包括以下几个部分：

1. 商品期货
2. 股指期货

第一节 商品期货

商品期货可以分为两大类，一类是为投资目的持有期货，如黄金和白银；还有一类是为消费目的持有的期货，如油和铜等。我们对这两类商品分别讨论其定价。

一、为投资目的持有的商品期货

对于为投资目的而持有的商品期货，其定价与之前讨论的远期合约的定价类似。我们可以把之前给出的远期合约的定价公式总结为以下两大类。

（1）没有存储成本的期货价格：

$$F = Se^{r(T-t)} \tag{5-1}$$

（2）有存储成本 U 的期货价格：

$$F = (S+U)e^{r(T-t)} \tag{5-2}$$

其中，U 是期货合约有效期内所有存储成本的现值。

若任何时刻的存储成本 u 与商品价格呈一定比例，则期货价格为：

$$F=Se^{(r+u)(T-t)} \tag{5-3}$$

如果市场中给出的期货价格不满足 $F=(S+U)e^{r(T-t)}$，则存在套利。

① 若 $F>(S+U)e^{r(T-t)}$，套利者以无风险利率借入金额 $S+U$，用来购买 1 单位商品，同时在期末支付储存成本，卖出一单位商品的期货合约。套利者可获利 $F-(S+U)e^{r(T-t)}$，套利活动的结果是期货价格下跌，商品价格上升，最终 $F=(S+U)e^{r(T-t)}$。

② 若 $F<(S+U)e^{r(T-t)}$，套利者卖出商品，节约存储成本，以无风险利率将所得收入投资，并购买期货合约。套利活动获利 $(S+U)e^{r(T-t)}-F$，套利活动的结果是期货价格上升，商品价格下跌，最终 $F=(S-U)e^{r(T-t)}$。

二、为生产和消费目的持有的商品期货

为生产和消费目的持有的商品，如煤和油等，这类商品持有者为了能够维持生产或者消费，即使当市场给出的期货价格有套利机会，也可能不进行套利。比如当 $F<(S+U)e^{r(T-t)}$时，套利者应该卖出商品来获得套利，但是因为这类商品用于维持生产或者消费，所以即使市场允许套利，投资者也会因为其他考虑而不进行相应的操作，这就使得市场中的期货价格一直维持 $F<(S+U)e^{r(T-t)}$。因此商品期货价格满足：

$$F\leqslant (S+U)e^{r(T-t)} \tag{5-4}$$

若存储成本用现货价格的比例 u 来表示，则

$$F\leqslant Se^{(r+u)(T-t)} \tag{5-5}$$

为了让上面两式变为等式，我们可以引入一个新的定义：便利收益。

1. 便利收益 y

商品使用者也许会感到持有实实在在的商品比持有期货合约有好处。这些好处包括：从暂时的当地商品短缺中获利或者维持生产线运行的能力。这些好处称为商品的便利收益 y。引入便利收益后，式（5-4）、式（5-5）可以改写为：

$$Fe^{yT}=\left(S+U\right)e^{rT}$$

$$Fe^{yT}=Se^{(r+u)T}$$

即：

$$F=Se^{(r+u-y)T} \tag{5-6}$$

2. 持有成本

我们引入持有成本（Cost of Carry）的概念。持有成本 c = 保存成本 + 利息成本 − 标的资产在持有期内提供的收益。

我们可以重新改写第四章给出的定价公式：

（1）不支付红利的股票：$c=r$

（2）股票指数：$c=r-q$

（3）货币：$c=r-r_f$

（4）商品：$c=r+u$

（5）对于投资性资产：$F=Se^{cT}$

（6）对于消费性资产：$F=Se^{(c-y)T}$

第二节　股指期货

股指期货是以股票市场指数为标的物进行交易的合约。股票指数的编制方法：定义股票指数价值的上升百分比等于同一时间段内组成该组合的所有股票总价值上升的百分比。任一时间段股票的权重为该股票的总市值，其中该股票的市值等于股价乘以在外流通股数。

一、股指期货的定价

股指期货可看作支付红利的投资资产，我们在第四章已经讨论了相关定价方法。假定红利是连续支付，并且红利率为 q，期货到期时间为 T，则股指期货的价格 F 为：

$$F=Se^{(r-q)T} \tag{5-7}$$

例 5.1　考虑一个 S&P500 指数的 3 个月的期货合约，假设股指的红利率为每年 3%，指数现值为 400，连续复利的无风险利率为每年 8%。此时，期货价格为多少？

解： $F=Se^{(r-q)T}=405.03$

二、股指期货对冲风险

在一个充分多样化的股票组合中，单只股票的特殊风险已经被全部消除，只存在市场风险。股指期货可以用来消除股票组合的市场风险。我们可以构建与指数相同的股票篮子来对冲风险。具体构建方法如下。

股票的总价值=股票指数的货币价值。

所选择的股票对应于股票指数的成分股。

每种股票的持有比例=该公司的市值在股票指数总价值的所占比例。

对冲股票组合时，需要的最佳合约数量的公式为：

$$N=\beta\frac{S}{F} \tag{5-8}$$

其中

S：股票指数的现值

F：期货合约的现值

β：股票组合的收益与市场收益之间的关系

N：对冲股票组合时，最佳的卖空合约数量

例 5.2 利用股指期货对冲单个股票的风险。某投资者 6 月份持有 10 000 股 IBM 公司的股票，股价为 50 美元。投资者认为下个月股市会有大幅度的波动，而 IBM 公司的表现会优于市场的表现。该投资者决定采用芝加哥期货交易所（Chicago Board of Trade，CBOT）8 月份的主要市场指数（Major Market Index，MMI）期货合约进行为期 1 个月的套期保值。IBM 的贝塔值为 1.5，8 月份 MMI 指数期货的当前价格为 450，每个合约价值 500 美元乘以指数。则：

（1）投资者需要买入还是卖出期货合约？份数为多少？

（2）当 1 个月后投资者平仓，卖出股票，而 IBM 公司的股价变为 70 美元，MMI 指数期货的价格涨到 550，会出现什么情况？

（3）若一个月后股价下跌到 40 美元，期货的价格下跌到 400 美元，出现什么情况？

解：

（1）投资者持有股票，故应当卖出期货对冲风险。

应卖出的期货合约的份数为：$N=\beta\dfrac{S}{F}=1.5\times\dfrac{10\,000\times 50}{450\times 500}=3.33\approx 3\text{份}$

（2）如果一个月后 IBM 公司的股价变为 70 美元，MMI 指数期货价格涨到 550，那么投资者在现货市场和期货市场的损益分别为：

现货市场收益：$(70-50)\times 10\,000=200\,000$ 美元

期货市场损失：$(450-550)\times 3\times 500=-150\,000$ 美元

净收益：$200\,000-150\,000=50\,000$ 美元

（3）如果一个月后股价下跌到 40 美元，期货价格下跌到 400 美元，那么投资者在现货市场和期货市场的损益分别为：

现货市场损失：$(40-50)\times 10\,000=-100\,000$ 美元

期货市场收益：$(450-400)\times 3\times 500=75\,000$ 美元

净损失：$-100\,000+75\,000=-25\,000$ 美元

例 5.3 利用股指期货对冲股票组合的风险。6 月 15 日，一个养老基金准备为价值为 100 万英镑的股票组合对冲，对冲期限为 5 个月。股票组合的 Beta 值为 1.2，股票组合的红利收益为 3%，无风险连续复利为 10%，选择使用 12 月到期的 6 个月的期货合约。现在的 FTSE100 为 5 000，合约价值为指数乘以 10。则为了使得股票组合能够规避风险，需要卖出多少份期货合约？

解：因为 $F=Se^{(r-q)(T-t)}=5\,000e^{(0.1-0.03)\times 1/2}=5\,178$，因此可以计算出

$$N=\beta\frac{S}{F}=1.2\times\frac{1\,000\,000}{5\,178\times 10}=23.1\approx 23\text{ 份}$$

例 5.4 利用股指期货对冲股票组合的风险。6 月 20 日，一个养老基金准备为价值为 100 万英镑的股票组合对冲，对冲期限为 5 个月。股票组合的 Beta 值为 1.5，股票组

合的红利收益为 4%，无风险连续复利为 10%，选择使用 12 月到期的 6 个月的期货合约。现在的 FTSE100 为 6 000，合约价值为指数乘以 10。则为了使得股票组合能够规避风险，需要卖出多少份期货合约？

解： 因为 $F = Se^{(r-q)(T-t)} = 6\,000e^{(0.1-0.04)\times 1/2} = 5\,594$，因此可以计算出：

$$N = \beta\frac{S}{F} = 1.5\times\frac{1\,000\,000}{5\,594\times 10} = 26.8 \approx 27 \text{ 份}$$

例 5.5 对冲证券组合的例子。对冲期限 3 个月，150 万美元股票组合，Beta 值为 1.5，股票指数为 1 500，无风险利率为 10%，股指红利率为 4%，指数价值为点数乘以 250 美元。期货合约的期限为 4 个月，投资者决定卖出期货合约。

（1）应卖出多少份？

（2）如 3 个月后，距离到期日还有 1 个月时间，标准普尔 500 指数价格下降了 10%，投资者决定结清头寸，则其收益状况如何？

解：

（1）期货的价格为：$F = S_0 e^{(r-q)(T-t)} = 1\,500e^{(10\%-4\%)\times 1/3} = 1\,530.3$ 美元

需要卖出的份数：$N = \beta\frac{S}{F} = 1.5\times\frac{1\,500\,000}{1\,530.3\times 250} = 5.881\,2 \approx 6$ 份

（2）$S_0 = 1\,500\times(1-10\%) = 1\,350$

$F = S_0 e^{(r-q)(T-t)} = 1\ 350e^{(10\%-4\%)\times 1/12} = 1\ 356.8$美元

因此，期货市场盈利为：

$$(1\,530.3 - 1\,356.8)\times 6\times 250 = 26\,025 \text{ 美元}$$

下面我们利用资本资产定价模型来计算股票组合的收益率。根据资本资产定价模型，$E(r_A) = \beta(E(r_m) - r_f) + r_f = -14.25\%$。

现货市场盈利：$1\,500$ 万$\times(1-14.25\%) = 1\,278\,750$ 美元

因此总盈利：$1\,278\,750 + 26\,025 = 1\,539\,000$ 美元

投资者实际收益率 $= \dfrac{1\,539\,000 - 1\,500\,000}{1\,500\,000} = 2.6\%$

三、股指期货的现金－持有定价法

我们可以使用现金－持有定价法为股指期货定价。具体做法为假设某人在交割日期之前实施的策略为：

（1）买入一个能复制股票指数的股票组合（其组合比例与股指结构相同，总价值等于股指的面值）。

（2）借款为买入证券融资。

（3）卖出一份股指期货。

（4）持有股票组合直到最后交易日，并将所收到的任何股息用于投资。

（5）在期货合约交易结束时，立即卖出股票组合。

（6）对期货合约进行现金结算。

（7）用卖出股票和期货结算所得款项偿还借款。

图 5－1 反映了这一策略。图的左侧为当前的策略，右侧为到期日的策略。在此刻，投资者借入资金买入股票，并持有一个期货合约空头。到期日，投资者对股指期货进行现金结算，用于偿还期初借款的本金和利息。如果期末现金流之和为 0，那么期货合约的定价准确，无套利机会。

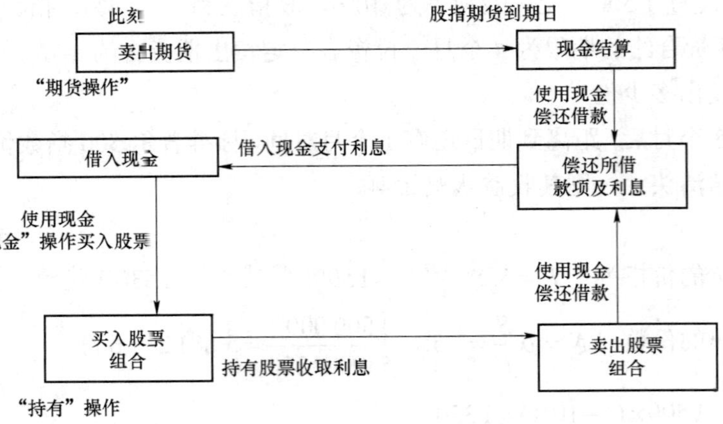

图 5－1　股指期货的交易策略

例 5.6　假设 10 月 27 日的市场情况表 5－1 所示，问：市场是否存在套利机会？（1 年以 365 天计算）

表 5－1　　　　10 月 27 日的市场情况

金融时报 100 种指数	2 669.8（每点 25 英镑）
指数的面值	66 745
股息收益率	3.5%
期货	明年 3 月到期的指数期货
期货价格	2 696.0
最后交易日	3 月 19 日星期五
持有期	143 天
利率	6%，假定用单利
明年 3 月 19 日指数价格	2 900

解：假定投资者采取如下策略：（1）借钱；（2）买入股票组合；（3）卖出期货合约。如果期货合约定价准确，那么采用现金－持有策略最终现金流应该近似为 0。

$t=0$：借入 $2\,669.8\times25=66\,745$ 英镑，卖出期货 $F_1=2\,696$，买股票组合。

$t=1$：

期货市场损失：$(2\,900-2\,696)\times25=5\,100$ 英镑

股票组合价值：$2\,900\times25=72\,500$ 英镑

股息收益：$66\,745\times3.5\%\times143/365=915.23$ 英镑

股票市场获利：$72\,500+915.23=73\,415.23$ 英镑

借款本息：$66\,745\times(1+6\%\times143/365)=68\,313.96$ 英镑

最后投资者的损益：$73\,415.23-5\,100-68\,313.96=1.27$ 英镑

这个值非常小，如果考虑到摩擦因数，市场上几乎没有套利的可能性。

四、将现金转化为股票与股票组合转化为现金

股指期货复制整个股票市场的波动，并且易于交易，因此为证券组合管理人提供了对投资组合进行重新调整的一个灵活有效的工具。

如果持有现金头寸，但是想获得和投资股票类似的收益，那么可以通过购买股指期货来达到相应的投资效果。也就是说，

$$现金头寸+相应数量的股指期货=股票$$

另一方面，如果持有股票，但是希望能够保障投资收益，可以考虑选择期货空头来达到目的，也就是

$$股票多头头寸+期货空头头寸=现金$$

例 5.7　现金转化为股票。一位投资者决定存入 100 万英镑的现金以赚取 6%的利息。这个决定假定是在 9 月 16 日的市场动荡之中做出的，资金于 9 月 18 日存入，为期 6 个月，并将于明年 3 月 18 日偿还。存入的资金不能提前支取。到 10 月底，这位投资经理预计英国的股市会有大规模的上扬，于是打算从这种预测中获利。但是不幸的是，资金已经用于存款，不能再用来购买股票。投资经理人决定买入金融时报 100 种指数期货。今年 10 月 27 日，金融时报 100 种指数位于 2 669.8 的水平，明年 3 月份到期的合约报价为 2 696.0。求：

（1）需买入多少份？

（2）若明年 3 月 18 日，金融时报 100 种指数的收盘水平达到了 2 879.7，而三月份合约的收盘价为 2 880.0。此时投资者收益如何？

（3）若投资者在今年 10 月 27 日直接买入 100 万英镑的股票组合，其收益状何况如何？

（4）比较将现金加期货策略的结果与股市本身的表现。（假定股息为年 3.5%，合约持有期限为 142 天）。

解：

（1）买入份数 $N=\beta\dfrac{S}{F}=\dfrac{1\,000\,000}{2\,696\times25}\approx15$ 份

（2）期货市场的收益：

$$(2\,880-2\,696)\times 15\times 25=69\,000 \text{ 美元}$$

现货市场的收益：$1\,000\,000\times\left(1+6\%\times\dfrac{142}{365}\right)=1\,023\,342.47$ 美元

因此可以得到现金加期货的总收益为：

$$69\,000+1\,023\,342.47=1\,092\,342.47 \text{ 美元}$$

（3）股指的增长率为：$\dfrac{2\,879.7-2\,669.8}{2\,669.8}=7.862\%$

股票组合的收益为：$1\,000\,000\times(7.862\%+1)=1\,078\,620$ 美元

股息收益为：$1\,000\,000\times 3.5\%\times\dfrac{142}{365}=13\,616.44$ 美元

因此投资股票组合的收益：

$$1\,078\,620+13\,616.44=1\,092\,236.44 \text{ 美元}$$

（4）$\dfrac{1\,092\,342.47-1\,092\,236.44}{1\,092\,342.47}\times 100\%\approx 0.01\%$，故两种方案的收益率相差 0.01%。

例 5.8 股票转化为现金。假设在 10 月 27 日，一位投资经理人需要将一个较小规模的股票组合锁定在当时的价格水平上。股票组合的情况如表 5－2 所示。假定股票组合的总价值为 100 万。若投资经理人决定使用金融时报 100 种股指期货为其提供保值。假定目前该指数价格为 2 669.8，期货价格 2 696，其面值为 67 400 英镑。

（1）需要保值的股票组合价值为 100 万英镑，需要卖出多少期货合约？

（2）在明年 3 月 19 日，经理人决定平仓，终止保值。时间为 143 天。假定此时期货价格为 2 900。股票组合的价格变化如表 5－3 所示。其收益状况如何？

（3）若投资经理人一开始就决定卖出股票，进行 143 天的投资，无风险利率为 6%，单利计算，结果如何？

表 5－2　　今年 10 月 27 日股票组合的情况

股票种类	持有股数	股价/美分	持有价值
股票 1	25 202	496	125 001.92
股票 2	27 174	460	125 000.4
股票 3	72 674	172	124 999.28
股票 4	51 229	244	124 998.76
股票 5	53 648	233	124 999.84
股票 6	36 443	343	124 999.49
股票 7	25 303	494	124 996.82
股票 8	15 263	819	125 003.97
总计			1 000 000.5

表 5-3 明年 3 月 19 日股票组合的情况

	持有股数	股价/美分	股息
股票 1	25 202	599	9
股票 2	27 174	479	6.6
股票 3	72 674	202	4.96
股票 4	51 229	305	4.8
股票 5	53 648	238	5.7
股票 6	36 443	359	3.55
股票 7	25 303	525	4.38
股票 8	15 263	872	15.05

解：

（1）如果不打算卖出股票，但是希望可以稳定组合的收益，那么选择期货合约进行套期保值。期初可以卖出期货合约：$N=\dfrac{1\,000\,000}{2\,696\times 25}=15$ 份。

（2）到期时期货市场的损失 $(2\,900-2\,696)\times 25\times 15=-76\,500$ 美元。最终投资者收益为 $1126\,502.4-76\,500=1\,050\,002.4$ 美元，因此收益率 5%。

（3）如果直接卖出股票进行无风险投资，获得的收益为

$$1\,000\,000\times\left(1+6\%\times\frac{142}{365}\right)=1\,023\,507.34，因此收益率 2.35\%。$$

注：显然空头期货头寸与股票头寸相结合，产生了与单纯现金流相近的收益，但是不完全一致。原因是所持有的 8 只股票的表现要优于市场总体水平。不论在价格还是在股息方面，市场整体上扬了 8.62%，但这 8 只股票上扬了 10.86%。在股息方面，年股息率为 3.5%，实际为 1.79%，持有期为 1.37%，高出 0.42%。这就是为什么保值后的收益率达到了 5%。

第六章 利率期货

利率期货是管理利率风险的重要工具。利率期货合约是标的资产价格仅依附于利率水平的期货合约。

本章主要内容包括以下几个部分：

1. 利率期货的报价和对冲
2. 短期利率期货
3. 长期国债利率期货
4. 久期

第一节　利率期货的报价和对冲

一、利率期货的报价

利率期货合约被定义为一种固定利率的存款。投机者试图以低利率借入资金（卖出期货）而以高利率贷出资金（买入期货）——“买高卖低”。这与实际人们熟悉的买低卖高不符，因此将期货价格定义为：

$$P = 100 - i \tag{6-1}$$

当期货价格上涨时，利率下降，投资者卖出期货，也就是借入资金。当期货价格下跌时，利率上升，投资者买入期货，也即贷出资金。这样期货合约的价格就与我们通常的操作“买低卖高”一致了。

二、利率期货的对冲

我们通过一个例子来介绍如何利用利率期货来进行风险对冲。

例 6.1 考虑这样一位投资经理，他在发现战略性长期投资机会前，持续地使用欧洲货币市场来运作美元和英镑短期资金。在 2 月 18 日星期一，这位经理人认为在年底前美国和英国的利率都会下降，并且预计在年底前将有 500 万英镑和 500 万美元的现金流可用于投资。他希望规避这一预期的利率下降，于是买入英镑与美元的期货合约。2 月 18 日和 10 月 23 日的市场相关信息如表 6－1 所示。

表 6－1 市场的相关信息

2 月 18 日			10 月 23 日		
	英镑	美元		英镑	美元
三个月伦敦同业存款利率	13.125%	6.625%	三个月伦敦同业存款利率	10.125%	5.5%
12 月份到期的三个月期货合约	89.58	92.95	12 月份到期的三个月期货合约	89.83	94.45

（1）经理人在 3 月份买入欧洲英镑期货合约与美元期货合约，将英镑的名义存款锁定了多少收益率？将美元的名义存款利率锁定到多少？

（2）到了 10 月份，经理人将 500 万英镑与 500 万美元贷出 3 个月，平掉手中的期货头寸，最终实现的收益如何？

解： 根据表 6－1，2 月 18 日，三个月伦敦同业存款利率为 13.125%，12 月份到期的期货价格为 89.58，说明市场认为英镑的存款利率将会下跌。美元三个月伦敦同业存款利率为 6.625%，12 月份到期的期货价格为 92.95，说明市场认为美元的存款利率会上升。10 月 23 日，英镑的存款利率确实下降到了 10.125%，与市场预期一致，但是美元的存款利率也下降到 5.5%，与市场预期相反。

投资者在 3 月份买入英镑期货合约，10 月份英镑期货价格上涨，因此英镑期货的收益为 89.83－89.58＝0.25，投资者最终把英镑收益率锁定在 10.125%＋0.25%＝10.375%；类似的投资者把美元收益率锁定在：5.5%＋（94.45－92.95）%＝7%。显然，与实际市场相比，采用期货合约让投资者很好地规避了利率风险。

第二节 短期利率期货

短期利率期货的品种很多，在这里我们主要介绍美国短期国债期货合约（在 CME 交易）。

一、美国短期国债期货合约的定义

美国短期国债期货的标的资产是美国的短期国债，通常为 90 天期折价销售的短期国债。短期国债也称为贴现债券（Discount Bond），期间不单独支付利息，投资者到期时收到债券的面值。合约到期时，该合约的空头方必须在 3 个连续的营业日内的某天交割 100 000 美元的短期国债。第一个交割日为交割月份的第一天，这天发行期限为 13 周的短期国债。在进行交割时，短期国债距到期日是 89 天或 90 天或 91 天。如期货合约在 160 天后到期，标的资产是 250 天的短期国债。

假定期货合约的到期期限为 T_1 年，短期国债的到期期限为 T_2。T_1、T_2 的无风险利率分别为 R_1 和 R_2。

假定期货合约标的短期国债的面值为 100 美元，其现值 V 为：

$$V = 100e^{-R_2T_2} \tag{6-2}$$

期货价格 F 为：

$$F = 100e^{-R_2T_2}e^{R_1T_1} = 100e^{R_1T_1 - R_2T_2} = 100e^{-R_F(T_2 - T_1)} \tag{6-3}$$

二、美国短期国债期货的报价

美国短期国债的报价是面值为 100 美元的短期国债的标价，按实际天数/360 的计算方式。短期国债的报价与短期国债的现金价格不一样。假定 Y 是 100 美元的距到期日还有 n 天的短期国债的现金价格，则该短期国债的报价也可认为是贴现率，即：

$$\frac{360}{n}(100 - Y) \tag{6-4}$$

例 6.2　一个 90 天的短期国债，现货价格为 98，其报价为 8。8%为贴现率。

下面我们讨论美国短期国债期货的报价。美国短期国债期货的报价 Z= 100 – 相应短期国债的报价。也可以写作：

$$Z = 100 - 360/n(100 - Y) \tag{6-5}$$

$$Y = 100 - n/360(100 - Z) \tag{6-6}$$

假设 Y 为交割面值为 100 美元的 90 天短期国债所支付的对应的价格，则：

$$Z = 100 - 4(100 - Y) \tag{6-7}$$

$$Y = 100 - 0.25(100 - Z) \tag{6-8}$$

交割 100 万美元的短期国债的合约价格为：

$$10\,000[100 - 0.25(100 - Z)]$$

若交割的短期国债距到期日还有 89 天或者 91 天，交割 100 万美元的短期国债的合约价格为：

$$10\,000 \times [100 - 0.247\,2(100 - Z)]$$

$$10\,000 \times [100 - 0.2528(100 - Z)]$$

例 6.3　假定 140 天期的年利率为 5%，230 天期的年利率为 8%，假定都用连续复利来计算。则：

（1）140 天后交割 230 天到期面值为 100 美元的短期国债期货的价格为多少？

（2）短期国债期货的价格？

（3）短期国债的报价如何？

解：

$$R_F=\frac{r^*(T^*-t)-r(T-t)}{T^*-T}=\frac{8\%\times230-5\%\times140}{230-140}=12.67\%$$

（1）国债期货价格

$$F=100\mathrm{e}^{-R_F(T_2-T_1)}=100\mathrm{e}^{-12.67\%\times90/360}=96.88$$

（2）国债期货的价格

$$Z=100-\frac{360}{90}(100-96.88)=87.52$$

（3）短期国债报价

方法 1：由 $P=100-i$，$i=100-P=100-87.52=12.48$

方法 2：$\frac{360}{n}(100-Y)=\frac{360}{90}\times(100-96.88)=12.48$

第三节 长期国债利率期货

我们主要介绍英国长期金边债券期货与美国长期国债期货的相关定义。

一、英国长期金边债券期货

英国长期金边债券期货（UK Gilt Futures）是满足如下条件的合约。

（1）合约规模：100 000 英镑名义价值，7%息票率的名义金边债券。

（2）交割月份：3、6、9、12 月。

（3）报价：对每 100 英镑名义价值进行报价。

（4）一个刻度：0.01（1 英镑）。

（5）最后一个交易日：当月最后一个工作日前的两个工作日，上午 11 点。

（6）交割日：交割月份的任何一个工作日，由卖方选择。

（7）结算：交易所公布可用于交割的金边债券，到期时间在 8.75 至 13 年之间。

（8）保证金：要求 2 000 英镑的初始保证金。

我们可以看一个例子，如在 9 月份英国长期金边债券期货合约的收盘报价为每 100 英镑 114.19，因此一份名义价值 100 000 英镑的期货合约的面值为 114 190 英镑。如果 12 月份期货合约的价格为 113.97，则说明在 7 月 27 日，市场预期在 9 月至 12 月长期市场利率会小幅上升。

二、美国长期国债期货

美国长期国债期货（US T-bond Futures）是满足如下条件的合约。

（1）合约规模：100 000 美元的名义价值，8%息票率的名义美国国债。

（2）交割等级：到期日或最早赎回日距交割月第一日至少 15 年的美国国债券。

（3）交割月份：3，6，9，12。

（4）报价：对每 100 美元名义价值进行报价。

（5）一个刻度：1/32（3.125 美元）。

（6）最后一个交易日：当月最后一个工作日前 7 个工作日。

（7）交割日：交割月份的任何一个工作日，由卖方选择。

（8）结算：期限超过合约到期月份第一天 15 年以上的美国国债，并在 15 年内不能赎回的债券。

（9）保证金要求：5 000 美元的初始保证金，4 000 美元的维持保证金。

（10）交易时间：美国中部标准时间，上午 8 点至下午 2 点。

三、美国长期国债的报价

美国长期国债价格以美元和 1/32 美元报出，所报价格为面值为 100 美元的债券价格，报价与购买者所支付的现金价格不同。现金价格＝报价＋上一个付息日以来的累计利息。

例 6.4　现在是 3 月 5 日，债券息票利率为 10%。在 7 月 5 日到期，报价为（90－16）。政府债券的息票是每半年支付一次。最近的一次付息日为 2 月 10 日，下一次为 8 月 10 日。从 2 月 10 日到 3 月 5 日之间为 24 天，2 月 10 日到 7 月 5 日为 146 天。100 000 美元面值债券现价为多少？

解：现金价格$=50\times\dfrac{24}{146}+90.5=98.719$

因此，100 000 美元面值债券的现价为$\dfrac{98.719}{100}\times 100\,000=98\,719$美元。

市场上流行的长期利率期货合约之一是芝加哥商品交易所（Chicago Mercantile Exchange，CME）集团交易的长期国债利率期货合约。在这个合约里，从交割月份第一天算起，任何期限在 15～25 年之间的债券均可以用于交割。自 2010 年开始，CME 集团引入超级国债期货，任何期限超过 25 年的国债均可以用于交割。

长期国债期货的报价与长期国债本身报价相同。在 2000 年 7 月 27 日的《金融时报》中，9 月份交割的美国长期国债期货的报价为（98－14），这表示每 100 名义美元的价格为 98.437 5 美元。由于合约的规模是 100 000 美元，所以每份合约的面值为 98 437.5 美元。

四、转换因子

1. 转换因子的定义

美国国债期货合约要求交割最低有效期限 15 年，息票率为 8%的美国债券。国债合约的多头方在交割日以美元支付期货价格，并且获得符合要求的国债。但是如果可交割债券被限制为息票率恰好为 8%的美国债券，就会出现问题，可能市场中没有息票率恰好为 8% 的美国债，或者数量很少。于是期货市场的规模与相应债券发行额相比可能使得价格操纵成为可能。一群投资者能够轻易地买入债券期货和债券期货标的债券的大部分，到了交割月，空头方不得不平仓，或者买入标的债券。在出现这种空头受挤的情况时，期货价格与债券价格都会被抬高，从而使初始投资者获得巨额利润。为了避免出现这种情况，期货交易在设计合约时，长期美国债期货允许合约的空头方选择交割任何期限介于 15～25 年的债券。期货的多头方希望收取高息票率，已经积累较高利息的债券，而空头方则希望交割较便宜，息票率较低，且刚刚付息不久的债券。为了解决这个矛盾，多头方和空头方在实际交割债券时，必须对债券的息票率和时间累积利息进行调整，因此引入转换因子（Conversion Factor，CF）这个参数。

每一份特定期货合约下的每一种可交割债券都有自己的转换因子，用来补偿可交割债券在息票率和期限的区别。转换因子由期货交易所公布，其表示每种债券在购买后为投资者带来相同收益的该债券每美元的价格。而相同的收益率即为期货合约定义中的息票率，对于美国国债期货来说，为 8%。

2. 转换因子的计算方法

假定所有期限的债券年利率为 8%，每半年计复利一次，则某债券的转换因子定义为交割月份第一天该债券 1 美元的价值。为了便于计算，有效期限和距付息日的时间取整数到最近 3 个月。如果取整数后，债券的有效期为半年的整数倍，我们假定第一次计息在 6 个月后；如果取整数后，债券的有效期不是 6 个月的整数倍，即额外有 3 个月，我们假定在 3 个月后付息，并减去应累计利息。

例 6.5 某一债券息票利率为每年 10%，距到期日还有 20 年零 2 个月。为了计算转换因子，假定债券距到期日整整 20 年。假定每 6 个月支付一次利息，一直到 20 年后支付本金为止。债券面值为 100 美元。名义债券到期收益率为 6%。则该债券的价值为多少？转换因子为多少？

解： $\sum_{t=1}^{40}\frac{5}{(1+6\%/2)^t}+\frac{100}{(1+6\%/2)^{40}}=146.23$。从而可以得出 $CF=1.462\,3$。转换因子为 1.462 3，说明该债券交割时的价值是名义息票率为 8%的债券价值的 1.462 3 倍。

例 6.6 若债券息票率为 8%，到期期限为 18 年 5 个月，债券面值为 100 美元。名义债券到期收益率为 6%，则该债券的价值为多少？转换因子为多少？为了计算转换因子，假设债券距到期日还有 18 年 3 个月。将所有息票支付的现金流贴现到距今 3 个月的时点上，然后再折现到现在，减去累计利息。

解： $\sum_{t=0}^{36}\frac{4}{(1+6\%/2)^t}+\frac{100}{(1+6\%/2)^{36}}=125.83$

$$(1+r)^2=(1+3\%)，解出r=1.488\,9\%$$

$$P_0=\frac{P}{1+r}=123.99，从而得到CF=\frac{123.99-2}{100}=1.2199。$$

3. 国债期货合约的发票价格

发票价格定义为空头交割标的债券时实际收到的金额，它等于标的债券期货报价×转换因子+标的债券的应计利息。

例 6.7　每一合约必须交割面值为 100 000 美元的债券。假定报出的期货价格为（90－00），所交割的债券的转换因子为 1.5，在交割时每一面值为 100 美元的债券的累积利息为 5 美元。则空头方交割债券时，实际收到的金额是多少？

解：发票价格＝标的债券期货报价×转换因子＋标的债券的应计利息＝90×1.5+5＝140 美元。故当空头方交割债券的时候，交割每一面值为 100 美元的债券，他收到的现金为 140 美元。空头方交割面值为 100 000 美元的债券时，共收到 140 000 美元的现金。

4. 最便宜的交割债券

最便宜交割债券（The Cheapest To Deliver，CTD）是指在交易所规定债券交割可在交割月份中的任何一天进行的情况下，由于市场利率的变动，债券的出售方总是选择能产生最大利润或最小损失的债券进行交割，这种债券就是最便宜交割债券。

确定最便宜的交割债券的方法。假设空头在交割月份中无债券，则需要实施如下策略：买入 100 美元面值的一种可交割债券；立即开始交割程序。则购买债券成本为债券的报价＋累计利息。在对空头期货头寸交割债券时得到的票面金额为期货的报价×转换因子＋累计利息。使得（债券报价－期货报价×转换因子）损失最小的债券就是交割月份中的最便宜交割债券。

例 6.8　空头方决定交割，打算在下表中的三个债券中进行选择。假定期货的报价为（93－08），即 93.25，根据表格的数据计算最便宜交割债券。

表 6－2　　三种债券的报价与转换因子

债券	报价	转换因子
1	99.5	1.035 3
2	140.5	1.502 3
3	118.75	1.216 5

解：根据最便宜交割债券的定义，可以选择（债券报价－期货报价×转换因子）值最小的债券进行交易。

$$99.5-93.25\times1.035\,3=2.96$$
$$140.5-93.25\times1.502\,3=0.41$$
$$118.75-93.25\times1.216\,5=5.3$$

则最便宜交割债券为债券 2。

第四节 久 期

一、久期的定义与计算

久期（Duration）反映的是投资者收回原始投资的实际期限。久期是持有债券带来的现金流的期限的加权平均数，其权重是各期间收到的现金流的现值与总现金流现值的比率。n 年期的零息票债券的久期为 n 年，n 年期附息票债券的久期小于 n 年。

假定债券持有者在 t_i 时刻收到的利息为 c_i，债券的价格 B 和按连续复利计算的收益率 y 的关系为：

$$B=\sum_{i=1}^{n}c_i e^{-yt_i} \tag{6-9}$$

久期的计算公式为：

$$D=\frac{\sum_{i=1}^{n}t_i c_i e^{-yt_i}}{B} \tag{6-10}$$

$$D=\sum_{i=1}^{n}t_i\left(\frac{c_i e^{-yt_i}}{B}\right) \tag{6-11}$$

$$\frac{dB}{dy}=-BD \tag{6-12}$$

$$\Delta B=-BD\Delta y \tag{6-13}$$

$$\frac{\Delta B}{B}=-D\Delta y \tag{6-14}$$

例 6.9 考虑某个面值为 100 美元，息票利率为 8%的 3 年期债券。假定该债券连续复利的年收益率为 12%，即 $y=0.12$。息票每 6 个月付息一次，利息 4 元。则这个债券的久期如何计算？当收益率增加到 0.121 时，债券价格如何变化？

解：经计算，该债券不同时期的现金流、现值等数据如表 6－3 所示。

表 6－3　　不同时期的现金流现值

时期	付款金额	现值	权重	时间×权重
0.5	4	3.767	0.042	0.021
1	4	3.547	0.039	0.039
1.5	4	3.341	0.037	0.056
2	4	3.146	0.035	0.070
2.5	4	2.963	0.033	0.083
3	104	72.558	0.812	2.437
合计数	124	89.324	1	2.707

根据表 6－3 可以得到债券的当前价格：$B_1=89.324$。

久期：$D=2.707$

债券价格的变化：

$\Delta B=-BD\Delta y=-89.324\times2.707\Delta y=-241.81\times0.001=-0.242$。这表明当收益率上升到 0.121 时，债券价格将下降 0.242。因此债券的价格为 $B_2=89.324-0.242=89.082$ 美元。

二、久期的套期保值策略

1. 利率期货合约份数的选择

下面我们讨论关于久期的套期保值策略（Duration-based Hedge Ratio）。我们假设 N^* 为套期保值需要选择的利率期货合约的份数，则：

$$N^*=\frac{S\times D_S}{F\times D_F} \tag{6-15}$$

其中

S 为需要进行套期保值的资产的价值

D_S 为需要套期保值的资产的久期

D_F 为期货合约的标的资产的久期

F 为利率期货合约的合约价值

2. 利率期货合约期限的选择

一般选择标的资产的久期与被保值资产相近的期货合约。所以可以利用短期美国国债期货合约和欧洲美元期货合约用来对冲短期的利率风险暴露，而中长期国债期货则用来对冲更长期限的利率风险暴露。

3. 利率期货合约空头与多头的选择

持有债券多头，担心债券价格下跌，那么可以通过债券期货的空头对这个头寸进行对冲；相反，如果打算在未来购买债券，却担心债券价格上升，即收益率降低，则应该买入债券期货。

三、对冲利率风险

1. 利用短期国债对冲短期利率风险

例 6.10　你持有价值 100 万美元的 91 天期美国国债，1 个月后将卖掉国债获取现金支付你的债权人。你担心下个月利率上升，从而使得短期国债的价值很低。你应该买入还是卖出国债期货？

解：卖出。持有债券多头，担心利率上升，债券价格下降，应该持有期货空头，故应当卖出国债期货。

例 6.11　你在 6 个月后收到 100 万美元，届时想投资 90 天期的欧洲美元存款。你担心随后的 6 个月利率将下降，这意味着你的投资收益将减少，你应该买入还是卖出国债期货？

解：买入。担心未来利率下降，即担心债券价格上升，应当持有期货多头，故应当买入国债期货。

例 6.12 希望在 3 个月后发行价值为 100 万美元的 6 月期的商业票据。这相当于筹款。但是你担心在随后的 3 个月中利率上升。这样你的筹款成本增加，你应该买入还是卖出国债期货？

解：卖出。担心利率上升，债券价格下降，应该持有期货空头，故应当卖出国债期货。

例 6.13 5 月 20 日，公司的财务主管得知将于 8 月 5 日收到 2 800 000 美元。下一年 2 月份该项资金将用于一项重要的资本投资项目。因此财务主管在收到款项时就将它投资于 6 个月期的短期国债。现在 6 个月期短期国债的收益率为 11.20%，每半年复利一次。该财务主管担心在 5 月 20 日到 8 月 5 日之间短期国债的收益率可能会下降，于是他决定利用短期国债期货进行套期保值。9 月份到期的短期国债期货合约的报价为 89.44。每一短期合约交割 100 万美元的面值。

（1）5 月 20 日购买多少 9 月份到期的短期国债期货合约？

（2）8 月 5 日将期货头寸平仓。在 5 月 20 日到 8 月 5 日之间，财务主管最担心的事情发生了，6 个月期的短期国债每半年计算一次复利的年收益率由 11.2%降为 9.8%。且 8 月 5 日，9 月份到期的短期国债期货的报价为 90.56，若将期货合约平仓，则该公司的财务主管的投资策略最终的收益状况如何？

解：

（1）已知：$S = 2\,800\,000, F = 1\,000\,000, D_S = 0.5, D_F = 0.25$

由此可以得到：$N^* = \dfrac{S \times D_S}{F \times D_F} = 5.6 \approx 6$ 份

根据 9 月份到期的国债期货合约报价为 89.44，计算得到的国债期货价格为：

$$F = 10\,000 \times [100 - 0.25 \times (100 - Z)] = 10\,000 \times [100 - 0.25 \times (100 - 89.44)] = 973\,600 \text{ 美元}$$

根据 8 月 5 日，9 月份到期的短期国债期货合约的报价为 90.56，计算得到国债期货价格为：

$$F = 10\,000 \times [100 - 0.25 \times (100 - Z)] = 10\,000 \times [100 - 0.25 \times (100 - 90.56)] = 976\,400 \text{ 美元}$$

因此投资者收益为：

$$(976\,400 - 973\,600) \times 6 = 16\,800 \text{ 美元}$$

投资者投资 6 个月的国债所获得的收益为：

$$(2\,800\,000 + 16\,800) \times (1 + 9.8\% \times 1/2) = 2\,954\,823.2 \text{ 美元}$$

因此贷款实际收益率为：

$$2 \times (2\,954\,823.2 - 2\,800\,000)/2\,800\,000 = 11.06\%$$

与市场给出的 9.8%相比，提高了 1.26%。

2. 利用长期债券对冲长期风险

对冲方法与短期国债类似，如果持有债券，担心债券价格下跌，应该卖空债券期货合约，或者说持有空头。如果想在未来购买债券，担心债券价格上涨，则买入债券期货合约，或者说持有多头。

例 6.14 假设现在是 8 月 2 日。基金管理者已将 500 万美元投资到政府债券中，他预计在下 3 个月内利率的变动将十分剧烈，决定运用 12 月份到期的长期国债期货合约对该投资组合进行套期保值。现在期货合约的结算价格为每 100 美元 93.062 5，面值为 10 万美元。已知债券组合的平均久期为 6.5 年，在长期国债期货合约中，交割最便宜的债券是 20 年期年息票利率为 12%的债券，现在年收益率为 8.8%，在期货合约到期时，该债券的久期为 9.6 年。

（1）8 月 2 日，卖空 12 月份到期的国债期货合约，应该卖空多少份？

（2）11 月 2 日，将期货头寸平仓。从 8 月 2 日到 11 月 2 日，利率下降很快。债券组合的价值从 500 万迅速上涨到 545 万美元。11 月 2 日，国债期货的报价为（98－16），则基金管理者的收益状况如何？

解：

（1）已知：

$$S=5\ 000\ 000，F=93\ 062.5，D_S=6.5，D_F=9.6$$

由此可以得到 $N^*=\dfrac{S\times D_S}{F\times D_F}=36.378\approx 36$ 份

（2）现货收益 5 450 000－5 000 000＝450 000 美元

期货损失－36×(98 500－93 062.5)＝－195 750 美元

净收益 450 000－195 750＝254 250 美元

3. 对冲浮动利率贷款

例 6.15 假设在 4 月 29 日，公司刚刚以一个月的 LIBOR＋1%的利率贷款 1 200 万美元，期限 3 个月。公司准备对风险进行套期保值，相关的 LIBOR 利率与期货报价信息如表 6－4 所示，思考公司如何进行套期保值并计算公司的损益。

表 6－4　　LIBOR 与期货不同时期的报价情况

时间	内容	报价情况
4 月 29 日	一个月期 LIBOR 年利率	7.8%
	6 月份到期的欧洲美元期货的价格	91.88
	9 月份到期的欧洲美元期货的价格	91.44
5 月 29 日	一个月期 LIBOR 年利率	8.8%
	6 月份到期的欧洲美元期货的价格	91.12

续表

时间	内容	报价情况
6 月 29 日	一个月期 LIBOR 年利率	9.4%
	9 月份到期的欧洲美元期货的价格	90.16

解：公司应该卖出 4 份 6 月份到期的期货合约来对冲第二个月的利率风险，卖出 4 份 9 月份到期的期货合约来对冲第三个月的利率风险。

（1）4 月 29 日

第 1 个月由于利率已经确定，因此投资者需要支付利息：

1 200 万 × (7.8% + 1%)/12 = 88 000 美元

6 月份到期的欧洲美元期货的价格为 91.88，可知：

Y = 10 000 × [100 − 0.25 × (100 − 91.88)] = 979 700 美元

N = 0.083 3/0.25 ×（12 000 000/979 700）= 4.083≈4 份，因此需要卖出期货合约 4 份来对冲利率风险。

9 月份到期的欧洲美元期货的价格为 91.44，可知：

Y = 10 000 × [100 − 0.25 × (100 − 91.44)] = 978 600 美元

N = 0.083 3/0.25 × (12 000 000/978 600) = 4.087≈4 份，因此需要卖出期货合约 4 份来对冲利率风险。

（2）5 月 29 日

LIBOR 报价为 8.8%，6 个月期货报价 91.12，因此 6 月份期货合约价值为：

Y = 10 000 × [100 − 0.25 × (100 − 91.12)] = 977 800 美元。

6 月份到期的欧洲美元期货合约的获利为：

4 × (979 700 − 977 800) = 7 600 美元

实际多支付的利息 1/12 × (8.8% − 7.8%) × 12 000 000 = 10 000 美元。

（3）6 月 29 日

LIBOR 报价为 9.4%，9 月份期货报价为 90.16，因此 9 月份期货合约价值为：

Y = 10 000 × [100 − 0.25 × (100 − 90.16)] = 975 400 美元。

9 月份到期的欧洲美元期货合约的获利为：

4 × (978 600 − 975 400) = 12 800 美元

实际多支付的利息 1/12 × (9.4% − 7.8%) × 12 000 000 = 16 000 美元。

第七章 互　换

互换从本质上来说也是一种远期合约，属于场外交易的产品。本章我们将讨论货币互换和利率互换两类产品，分别介绍其定义及定价的方法。我们将把重点放在讨论货币远期和利率远期的定价上。

本章主要内容包括以下几个部分：

1. 互换简介
2. 互换交易的定价

第一节　互换简介

一、互换

1. 互换的定义

互换（Swap）是两个公司之间私下达成的协议，以按照事先约定的方式在将来彼此交换现金流。本质上互换是一种远期合约，但是这种远期合约是建立在交易双方交换有差别的同类基础资产之上。

2. 互换的局限性

首先，为了达成交易，互换合约的一方必须找到愿意与之交易的另一方。如果一方对期限或现金流等有特殊要求，他常常会难以找到交易对手。

其次，由于互换是两个对手之间的合约，因此，如果没有双方的同意，互换合约是不能更改或终止的。

最后，对于期货和在场内交易的期权而言，交易所对交易双方都提供了履约保证，而互换市场则没有人提供这种保证。因此，互换双方都必须关心对方的信用。

3. 互换产生的条件——比较优势理论

比较优势（Comparative Advantage）理论是英国著名经济学家大卫·李嘉图（David Ricardo）提出的。他认为，在两国都能生产两种产品，且一国在这两种产品的生产上均处于有利地位，而另一国均处于不利地位的条件下，如果前者专门生产优势较大的产品，后者专门生产劣势较小（即具有比较优势）的产品，那么通过专业化分工和国际贸易，双方仍能从中获益。

互换是比较优势理论在金融领域最生动的运用。根据比较优势理论，只要满足以下两种条件，就可进行互换：（1）双方对对方的资产或负债均有需求；（2）双方在两种资产或负债上存在比较优势。

二、互换的种类

1. 货币互换

货币互换（Currency Swaps）是将一种货币的本金和固定利息与另一货币的等价本金和固定利息进行交换。货币互换的主要原因是双方在各自国家中的金融市场上具有比较优势。

例 7.1 假设 2016 年 3 月，中国银行（甲方）和日本某家银行（乙方）在美元市场和欧元市场上的相对借款成本如表所示。我们假定中国银行需要 1 亿欧元，市场的即期汇率为 1 美元＝1 欧元。日本银行需要 1 亿美元。假定利息为每年 3 月 17 日支付，期限 4 年。问如何通过互换节约贷款成本？

表 7－1　　美元市场和欧元市场上的相对借款成本

	美元市场	欧元市场
中国银行	10.0%	4.0%
日本银行	13.5%	6.0%
借款成本差额	3.5%	2.0%

解：中国银行（甲方）与日本银行（乙方）存在比较优势，因此可以通过互换来节约成本。具体操作方式如图 7－1 至图 7－3 所示。假定中国银行与日本银行签订互换协议，中国银行从市场借入 1 亿美元，贷给日本银行，利率为 12.5%。日本银行从市场借入 1 亿欧元，贷给中国银行，利率为 5.75%。通过互换，两家银行共节约了 1.5%的借款成本。

甲方：收到 250 万美元兑换为 250 万欧元，支出 575 万欧元，实际支出 325 万欧元。借款成本为 3.25%，如果不通过互换，中国银行在欧元市场的借款成本为 4%，因此中国银行通过互换节约 0.75%的借款成本。

乙方：支出 25 万欧元，兑换为 25 万美元，支付 1 250 万美元，实际支付 1 275 万美元。借款成本为 12.75%；如果不采取互换，日本银行在美元市场的借款成本为 13.5%，日本银行通过互换节约 0.75%的借款成本。

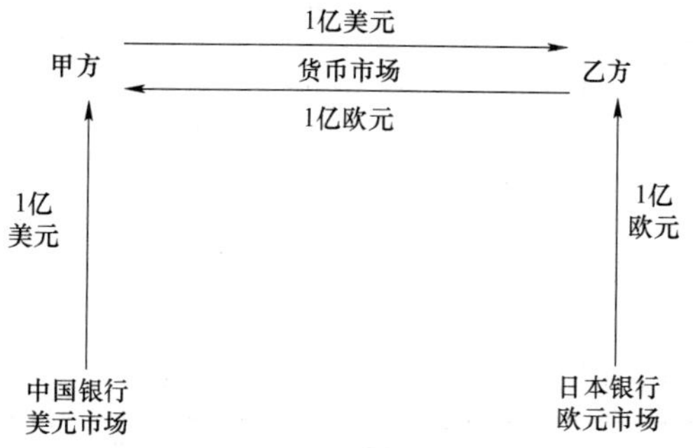

图 7－1　初始流量图

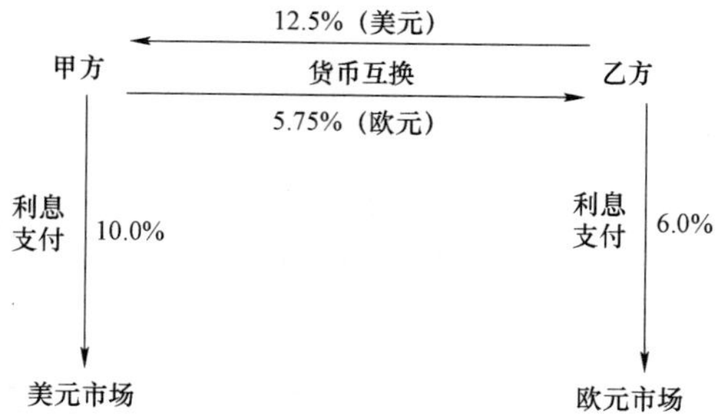

图 7－2　利息支付流量图

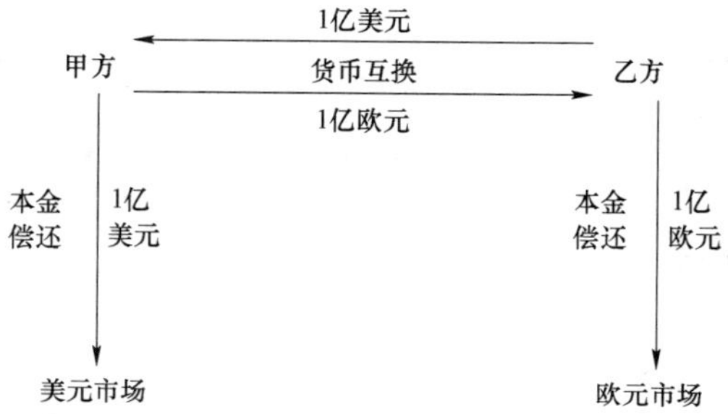

图 7－3　本金最终流量图

表 7－2　　货币互换过程

时间	甲→美元市场	甲→乙	乙→甲	乙→欧元市场
2006.3.17		1 亿美元	1 亿欧元	
2007.3.17	1 000 万美元	575 万欧元	1 250 万美元	600 万欧元
2008.3.17	1 000 万美元	575 万欧元	1 250 万美元	600 万欧元
2009.3.17	1 000 万美元	575 万欧元	1 250 万美元	600 万欧元
2010.3.17	1 亿＋1 000 万美元	1 亿＋575 万欧元	1 亿＋1 250 万美元	1 亿＋600 万欧元

2. 利率互换

利率互换（Interest Rate Swap）是指交易双方在约定的一段时间里，根据双方签订的合同，在一笔象征性本金数额的基础上互相交换具有不同性质的利率款项的支付。

在利率互换交易中，交易双方无论在交易的初期、中期还是末期都不交换本金。本金是交易双方的资产和负债，它并不转手，交换的只是利息款项。交换的结果改变了资产或负债的利率。

例 7.2　考虑一个开始于 2020 年 3 月 1 日的 3 年期互换，公司 B 同意向 A 公司支付由年利率 5%和本金 1 亿美元所计算的利息；反过来，A 公司同意向 B 公司支付由 6 个月期 LIBOR 和同样本金所计算的浮动利息。假定每 6 个月交换一次利息，5%是按年利率复利计息。

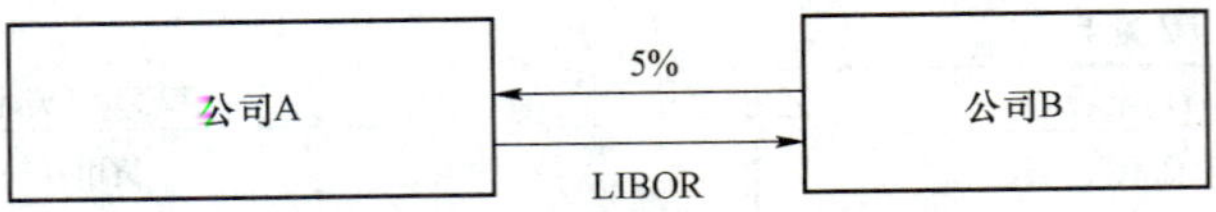

图 7-4　A、B 公司的利率互换过程

解：我们把所有的现金流通过表 7-3 总结出来。

表 7-3　**公司 B 在 3 年期互换中的现金流状况**　（单位：百万美元）

日期	LIBOR	收到的浮动利率现金流	支付的固定利率现金流	净现金流
2020 年 3 月 1 日	4.4%			
2020 年 9 月 1 日	4.8%	2.2	-2.5	-0.3
2021 年 3 月 1 日	5.2%	2.4	-2.5	-0.1
2021 年 9 月 1 日	5.5%	2.6	-2.5	0.1
2022 年 3 月 1 日	5.6%	2.75	-2.5	0.25
2022 年 9 月 1 日	5.8%	2.8	-2.5	0.3
2023 年 3 月 1 日	6.4%	2.9	-2.5	0.4

例 7.3　假定 A、B 公司都想借入 5 年期的 1 000 万美元的借款，且两公司都相互比较了解对方。但在银行的资信记录上，A 公司要好于 B 公司，因此银行提供给他们的贷款条件不同。A 想借入与 6 个月期相关的浮动利率借款，B 想借入固定利率借款。但两家公司信用等级不同，故市场向它们提供的利率也不同，如表 7-4 所示，表中的利率均为一年计一次复利的年利率。

表 7-4　**市场提供给 A、B 两公司的借款利率**

	固定利率	浮动利率
A 公司	10.00%	6 个月期 LIBOR+0.40%
B 公司	11.40%	6 个月期 LIBOR+1.10%

解：如果公司 A 和公司 B 同意签订如下合约，则公司 A 可以把借款利率锁定在 LIBOR+0.05%，公司 B 可以把借款利率锁定在 11.05%。两家公司各节约 0.35%的借款成本。

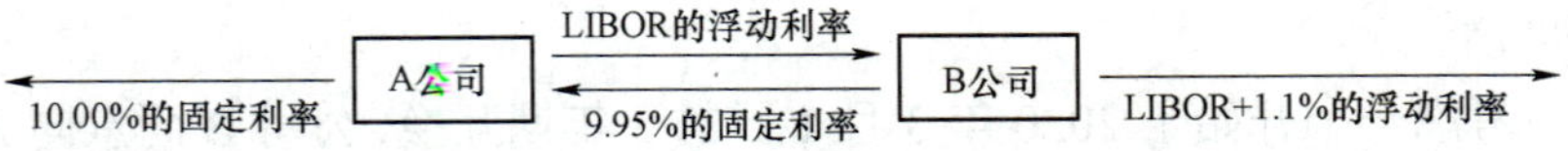

图 7-5　A、B 公司的利率互换过程图

例 7.4　假定英镑和美元汇率为 1 英镑=1.500 美元。A 想借入 5 年期的 1 000 万英镑借款，B 想借入 5 年期的 1 500 万美元借款。市场向它们提供的固定利率如表 7-5 所

示，此表中的利率均为一年计一次复利的年利率。

表 7－5　　市场向 A、B 公司提供的固定借款利率

	美元	英镑
A 公司	8.5%	11.4%
B 公司	10.0%	12.0%

假设 A 公司与 B 公司签订了如下两个互换，与之前相比，引入了金融机构。金融机构因为承担了信用风险，因此金融机构会获得一定的收益。

图 7－6　引入金融公司的互换 1

图 7－7　引入金融公司的互换 2

解：第一个互换合约，公司 A 承担了汇率风险。第二个互换合约，公司 B 承担了汇率风险。读者可以自行分析两种情况下公司 A、B 和金融机构的收益。

第二节　互换交易的定价

一、利率互换合约的定价

下面我们看一个刚刚签订的互换合约的定价问题。

例 7.5　要决定一个名义本金为 2 000 万美元的新的固定－浮动 LIBOR 互换中的固定利率值。假定互换为期 2 年，每 180 天交换一次利息。LIBOR 的期限结构为 6 月期年利率为 10%，1 年期年利率为 10.25%，18 月期年利率为 10.75%，2 年期年利率为 11.02%，所有利率为连续复利，每年 360 天。

解：假定半年固定的票息为 c，

$$2\,000\text{万}=c\times\left(e^{-0.5\times10\%}+e^{-1\times10.25\%}+e^{-1.5\times10.75\%}+e^{-2\times11.02\%}\right)+2\,000\text{万}\times e^{-2\times11.02\%}$$

经计算，得出 c＝1 128 015 美元。年息率＝$\dfrac{c\times2}{2\,000\text{万}}=11.28\%$。

如果假设没有违约风险，利率互换可以分解为一个债券的多头与另一个债券的空头来定价，也可以通过分解成一个远期利率协议的组合来定价。

例 7.6　假设一个 2003 年 9 月 1 日生效的 3 年期的利率互换，名义本金为 1 亿美元。

B 公司同意支付给 A 公司年利率为 5%的利息，同时 A 公司同意支付给 B 公司 6 个月期的 LIBOR 的利息，利息支付每半年 1 次。互换合约内容如图 7－8 所示。

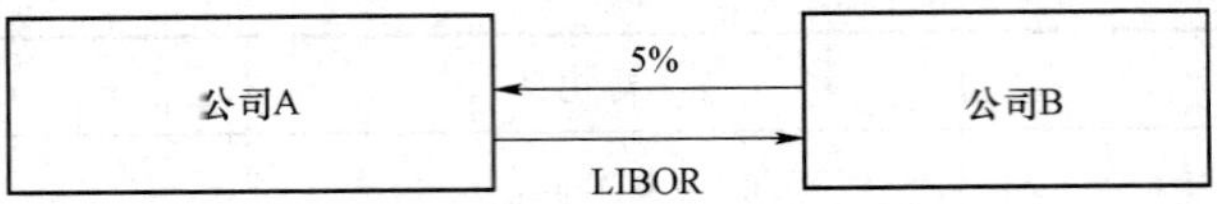

图 7－8　公司 A、B 的利率互换内容

这个互换可以看成是 B 公司按 6 个月 LIBOR 的利率借给 A 公司 1 亿美元，A 公司按 5%的利率借给 B 公司 1 亿美元，也可以看作是 B 向 A 购买一份 1 亿美元的浮动利率债券，同时向 A 出售了一份 1 亿美元的固定利率债券。因此对 B 而言，这个利率互换的价值就是浮动利率债券与固定利率债券价值之差。互换合约的价值为：

$$V = B_{fl} - B_{fix} \tag{7-1}$$

其中：

B_{fix}：互换合约中分解出的固定利率债券的价值；

B_{fl}：互换合约中分解出的浮动利率债券的价值。

例 7.7　假设在一笔互换合约中，某一金融机构支付 6 个月的 LIBOR，同时收取 10%的年利率，半年计一次复利。名义本金为 1 亿美元。互换还有 1.25 年期限。3 个月，9 个月和 15 个月的 LIBOR（连续复利率）分别为 12%，12.5%，13%，上一次利息支付日的 6 个月 LIBOR 为 12.2%（半年计一次复利）。计算这个金融机构采用互换的价值。

解：我们采用两种方法来计算互换合约的价值。

方法 1：利率互换的价值就是浮动利率债券与固定利率债券价值之差。

$$B_{fl} = (1亿 + 1亿 \times 12.2\% \times 0.5)e^{-0.12\times0.25} = 1.029\,6亿美元$$

$$B_{fix} = 0.05e^{-0.12\times0.25} + 0.05e^{-0.125\times0.75} + 1.05e^{-0.13\times1.25} = 0.986\,6 亿美元$$

$$V = B_{fl} - B_{fix} = 430 万美元$$

方法 2：运用远期利率协议给利率互换定价。

利率互换可以看作是用一系列事先确定的利率互换市场利率的合约。因此可以通过计算远期利率来为利率互换定价。

计算步骤：

（1）计算远期利率

（2）确定现金流

（3）将现金流贴现

（4）货币互换的定价

3 个月后互换：$0.5\times1亿\times(0.10-0.122)e^{-0.12\times0.25} = -106$ 万美元

3 个月到 9 个月的远期利率：$\dfrac{0.125\times0.75-0.12\times0.25}{0.75-0.25} = 12.75\%$

其对应的复利：$R_m=2\times\left(e^{\frac{0.1275}{2}}-1\right)=13.165\%$

9 个月后互换：$0.5\times1亿\times(0.10-0.13165)e^{-0.125\times0.75}=-144$ 万美元

9 个月到 15 个月的远期利率：$\dfrac{0.13\times1.25-0.125\times0.75}{1.25-0.75}=13.75\%$

其对应的复利：$R_{m1}=2\times\left(e^{\frac{0.1375}{2}}-1\right)=14.234\%$

15 个月后互换：

$0.5\times1亿\times(0.10-0.14234)e^{-0.13\times1.25}=-180$万美元

总计：$-106-144-180=-430$ 万美元

二、货币互换合约的定价

我们可以运用债券组合为货币互换定价：一份外币债券和一份本币债券的组合。

假定 A 公司和 B 公司在 2003 年 10 月 1 日签订了一份 5 年期的货币互换协议。合约规定 A 公司每年向 B 公司支付 11%的英镑利息，并向 B 公司收取 8%的美元利息。本金分别为 1 500 万美元和 1 000 万英镑。A 公司持有的头寸看作是一份年利率为 8%的美元债券多头头寸和一份年利率为 11%的英镑债券空头头寸的组合。

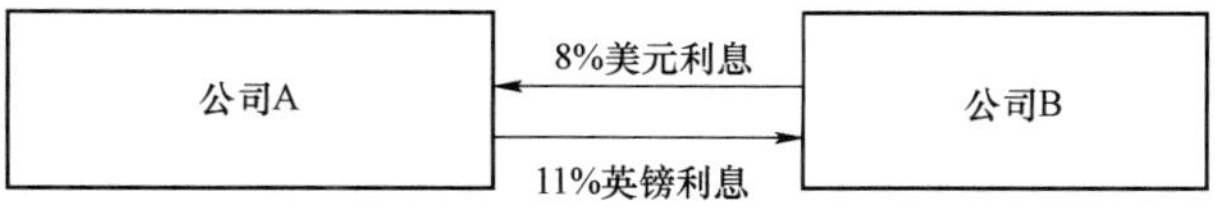

图 7－9　公司 A、B 的货币互换内容

因此：

收入本币，付出外币　　$V=B_D-S_0B_F$

收入外币，付出本币　　$V=S_0B_F-B_D$　　（7－2）

其中：

B_F：用外币表示的从互换中分解出来的外币债券的价值；

B_D：用本币表示的从互换中分解出来的本币债券的价值；

S_0：即期汇率。

例 7.8　假设美国和日本 LIBOR 利率的期限结构是平的，在日本是 4.5%，在美国是 9.5%，连续复利。某一金融机构在一笔货币互换中每年收入日元，利率为 5%，同时付出美元，利率为 8.5%。两种货币的本金分别为 1 000 万美元和 120 000 万日元。这笔互换还有 3 年的期限，即期汇率为 1 美元＝105 日元。

解：

方法 1：把互换看作是美元债券与日元债券来进行定价：

美元：$B_D=85e^{-0.095\times1}+85e^{-0.095\times2}+1085e^{-0.095\times3}=963.5$万美元

日元：$B_F=6000e^{-0.045\times1}+6000e^{-0.045\times2}+126000e^{-0.045\times3}=121307.8$ 万日元

$$V = S_0 B_F - B_D = \frac{121\,307.8}{105} - 963.5 = 191.8 \text{ 万美元}$$

方法 2：我们也可以看作是美元和日元的货币远期来进行定价。

已知1日元＝0.009 524美元

1年期远期：$F_1 = 0.009\,524\mathrm{e}^{(9.5\%-4.5\%)\times 1} = 0.010\,012$

2年期远期：$F_2 = 0.009\,524\mathrm{e}^{(9.5\%-4.5\%)\times 2} = 0.010\,526$

3年期远期：$F_3 = 0.009\,524\mathrm{e}^{(9.5\%-4.5\%)\times 3} = 0.011\,065$

第一年互换合约的价值为：

$$(6\,000 \times 0.010\,012 - 85)\mathrm{e}^{-0.095\times 1} = -22.67 \text{ 万美元}$$

第二年互换合约的价值为：

$$(6\,000 \times 0.010\,526 - 85)\mathrm{e}^{-0.095\times 2} = -18.06 \text{ 万美元}$$

第三年互换合约的价值为：

$$(126\,000 \times 0.011\,065 - 1\,085)\mathrm{e}^{-0.095\times 3} = 232.52 \text{ 万美元}$$

最后可以得到互换合约的总价值为232.52－22.67－18.06＝191.8万美元

第八章

期　权

本章主要讨论影响股票期权价格的一些因素。我们探讨欧式期权价格、美式期权价格和标的资产价格之间的关系。这些关系中最重要的是看涨期权–看跌期权的平价关系，同时我们也讨论美式看涨和看跌期权是否应该提前执行。

本章主要内容包括以下几个部分：

1. 期权价格的影响因素及上下限
2. 期权价格的特性
3. 美式和欧式看涨看跌期权的关系

第一节　期权价格的影响因素及上下限

一、期权价格的影响因素

影响期权价格的因素主要包括：股票的现价 S，执行价格 X，到期期限 T，股票价格的波动率，无风险利率 r 和期权有效期内预计发放的红利。下面我们具体说明每个因素对期权价格的影响。

1. 股票价格与执行价格

股票看涨期权在将来某一时间执行，则其收益为股票价格与执行价格的差额。随着股票价格的上升，看涨期权的价值也就越大；随着执行价格的上升，看涨期权的价值也就越小。对于看跌期权来说，其收益为执行价格与股票价格的差额。因此看跌期权刚好和看涨期权相反。

2. 到期期限

当期权的到期期限增加时，美式看跌期权和看涨期权的价值都会增加。因为有效期长的期权不仅包含了有效期短的那个期权的所有执行机会，而且他的获利机会更多。因此有效期长的期权价值总是大于或等于有效期短的期权价值。

随着有效期的增加，欧式看涨期权和欧式看跌期权的价值并不一定增加。这是因为有效期长的期权的执行机会并不一定包含有效期短的期权的所有机会。有效期长的期权只能在其到期日执行。考虑同一个股票的两个欧式看涨期权，一个到期期限为 1 个月，另一个到期期限为 2 个月。假定预计在 6 周以后将支付大量的红利，红利会使股票的价格下降，这就有可能使有效期短的期权的价值超过有效期长的期权的价值。

3. 波动率（Volatility）

股票价格的波动率用来衡量未来股票价格变动的不确定性。随着波动率的增加，股票上升很高或下降很低的机会也随着增加。对于股票的持有者来说，这两种变动趋势将互相抵消。但是对于看涨期权或看跌期权的持有者来说，则不是这样。看涨期权的持有者从股价上升中获利，但是当股价下降时，由于他的最大损失就是期权费，仅有有限的损失。与此类似，看跌期权的持有者从股价下跌中获利，但当股价上升时，仅有有限的损失。因此，随着波动率的增加，看涨期权和看跌期权的价值都会增加。

4. 无风险利率

看涨期权随无风险利率变化正向变动，看跌期权为反向变动。

5. 红利

在除息日后，红利将减少股票的价格。对于看涨期权的价值来说，这是一个坏消息，而对于看跌期权的价值来说，则是一个好消息。因此看涨期权的价值与预期红利的大小成反向运动，而看跌期权的价值与预期红利大小成正向运动。

二、期权价格的上下限

我们做出如下基本假设：市场没有交易费，所有交易利润（减去交易损失后）具有相同的税率。可以按无风险利率借入和贷出资金。一旦有套利机会出现，市场参与者随时准备利用这些套利机会。

为了便于说明，我们引入以下符号：

S：股票当前的价格

X：期权执行价

T：期权的到期时间

S_T：在 T 时刻股票的价格

r：在 T 时刻到期的投资的无风险利率（连续复利）

C：购买一股股票的美式看涨期权的价值

P：出售一股股票的美式看跌期权的价值

c：购买一股股票的欧式看涨期权的价值

p：出售一股股票的欧式看跌期权的价值

1. 期权价格的上限

美式看涨期权或欧式看涨期权的持有者有权以某一确定的价格购买一股股票。在任何情况下，期权的价值都不会超过股票的价值。因此股票价格是期权价格的上限。

$$S \geqslant c，S \geqslant C \tag{8-1}$$

如果不存在这一关系，则套利者购买股票并卖出看涨期权，可轻易地获得无风险利润。

美式看跌期权的持有者有权以 X 的价格出售一股股票。无论股票的价格多么低，期权的价值都不会超过 X。

$$X \geqslant P \tag{8-2}$$

对于欧式期权来说，在 T 时刻，期权的价值不会超过 X。因此，现在期权的价值不会超过 X 的现值。

$$Xe^{-rT} \geqslant p \tag{8-3}$$

如果不存在这一关系，则套利者出售期权并将所得收入以无风险利率进行投资，可轻易地获得无风险收益。

2. 不付红利的看涨期权的下限

不付红利的欧式看涨期权的下限是 $S-Xe^{-rT}$ 。

如果市场中给出的欧式看涨期权的价格不满足这一条件，则会存在套利。我们举例说明。

例 8.1　假定 $S=25$ 美元，$X=20$ 美元，$r=5\%$，$T=1$ 年。则期权的下限为是多少？

解：期权价格的下限为 $S-Xe^{-rT}=25-20e^{-0.05}=5.98$。

若市场上给出的欧式看涨期权价格 $c=5<5.98$，可以构建套利策略：卖出股票，买入看涨期权，有正的现金流 20 元，贷出一年，得 21.03。在 T 时刻，若 $S_T>20$，看涨期权执行，按照 20 美元购买股票平仓，获利 1.03。若 $S_T=18<20$，按照市场价格 18 美元购买股票平仓，获利 3.03。

下面我们给出一般情况下的结论，欧式看涨期权价格的下限满足以下条件：

$$c \geqslant \max[S-Xe^{-rT},0] \tag{8-4}$$

为了说明这个结果，我们构造两个投资组合。

组合 A：一个欧式看涨期权加上金额为 Xe^{-rT} 的现金

组合 B：一股股票

两个组合的期末价值分别为组合 A：$\max\{S_T,X\}$，组合 B：S_T 。显然，组合 A 的期末价值总是高于组合 B，根据无套利定价原则，则组合 A 的现值应大于组合 B 的现值，即有 $c+Xe^{-rT}>S$ 。又因 c 非负，因此可以得到：

$$c \geqslant \max[S-Xe^{-rT},0]$$

3. 无收益资产美式看涨期权价格的下限

由于无股息支付时永远不会提前执行美式看涨期权，所以 $C=c$，由式（8－4）我们可以推出无收益资产美式看涨期权在 t 时刻的价格下限：

$$C \geqslant \max[S - Xe^{-r(T-t)}, 0] \tag{8-5}$$

4. 不付红利的欧式看跌期权的下限

对于一个不付红利股票的欧式看跌期权来说，其价格下限为 $Xe^{-rT}-S$。下面我们举例说明。

例 8.2 假定 $S=36$ 美元，$X=41$ 美元，$r=10\%$年率，$T=0.5$ 年。通过计算可知 $Xe^{-rT}-S=41e^{-0.1\times 0.5}-36=3$ 美元。如果市场中给出的期权价格为 2，则可以构建套利策略。

套利策略：若 $p=2<3$，借入 38 美元，买入股票，买入看跌期权，到期时需要归还 39.95 美元。T 时刻：若 $S_T=42>41$，按照市场价格出售股票，支付本金及利息后，获利 2.05 美元，若 $S_T<40$，看跌期权执行，按照 40 美元卖出，获利 0.05 美元。

下面我们给出一般情况下的结论，欧式看跌期权价格的下限满足以下条件：

$$p \geqslant \max[Xe^{-rT} - S, 0] \tag{8-6}$$

为了说明这个结论，我们构造两个投资组合：

组合 C：一个欧式看跌期权加上一股股票

组合 D：金额为 Xe^{-rT} 的现金

期末两个组合的价值为：

组合 C：$\max\{S_T, X\}$

组合 D：X

显然，组合 C 的期末价值总是大于等于组合 D 的价值，因此根据无套利分析方法，组合 C 现在的价值应大于组合 D 现在的价值。即有 $p+S>Xe^{-rT}$。又因 p 非负，因此 $p \geqslant \max[Xe^{-rT}-S, 0]$。

第二节 期权价格的特性

一、实值期权、两平期权和虚值期权

实值期权（In-the-money Option）：期权立即执行，持有者具有正的现金流。

两平期权（At-the-money Option）：期权立即执行，持有者的现金流为 0。

虚值期权（Out-of-the-money Option）：期权立即执行，持有者具有负的现金流。

例 8.3 已知一个美式看涨期权，$X=90$，若 $S=100$，为实值期权；若 $S=90$，为平值期权；若 $S=50$，为虚值期权。

二、内在价值与时间价值

内在价值（Intrinsic Value）是多方行使期权时所具有的价值和 0 之间的最大值。它反映了期权持有者马上执行期权可获得的收益。期权的“内在价值”可有可无，如平价或溢价的期权合约便没有“内在价值”。

时间价值（Times Value），也称投机价值，即期权费减去“内在价值”后剩余的部分。时间价值是指在期权有效期内标的资产价格波动为期权持有者带来收益的可能性所隐含的价值，反映了交易商愿意为标的资产价格波动的不确定性所支付的代价。显然，标的资产价格的波动率越高，期权距离到期期限的时间越长，期权的时间价值就越大。当内在价值接近 0 时，不确定性是最大的，时间价值最高。对于深度实值看涨期权与深度虚值看涨期权来说，其时间价值极低。

期权的价格应该等于内在价值和时间价值之和。内在价值原理是指期权的价格决不会低于其内在价值。如果市场中给出期权价格低于内在价值，则有套利。我们看一个例子。

例 8.4 美式看涨期权 $S=83$，$X=80$，如果 $C=2$，期权交易商将进行怎样的套利交易行为？

解：在这个例子中，期权价格小于内在价值，因此有套利机会。投资者借入 2 元，买入看涨期权，立刻执行，获得 3 元，除去 2 元，套利收益 1 元。

1. 欧式看涨期权的内在价值与时间价值

无收益的欧式看涨期权在到期日的内在价值为 $\max(S_T - X, 0)$，在 t 时刻的内在价值等于 $\max(S_t - Xe^{-r(T-t)}, 0)$。

图 8－1 给出了欧式看涨期权的价格曲线。从中可以看出，对无收益资产的情况。看涨期权价格的上限为 S，下限为 $\max[S - Xe^{-r(T-t)}, 0]$。期权价格下限就是期权的内在价值。当内在价值等于零时，期权价格就等于时间价值。时间价值在 $S=Xe^{-r(T-t)}$时最大；当 S 趋于 0 和∞时，时间价值也趋于 0，此时看涨期权价值分别趋于 0 和 $S-Xe^{-r(T-t)}$。特别地，当 $S=0$ 时，$C=c=0$。

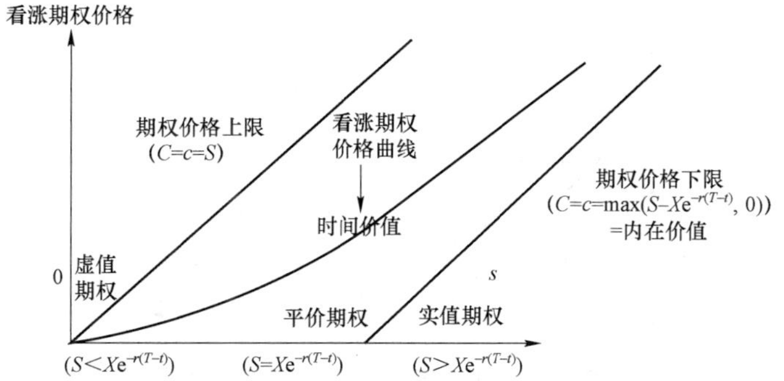

图 8－1 欧式看涨期权的价格曲线

2. 欧式看跌期权的内在价值与时间价值

下面我们讨论无收益资产看跌期权的情形。无收益资产欧式看跌期权在 T 时刻的内在价值为 $\max(X-S_T,0)$，在 t 时刻的内在价值为 $\max(Xe^{-r(T-t)}-S_t,0)$。

图 8－2 给出了欧式看跌期权的价格曲线。欧式看跌期权的上限为 $Xe^{-r(T-t)}$，下限为 $\max[Xe^{-r(T-t)}-S,0]$。当 $Xe^{-r(T-t)}-S>0$ 时，它就是欧式看跌期权的内在价值，也是其价格下限，当 $Xe^{-r(T-t)}-S<0$ 时，欧式看跌期权内在价值为 0，其期权价格等于时间价值。当 $S=Xe^{-r(T-t)}$ 时，时间价值最大。当 S 趋于 0 和∞时，期权价格分别趋于 $Xe^{-r(T-t)}$ 和 0。特别地，当 $S=0$ 时，$p=Xe^{-r(T-t)}$ 时间价值为 0。当 S 趋于∞时，$p=0$。对于无收益资产欧式期权，时间价值最大点：$S_t=Xe^{-r(T-t)}$。

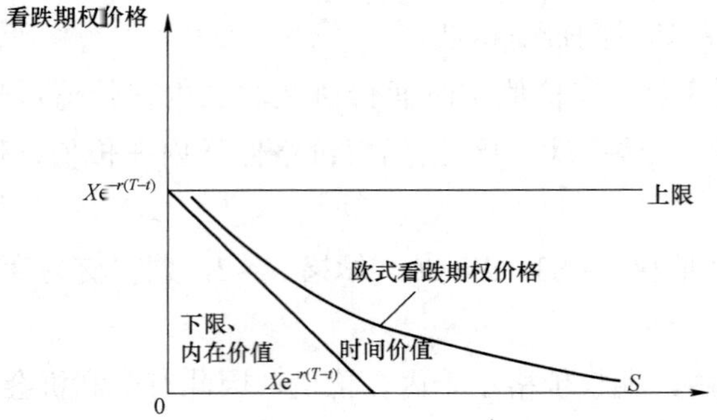

图 8－2　欧式看跌期权价格特性

r 越低，期权期限越长，标的资产价格波动率越高，看跌期权价值以 0 为中心越往右上方旋转，但不能超过上限。

3. 美式看涨看跌期权的内在价值与时间价值

美式看涨期权的内在价值为 $\max(S-X,0)$，美式看跌期权的内在价值为 $\max(X-S,0)$。对于美式看涨期权多头，内在价值 $=\max(S-X,0)$，时间价值 $=C-\max(S-X,0)$。对于美式期权，时间价值最大点为 $S=X$。图 8－3 给出了美式看跌期权的价格曲线。

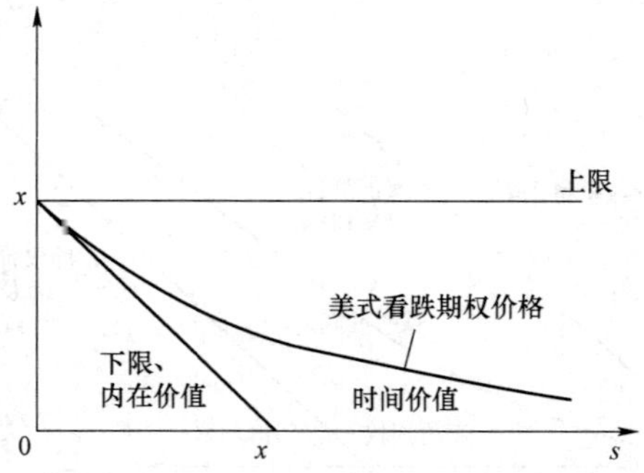

图 8－3　美式看跌期权的价格曲线

第三节　美式和欧式看涨看跌期权的关系

我们先讨论美式看涨看跌期权是否应该提前执行，然后探讨美式看涨看跌期权价格之间存在何种联系。

一、不付红利的美式看涨期权是否应该提前执行

在这一部分，我们将说明提前执行不付红利的美式看涨期权是不明智的。如果提前执行，需支付执行价格 X，无法获得 X 在到期日支付的无风险收益。此外提前执行，用股票代替期权，如果未来股票价格大跌，损失巨大。此外，如果提前执行，因为 $C>S-Xe^{-rT}>S-X$，仅仅获得内在价值，损失了时间价值。

我们也可以通过构造组合的方式进一步进行分析：

组合 E：一个美式看涨期权加上金额为 Xe^{-rT} 的现金

组合 F：一股股票

若持有到期，两组合期末价值分别为：

组合 E：$\max\{S_T, X\}$

组合 F：S_T

则有 $E \geqslant F$

若提前执行，两组合期末价值分别为：

组合 E：$S-X+Xe^{-r(T-t)}<S$

组合 F：S

则有组合 E 的价值小于组合 F 的价值。因此美式看涨期权不应该提前执行，则其相当于欧式看涨期权。因此满足 $C=c\geqslant\max\{S-Xe^{-rT},0\}$。

提前执行不付红利的美式看跌期权可能是明智的。例如美式看跌期权的执行价格为 8 美元，股票价格接近于 0，就可通过立刻执行期权获利 8 美元。如果投资者等待，可能盈利少于 8 美元。由于股票的价格不可能为负值，因此盈利不超过 8 美元。此外，现在收到 8 美元比将来收到 8 美元要更好，因此期权应该立即执行。

二、美式看涨期权与看跌期权之间的关系

前面我们已经证明对于欧式看涨看跌期权成立平价关系，那么对于美式看涨看跌来说是否有类似的结论呢？这里我们假设股票不付红利。对于美式看涨看跌期权来说成立如下结论。

定理 8.1　$S-X<C-P<S-Xe^{-rT}$

证明：

（1）我们先证明右半部分的不等式$C-P<S-Xe^{-rT}$

美式看跌期权价值高于相应的欧式看跌期权价值；而美式看涨期权若不付红利，其价值等于相应的欧式看涨期权价值，即$P\geqslant p$；$C=c$。根据欧式看涨－看跌期权平价关系有：

$$C+Xe^{-rT}=c+Xe^{-rT}=p+S<P+S$$

因此$C-P<S-Xe^{-rT}$，即得到证明。

（2）接下来我们证明左半部分$C-P>S-X$

我们构造两个组合：

组合 I：一个欧式看涨期权加上金额为X的现金

组合 J：一个美式看跌期权加上一股股票

① 若美式看跌期权不提前执行

T时刻：组合 J 的价值为$V_J=\max\{S_T,X\}$

对于组合 I：

若$S_T>X$，欧式看涨期权执行，组合 I 的价值为$V_I=S_T-X+Xe^{rT}$

若$S_T<X$，欧式看涨期权不执行，$V_I=Xe^{rT}$

综上，T时刻组合 I 的价值为：$V_I=\max\{S_T,X\}+Xe^{rT}-X$

比较V_J、V_I可知$V_J<V_I$

② 若美式看跌期权提前执行

t时刻执行：

组合 J 价值：$V_J=X$

组合 I 价值：$V_I=Xe^{rt}$

显然$V_J<V_I$

则无论美式期权是否提前执行，均有$V_J<V_I$，即有$C+X>P+S$，因此$C-P>S-X$。

综上，$S-X<C-P<S-Xe^{-rT}$，完成证明。

下面我们利用这个关系来看一个例子。

例 8.5 考虑不付红利股票的美式看涨期权，执行价格为 15 美元，到期期限为 6 个月，期权价格为 1 美元。假定股票的现价 10 美元，无风险年利率为 10%，执行价格为 15 美元，到期期限为 6 个月的欧式看跌期权价格为多少？与美式看涨期权执行价格和到期期限相同的美式看跌期权的价格上下限如何确定？

解：根据已知条件，我们有$X=15;T-t=1/2;c=1;S=10;r=10\%$。则利用欧式看涨看跌期权的平价关系可以计算出欧式看跌期权的价格$p=c+Xe^{-r(T-t)}-S=5.26$。根据上述定理可以得到：

$S-X<C-P<S-Xe^{-r(T-t)}\rightarrow10-15<1-P<10-15e^{-0.1\times0.5}$，由此$5.268<P<6$。

三、几个命题

命题 8.1 对一个欧式看涨期权，若有 L 在到期日 T 时满足 $S_T \geqslant L, X \geqslant L$，则有 $c \leqslant S - L\mathrm{e}^{-rT}$。

证明：为了证明结论，我们在不等式两边同时加上一个常量 $X\mathrm{e}^{-rT}$。则我们需要证明 $c + X\mathrm{e}^{-rT} \leqslant S + X\mathrm{e}^{-rT} - L\mathrm{e}^{-rT}$。为了证明这个不等式，构造两个组合。

组合 A：看涨期权 + $X\mathrm{e}^{-rT}$ 现金

组合 B：股票 + $(X - L)\,\mathrm{e}^{-rT}$ 现金

期末：A 组合的价值为 $\max\{S_T, X\}$ B 组合的价值为 $S_T + X - L$。由已知条件知到期日 T 时刻 B 组合的价值不低于 A 组合的价值，因此当前也有组合 B 的价值不低于 A 的价值，即：

$$c + X\mathrm{e}^{-rT} \leqslant S + X\mathrm{e}^{-rT} - L\mathrm{e}^{-rT}\text{。}$$

命题 8.2 对一个欧式看跌期权，若有 U 在到期日 T 时满足 $S_T \leqslant U, X \leqslant U$，则有 $p \leqslant U\mathrm{e}^{-rT} - S$。

证明：对结论进行变形，我们需要证明 $p + S \leqslant U\mathrm{e}^{-rT}$，我们也构造两个组合。

组合 A：看跌期权 + 股票

组合 B：$U\mathrm{e}^{-rT}$ 现金

期末 A 的价值 $\max\{S_T, X\}$，B 的价值为 U。由于 $U \geqslant S_T$ 且 $U \geqslant X$，因此 $U \geqslant \max\{S_T, X\}$，因此组合 A 的价值低于组合 B 的价值，则 $p + S \leqslant U\mathrm{e}^{-rT}$。

命题 8.3 两种其他条件相同的欧式看涨期权（或欧式看跌期权）的价格差的绝对值不会超过它们执行价格的差异现值的绝对值。

$$|c_1 - c_2| \leqslant |(X_2 - X_1)|\mathrm{e}^{-rT}$$

证明：我们以欧式看涨期权为例进行证明，不妨设 $X_1 > X_2$，则 $c_1 > c_2$，我们需要证明 $c_1 - c_2 \leqslant (X_2 - X_1)\,\mathrm{e}^{-rT}$。

构造两个组合。

A：执行价格 X_1 看涨多头 + 执行价格 X_2 看涨空头

B：无风险 $(X_2 - X_1)\,\mathrm{e}^{-rT}$

到期末显然组合 A 的价值小于组合 B 的价值，因此在 t 时刻，该结论也应该成立，由此完成证明。

第九章

股票期权定价理论

我们在之前的章节里讨论了影响期权的因素、期权的价格特征、期权的价格特性等内容，本章开始，我们将介绍股票期权的定价理论。

早在 18 世纪后期，在美国和欧洲市场就有期权存在。然而由于交易制度不健全等因素影响，期权的交易一直受到抑制。在 19 世纪早期，期权的自营商都是一些职业交易者。他们在交易过程中，不会连续报价，仅当价格明显有利于他们的时候，才会提出报价。这样的期权，不具备普遍性，也不具备流动性。同时，纯粹的主观定价会导致买卖价差过大，客户经常会问：我怎么知道我购买的期权是公允定价的？对于公平性的顾虑，使得期权无法迅速吸引到足够多的一般投资者。

直到 20 世纪 70 年代，Fisher Black，Myron Scholes 和 Robert Merton 三位学者发表了著名的《期权定价和公司债务》一文。在该文中，他们给出了期权定价模型，即著名的 Black-Scholes-Merton 模型。在这个模型中，期权定价完全依靠市场观测数据和半观测数据来进行。这使得场内简单的欧式期权的定价从主观定性升级为了客观定量。

公允的价格导致期权市场变得极为活跃。在全球范围内，衍生品现在的规模远大于股票和商品等现货，成为对冲、投资和投机活动中最重要也是最必不可少的一环。

在金融市场中，在做出任何定性或者定量的分析模型之前，我们往往需要假设一个前提。一切的模型都会围绕着这个假设前提予以分析和推导。期权，作为一个衍生品，其价值依赖于交割资产，即标的资产的价值。本章将会从基本金融假设开始，介绍业界广泛使用的对于期权进行定价的 Black-Scholes-Merton 模型。

本章主要内容包括以下几个部分：

1. Black-Scholes-Merton 期权定价模型
2. Monte Carlo 模拟算法和方差缩减技术

第一节 Black-Scholes-Merton 期权定价模型

一、独立同分布的变量之和与布朗运动

在概率和统计理论中，当一组随机变量都服从于某一个特定分布，并且两两间互相独立时，我们称这一组随机变量为独立同分布（Identical Independent Variable，简称 IID）。

假设一组随机变量 $X_1,X_2,X_3\ldots X_n$ 独立同分布，那么这组变量之和为：

$$\sum_{i=1}^{n}X_i$$

将会具有以下两个特性，我们首先予以讨论。

假设 $X_1,X_2,X_3\ldots X_n$ 两两独立，且为同分布，且具有均值 μ 和方差 $\sigma^2<\infty$，构建：

$$Z_n=\frac{\sum_{i=1}^{n}X_i-n\mu}{\sigma\sqrt{n}} \tag{9-1}$$

我们使用 Φ 来表示标准正态分布的累计函数，则有：

$$\Phi(b)=\int_{-\infty}^{b}\frac{1}{\sqrt{2\pi}}\mathrm{e}^{-\frac{x^2}{2}}\mathrm{d}x \tag{9-2}$$

尽管这个函数是一个反常积分（伽马函数），因此无法使用初等函数予以表达，其数值却可以通过查找正态分布表或者使用几乎任意一款主流的计算软件得到。

定理 9.1（中心极限定律） 当 $n\to\infty$ 时，Z_n 的概率分布将会渐进于一个正态分布。更进一步的，当 $a<b$ 时，我们有：

$$\lim_{n\to\infty}P\{a\leqslant Z_n\leqslant b\}=\Phi(\mathrm{b})-\Phi(\mathrm{a})$$

这个定律的实用之处在于，不管 X_i 服从于什么分布，对称或者非对称，离散或者连续，只要是独立同分布变量组，并且该分布具有有限方差，那么这些变量之和就会逼近于一个正态分布。在这里，变量服从相同分布的假设甚至可以被放开，只要这组变量具有相同的均值 μ 和相同的方差 $\sigma^2<\infty$，样本容量足够大（即单一取样的样本值在总和里面占比很低），即使各个变量的分布有出入，中心极限定律也均可以适用。在此我们不对这个结论的具体过程予以证明。

更重要的是，在金融上，基本上所有的主要变量都可以假设是有限方差，或者可以通过差分构建有限方差。最主要的正态假设是任意一项资产的收益率。

如果我们考虑一组独立同分布的二项分布之和，其中可数的几项贡献了和中的绝大部分。那么我们就不能够期望我们得到一个正态分布了。这个时候，我们将会得到一个泊松分布。

假设$\lambda>0$，$X_1,X_2,X_3\ldots X_n$两两独立，且为同分布，并且：

$$P\{X_i=1\}=1-P\{X_i=0\}=\lambda/n \tag{9-3}$$

构建：

$$Y_n=\sum_{i=1}^{n}X_i \tag{9-4}$$

那么我们将会有：

$$E[Y_n]=\lambda \tag{9-5}$$

考虑到Y_n是一个泊松分布，其均值为λ，因此对于任何非负整数k，我们有：

$$P\{Y_n=k\}=\mathrm{e}^{-\lambda}\frac{\lambda^k}{k!} \tag{9-6}$$

定理 9.2（收敛至泊松分布） 当$n\to\infty$时，Y_n的概率分布将会渐进于一个均值为λ的泊松分布。更进一步的，对于任何一个非负整数k，我们有：

$$\lim_{n\to\infty}P\{Y_n=k\}=\mathrm{e}^{-\lambda}\frac{\lambda^k}{k!}$$

证明：对于任何n，Y_n为一个二项分布之和，其参数为n和λ/n，因此我们有：

$$\begin{aligned}\lim_{n\to\infty}P\{Y_n=k\}&=\lim_{n\to\infty}\binom{n}{k}\left(\frac{\lambda}{n}\right)^k\left(1-\frac{\lambda}{n}\right)^{n-k}\\&=\frac{\lambda^k}{k!}\lim_{n\to\infty}\frac{n(n-1)(n-2)\cdots(n-k+1)}{n^k}\left(1-\frac{\lambda}{n}\right)^{-k}\left(1-\frac{\lambda}{n}\right)^{n}\end{aligned} \tag{9-7}$$

现在我们固定k，然后将$n\to\infty$，则我们可以得到：

$$\lim_{n\to\infty}\frac{n(n-1)(n-2)\cdots(n-k+1)}{n^k}\left(1-\frac{\lambda}{n}\right)^{-k}=1 \tag{9-8}$$

并且

$$\lim_{n\to\infty}\left(1-\frac{\lambda}{n}\right)^{n}=\mathrm{e}^{-\lambda} \tag{9-9}$$

因此：

$$\begin{aligned}\lim_{n\to\infty}P\{Y_n=k\}&=\frac{\lambda^k}{k!}\lim_{n\to\infty}\frac{n(n-1)(n-2)\cdots(n-k+1)}{n^k}\left(1-\frac{\lambda}{n}\right)^{-k}\left(1-\frac{\lambda}{n}\right)^{n}\\&=\frac{\lambda^k}{k!}\times1\times\mathrm{e}^{-\lambda}=\frac{\lambda^k}{k!}\mathrm{e}^{-\lambda}\end{aligned} \tag{9-10}$$

命题得证。

上述两个定理中的$n\to\infty$在金融学上是有重大意义的。因为在金融学中，我们可以通过假设两次观测时点之间的时间间隔趋向于无穷小。目前国内大部分的交易所的行情报价为一个 tick500 毫秒，这使得高频数据拥有海量的数据点，在日到周的时间维度上，我们就可以拥有几万甚至几十万的数据点，在这个数据量下，假设$n \to \infty$是可行的，甚至是有必要的。

对于刚才介绍的两个定理的选择将会依赖于实际使用场景。一般而言，对于公开二级市场上的价格变化或者收益过程，由于每一个趋于零的时间段（tick）内，价格和收益率均有取值，并且每一段的取值都极为微小，因此在最后的总和内占比极低。这是一个小步快跑逐步积累变化的过程，从整体上来看，我们会得到一个平滑连续的过程。这种情况对应的就是中心极限定律，最终加总得到的价格变化或者总收益将会服从正态分布。当该正态分布为一个标准正态分布时，这个过程叫作布朗运动，同时还有其他名字比方说维纳过程，随机游走或者扩散。因此，在这个假设下，所有资产的收益率均服从正态分布。

与之相反的，如果整个过程并不是平滑连续的，而是一个跳跃过程，所谓跳跃过程，就像台阶一样，正常不会变化，一旦变化就会上或者下一个较大的台阶。这种情况往往在黑天鹅事件发生的时候出现，比方说英国脱欧。这个时候我们就会假设最终的和（即总发生次数）为一个泊松分布了。其金融学含义说的是，在一个时间段内，跳跃发生的次数将会服从于一个泊松分布。假设单位时间内这个泊松分布的参数是λ，则对于任何给定的时间t，该泊松分布的参数为λt。同时，泊松分布具有无记忆性，即从时间s开始到t结束，和从时间 0 开始到$t-s$结束，描述二者过程的泊松分布完全一致。

当一个价格或者收益率过程既具有布朗运动的特征，又存在跳跃的时候，这个过程我们叫作跳跃－扩散过程（Jump-diffusion Process）。

二、伊藤积分和几何布朗运动

在实际的金融环境中，我们会构建一个数学模型来描述资产的价格或者收益率的变化过程，并在此基础上对衍生品进行定价。一个主流的用来描述资产价格和收益率的模型如式（9－11）。

$$\frac{\mathrm{d}S_t}{S_t}=\mu(S_t,t)\,\mathrm{d}t+\sigma(S_t,t)\,\mathrm{d}W_t \tag{9-11}$$

在上面的公式中，S_t是标的资产在t时刻的价格，$\mu(S_t,t)$是标的资产在t时刻，在股价为S_t时的收益率，或者叫漂移率（Drift），$\sigma(S_t,t)$是标的资产在t时刻，在股价为S_t时收益率的波动率，而$\mathrm{d}W_t$是一个概率分布，其服从均值为 0，方差为$\sqrt{\mathrm{d}t}$的正态分布。

这个公式很好理解，在任何一个瞬间，资产价格的收益率都服从于一个正态分布，其均值为这段时间的短期趋势$\mu(S_t,t)\mathrm{d}t$，同时还有一个市场交易导致的随机扰动$\sigma(S_t,t)\mathrm{d}W_t$。

为什么$\mathrm{d}Wt$服从均值为 0，标准差为$\sqrt{\mathrm{d}t}$的正态分布？

根据定理 9.1 中心极限定理的结论，我们定义随机扰动项服从一个正态分布，其扰动幅度（标准差）已经由$\sigma(S_t,t)$规定，则我们将随机扰动项标准化为一个标准正态分布。根据中心极限定律，在单位为 1 的时间内，其标准差为 1，那么在$\mathrm{d}t$的时长内，这个扰动项的概率分布的方差即为 $\mathrm{d}t$ ，其标准差为 $\sqrt{\mathrm{d}t}$ 。

把式（9－11）两边同乘以 S_t ，我们得到式（9－12）

$$\mathrm{d}S_t = \mu(S_t,t)S_t\,\mathrm{d}t + \sigma(S_t,t)S_t\,\mathrm{d}W_t \qquad (9-12)$$

接下来，为了简化起见，我们再假设 $\mu(S_t,t)=\mu, \sigma(S_t,t)=\sigma$ 均为常数。式（9－12）就缩为式（9－13）

$$\mathrm{d}S_t = \mu S_t\,\mathrm{d}t + \sigma S_t\,\mathrm{d}W_t \qquad (9-13)$$

我们现在计划要得到 S_t 的概率分布。在微积分上，只需要对微分方程的两边同时积分即可。如果我们够幸运的话，我们可以找到这个积分的解析解，然后解决这个问题。如果我们实在找不到的话，我们也可以通过计算机的数值方法来解决这个问题。最简单直接然而有效的方式是欧拉方法，直觉上来说就是求阴影部分面积，在此我们不过多阐述。

然而在式（9－13）中却没有这些操作。因为 $\mathrm{d}S_t$ 是一个随机过程，$\mathrm{d}Wt$ 是一个服从正态分布的随机变量，这使得 $\mathrm{d}S_t$ 在传统的微积分观点中处处不可积。那么是否有什么方法可以让我们用和微积分比较相似的方法对 $\mathrm{d}S_t$ 或者 $\mathrm{d}f(S_t)$ 进行积分呢？答案是肯定的，这个方法叫作伊藤引理（Ito's Lemma）。

为了简便起见，我们只介绍一个简单版本。

定理 9.3（伊藤引理）　假设存在一个布朗运动 W_t 和一个二次可导函数，资产价格服从

$$\mathrm{d}S_t = \mu S_t\,\mathrm{d}t + \sigma S_t\,\mathrm{d}W_t$$

则有以下等式成立：

$$\mathrm{d}f(S_t) = \frac{\partial f}{\partial S_t}\sigma S_t\,\mathrm{d}W_t + \left(\frac{\partial f}{\partial t} + \frac{1}{2}\frac{\partial^2 f}{\partial S_t^2}\sigma^2 S_t^2 + \frac{\partial f}{\partial S_t}\mu S_t\right)\mathrm{d}t$$

对式（9－13）使用伊藤引理，我们可以做出计算如式（9－14）：

$$\mathrm{d}\ln S_t - \ln S_0 = \frac{1}{S_t}\sigma S_t\,\mathrm{d}W_t + \left(\frac{1}{2}\frac{-1}{S_t^2}\sigma^2 S_t^2 + \frac{1}{S_t}\mu S_t\right)\mathrm{d}t = \sigma\mathrm{d}W_t + \left(-\frac{1}{2}\sigma^2 + \mu\right)\mathrm{d}t \qquad (9-14)$$

对两端积分，我们可以得到式（9－15）和式（9－16）：

$$\ln S_t - \ln S_0 = \left(\mu - \frac{1}{2}\sigma^2\right)t + \sigma W_t \qquad (9-15)$$

$$S_t = S_0 \exp\left\{\left(\mu - \frac{1}{2}\sigma^2\right)t + \sigma W_t\right\} \qquad (9-16)$$

其中 W_t 为一个均值为 0，标准差为 $\sqrt{t}$ 的正态分布。

因此我们可以看到，在我们刚才假设的过程下，S_t 服从一个对数正态分布，所谓对数正态分布是指一个随机变量的对数服从正态分布，因此这个随机变量本身是恒正的，也和资产一定具有价值的现实情况相符。

三、欧式期权的 BSM 模型推导和 BSM PDE

在做了以上的数学推导以后，我们现在可以尝试对一个欧式股票看涨期权进行定价。首先，我们假设股票价格服从式（9－13）的假设得出式（9－17）：

$$\mathrm{d}S_t = \mu S_t \mathrm{d}t + \sigma S_t \mathrm{d}W_t \tag{9-17}$$

并且市场上存在一个可自由借贷的无风险收益率债券 R_t，满足式（9－18）：

$$\mathrm{d}R_t = rR_t \mathrm{d}t \tag{9-18}$$

这使得 $R_t = \mathrm{e}^{rt}R_0$，其中 R_0 为起始价格。假设我们现在站在起始的 0 时点，记未来某一个时点 T 为到期日，在此时，我们有权利选择是否以一个之前商定好的价格 K 去购买一单位该股票。则在时点 T，该股票看涨期权的价值 C 为：

$$C = (S_T - K)_+ = \begin{cases} S_T - K, \ if \ S_T > K \\ 0, \ if \ S_T < K \end{cases} \tag{9-19}$$

我们的目标是找到对于任意时点 $t < T$，该期权的价格 $f(t,x)$，假设 $x = S_t$。

一个最简单的方式，我们已经在式（9－16）中知道了 S_t 的概率分布，也知道了在每一个可能值处，我们到期能够得到多少钱。衍生品的价格是在风险中性测度下进行定价，即所有资产的收益率均为无风险收益率，关于这一点，我们会在下文中予以阐述。目前，我们可以先直接使用这个结论，计算这项资产到期的期望现金收益，然后往之前任何一个时点按照无风险利率贴现，这也是期权定价的一个基本逻辑。这个计算方式，我们在本节第四部分中予以阐述。

另外一个做法是 Black-Scholes-Merton 的解决方案，其让 Myron Scholes 和 Robert Merton 在 1997 年获得诺贝尔经济学奖。我们在本章中会阐述这个解决方案。

期权价格在风险中性测度下，在到期日 T 之前的某一个时点 t 将会满足式（9－20）：

$$f(t,x) = E\left[\mathrm{e}^{-r(T-t)}C|S_t = x\right] \tag{9-20}$$

根据定理 9.3 伊藤引理，我们可以看到，$f(t,x)$ 将会满足 PDE（9－21）：

$$\partial_t f(t,x) = rf(t,x) - \mu x f'(t,x) - \frac{\sigma^2 x^2}{2} f''(t,x) \tag{9-21}$$

注：这里和本章内的所有公式中，导数符号均为对 x 求的偏导。

在式（9－21）中，假设某投资者作为期权卖方按照这个价格卖出期权，然后用所得的资金按照当前无风险利率去买债券，到期如果需要交割的话他再去市场上卖出这些债券转而买股票履行交割义务。假设股票价格涨到很高的话，他是有大于 0 的概率无法用卖期权的钱去买到所需的股票的，也就是说他亏损的概率将会严格大于 0。

而 Myron Scholes 和 Robert Merton 作为诺贝尔奖得主，他们的做法则比这个投资者更加聪明。他们的方法是构建一个资产组合来对冲这个期权，使得到期的时候这个组合可以保证有C的价值来满足期权的偿付要求。这里，资产组合的定义是一个持仓数量(a_t,b_t)，其中a_t是持有的股票数量，而b_t是持有的无风险债券数量。这隐含了期权定价的第二个基本逻辑，即期权的价格，等于使用标的资产完全复制这个期权的成本。假设V_t为t时刻的资产组合价值，则我们很容易可以得到式（9－22）：

$$V_t = a_t S_t + b_t R_t \tag{9-22}$$

我们将会不断地调整(a_t,b_t)的数量，在股票和债券中来回切换，使得到期的时候，无论股票价格如何变化，我们始终有式（9－23）：

$$V_t = C = (S_T - K)_+ \tag{9-23}$$

同时我们假设这个组合的资金为自筹（Self-financing），也就是说这个资产组合完全不依赖于外部资金，而是完全依靠一开始卖出期权的资金自给自足。从数学上来看，这个组合的价值在任何一个瞬间的增量就会满足式（9－24）：

$$\mathrm{d}V_t = a_t\,\mathrm{d}S_t + b_t\,\mathrm{d}R_t \tag{9-24}$$

式（9－24）非常重要，因为这是我们在继续下一步数学处理的前提假设。如果我们假设有式（9－24）的话，结合式（9－17）和式（9－18），我们可以有式（9－25）：

$$\begin{aligned}\mathrm{d}V_t &= a_t S_t\left[\mu\,\mathrm{d}t + \sigma\,\mathrm{d}W_t\right] + b_t R_t r\,\mathrm{d}t\\ &= a_t S_t\left[\mu\,\mathrm{d}t + \sigma\,\mathrm{d}W_t\right] + r\left[V_t - a_t S_t\right]\mathrm{d}t\\ &= \left[\mu a_t S_t + r(V_t - a_t S_t)\right]\mathrm{d}t + \sigma a_t S_t\,\mathrm{d}W_t\end{aligned} \tag{9-25}$$

由于期权到期日的收益函数仅在一个点处不可导，我们依然可以使用伊藤引理得到式（9－26）：

$$\mathrm{d}V_t = \mathrm{d}f(t,S_t) = [\partial_t f(t,S_t) + \mu S_t f'(t,S_t) + \frac{\sigma^2 S_t^2}{2} f''(t,S_t)]\mathrm{d}t + \sigma S_t f'(t,S_t)\,\mathrm{d}W_t \tag{9-26}$$

毫无疑问的式（9－25）和式（9－26）的等式右半边完全相等，简单的移项之后，我们就可以得到：

$$a_t = f'(t,S_t), b_t = \frac{V_t - a_t S_t}{R_t} \tag{9-27}$$

同时，也是期权定价领域里面最重要的一个公式——式（9－28），Black-Scholes-Merton PDE：

$$\partial_t f(t,x) = rf(t,x) - rxf'(t,x) - \frac{\sigma^2 x^2}{2} f''(t,x) \tag{9-28}$$

其中，依然有$x = S_t$。

关于这个偏微分方程（Partial differential equation，PDE），有两点值得我们关注：

第一点，资产价格的收益率μ在最终的PDE中并未出现。听起来似乎非常反直觉，但是如果我们这么考虑的话，就变得可以理解了。在这个过程中，我们全程都是完全对冲的，即我们没有承担任何的系统性风险，只要按照我们这个方法操作，到期的时候我们总可以得到偿付这个期权义务的资产。对于风险而言，根据资本资产定价模型，只有承担了系统性风险，才能够得到风险补偿，而在我们这个过程中，我们从头到尾没有承担任何的系统性风险，$\beta=0$，因此我们所有能够得到的期望收益率，仅为无风险收益率 r。也正是因为如此，在这个公式中，r 参与了运算，而 μ 没有。这也是为什么衍生品必须在风险中性测度下进行定价，使用衍生品，我们可以进行完全对冲而不承担系统性风险，在这个测度下，所有资产的收益率，能且只能为无风险收益率。

第二点，式（9－28）和式（9－21）几乎完全一样，仅将 μ 更换为了 r，其原因在第一点里已经予以阐述。因此，如下的公式成立：

$$f(t,x)=E[\mathrm{e}^{-r(T-t)}C \mid S_t=x] \tag{9-29}$$

其中，S 的过程满足：

$$\mathrm{d}S_t=S_t\left[r\mathrm{d}t+\sigma\mathrm{d}W_t\right]\mathrm{d}W_t \tag{9-30}$$ [①]

根据式（9－27），我们对这个公式求解 $f(t,x)$，就可以得到 Black-Scholes-Merton 公式（9－31）：

$$f(T-t,x)=x\Phi\left(\frac{\log\left(\frac{x}{K}\right)+\left(r+\frac{\sigma^2}{2}\right)t}{\sigma\sqrt{t}}\right)-K\mathrm{e}^{-rt}\Phi\left(\frac{\log\left(\frac{x}{K}\right)+\left(r-\frac{\sigma^2}{2}\right)t}{\sigma\sqrt{t}}\right) \tag{9-31}$$

其中，Φ 是标准正态分布的累计分布函数。

有兴趣的读者可以自行将式（9－31）代入式（9－27），如果使用者知道 r 和 σ，就可以直接带入这个公式，并且求得唯一的精确的解析解。然而，知道 r 和 σ 是一个非常强的前提假设，在金融市场中，没有人能够知道任何一个金融变量在未来的值。这使得 BSM 模型在实际操作中无法直接使用，对于这一点，如何在实操中予以补充，我们会在第九章第二节中予以介绍，在此之前，我们可以暂时毫无问题的假设我们知道 r 和 σ。那么这个极其有用的公式，就可以让我们对于任何一个欧式看涨期权进行定价。并且特殊的，在 0 时刻，我们有：

$$C=S_0\Phi(d_1)-K\mathrm{e}^{-rt}\Phi(d_2) \tag{9-32}$$

$$P=K\mathrm{e}^{-rt}\Phi(-d_2)-S_0\Phi(-d_1) \tag{9-33}$$

---

① 这里公式实际上是不规范的。$\mathrm{d}W_t$ 在这里是在风险中性测度之下的，而在本文其余部分中是在实际测度之下的。从实际测度更换到风险中性测度，不会改变维纳过程，但是会改变整个随机过程的漂移率。简而言之，从实际测度更换到风险中性测度时，所有资产的标准差和相关系数不变，而收益率会变成无风险收益率。有兴趣的读者可以了解 Girsanov 定理，在本文中不做阐述，仅要求知道风险中性测度的定性含义。

在这里：

$$d_1,d_2=\frac{\log\left(\frac{S_0}{K}\right)+\left(r\pm\frac{\sigma^2}{2}\right)t}{\sigma\sqrt{t}} \tag{9-34}$$

其中，S_0 为 0 时点处（往往也是需要计算期权价值的时间点）的股票价格，其余参数均在本章前面部分予以定义。这个表述方法也是 BSM 公式最为普遍的表述方法。

四、基于资产到期价格服从对数正态分布计算欧式期权价格

本小节我们使用直接运算的方式对期权进行定价。

在式（9－16）中，我们知道了 S_t 的概率分布服从：

$$S_t=S_0\exp\left\{\left(r-\frac{1}{2}\sigma^2\right)t+\sigma W_t\right\} \tag{9-35}$$

这是一个对数正态分布，对数正态分布的概率密度函数为：

$$f\left(x,S_0\mathrm{e}^{rt},\sigma\sqrt{t}\right)=\begin{cases}\frac{1}{\sqrt{2\pi t}\sigma x}\exp\left\{-\frac{1}{2\sigma^2 t}\left(\ln x-\ln S_0-\left(r-\frac{1}{2}\sigma^2\right)t\right)^2\right\},x>0\\ 0,x\leqslant 0\end{cases} \tag{9-36}$$

同时，我们也知道期权到期的偿付为：

$$C=\left(S_T-K\right)_+=\begin{cases}S_T-K, if\ S_T>K\\ 0, if\ S_T<K\end{cases} \tag{9-37}$$

那么，设 $f\left(x,S_0\,\mathrm{e}^{rt},\sigma\sqrt{t}\right)=f(x)$，期权到期的期望偿付贴现到现在就为：

$$\begin{aligned}E(x-K)_+&=\int_{-\infty}^{+\infty}(x-K)_+ f(x)\mathrm{d}x=\int_K^{+\infty}(x-K)f(x)\mathrm{d}x\\&=\int_K^{+\infty}xf(x)\mathrm{d}x-\int_K^{+\infty}Kf(x)\mathrm{d}x=a_1-a_2\end{aligned} \tag{9-38}$$

令 $\ln x=\eta$，则 $\mathrm{d}\eta=\frac{1}{x}\mathrm{d}x$，$\mathrm{d}x=\mathrm{e}^{\eta}\mathrm{d}\eta$ 我们有：

$$\begin{aligned}a_1&=\int_K^{+\infty}xf(x)\mathrm{d}x=\int_K^{+\infty}x\frac{1}{\sqrt{2\pi t}\sigma x}\exp\left\{-\frac{1}{2\sigma^2 t}\left(\ln x-\ln S_0-\left(r-\frac{1}{2}\sigma^2\right)t\right)^2\right\}\mathrm{d}x\\&=\int_K^{+\infty}\frac{1}{\sqrt{2\pi t}\sigma}\exp\left\{-\frac{1}{2\sigma^2 t}\left(\ln x-\ln S_0-\left(r-\frac{1}{2}\sigma^2\right)t\right)^2\right\}\mathrm{d}x\\&=\int_{\ln K}^{+\infty}\mathrm{e}^{\eta}\frac{1}{\sqrt{2\pi t}\sigma}\exp\left\{-\frac{1}{2\sigma^2 t}\left(\eta-\ln S_0-\left(r-\frac{1}{2}\sigma^2\right)t\right)^2\right\}\mathrm{d}\eta\\&=\int_{\ln K}^{+\infty}\frac{1}{\sqrt{2\pi t}\sigma}\exp\left\{-\frac{1}{2\sigma^2 t}\left[\left(\eta-\ln S_0-\left(r-\frac{1}{2}\sigma^2\right)t\right)^2-2\sigma^2 t\eta\right]\right\}\mathrm{d}\eta\end{aligned} \tag{9-39}$$

将中括号内的部分补充为 $[a-b]^2$ 形式，则有：

$$\int_{\ln K}^{+\infty}\frac{1}{\sqrt{2\pi t}\sigma}\exp\left\{-\frac{1}{2\sigma^2 t}\left[\left(\eta-\ln S_0-\left(r-\frac{1}{2}\sigma^2\right)t\right)^2-2\sigma^2 t\eta\right]\right\}\mathrm{d}\eta$$

$$=\int_{\ln K}^{+\infty}\frac{1}{\sqrt{2\pi t}\sigma}\exp\left\{-\frac{1}{2\sigma^2 t}\left[\left(\eta-\ln S_0-\left(r+\frac{1}{2}\sigma^2\right)t\right)^2\right]+\ln S_0+rt\right\}\mathrm{d}\eta \quad (9-40)$$

$$=S_0\mathrm{e}^{rt}\int_{\ln K}^{+\infty}\frac{1}{\sqrt{2\pi t}\sigma}\exp\left\{-\frac{1}{2\sigma^2 t}\left[\left(\eta-\ln S_0-\left(r+\frac{1}{2}\sigma^2\right)t\right)^2\right]\right\}\mathrm{d}\eta$$

显而易见地，我们又有：

$$\int_{\ln K}^{+\infty}\frac{1}{\sqrt{2\pi t}\sigma}\exp\left\{-\frac{1}{2\sigma^2 t}\left[\left(\eta-lnS_0-\left(r+\frac{1}{2}\sigma^2\right)t\right)^2\right]\right\}\mathrm{d}\eta\sim N\left(\ln S_0+\left(r+\frac{1}{2}\sigma^2\right)t,\sigma\sqrt{t}\right)$$

(9－41)

因此，

$$S_0\mathrm{e}^{rt}\int_{\ln K}^{+\infty}\frac{1}{\sqrt{2\pi t}\sigma}\exp\left\{-\frac{1}{2\sigma^2 t}\left[\left(\eta-lnS_0+\left(r+\frac{1}{2}\sigma^2\right)t\right)^2\right]\right\}\mathrm{d}\eta$$

$$=S_0\mathrm{e}^{rt}\left(1-\boldsymbol{\Phi}\left(\frac{\ln K-\left(\ln S_0+\left(r+\frac{1}{2}\sigma^2\right)t\right)}{\sigma\sqrt{t}}\right)\right)$$

$$=S_0\mathrm{e}^{rt}\boldsymbol{\Phi}\left(\frac{\left(\ln S_0-\ln K+\left(r+\frac{1}{2}\sigma^2\right)t\right)}{\sigma\sqrt{t}}\right) \quad (9-42)$$

$$=S_0\mathrm{e}^{rt}\boldsymbol{\Phi}\left(\frac{\left(\ln\frac{S_0}{K}+\left(r+\frac{1}{2}\sigma^2\right)t\right)}{\sigma\sqrt{t}}\right)$$

与此同理地，我们有：

$$a_2=\int_K^{+\infty}Kf(x)\,\mathrm{d}x=K\int_K^{+\infty}f(x)\,\mathrm{d}x=K\int_K^{+\infty}\frac{1}{\sqrt{2\pi t}\sigma x}\exp\left\{-\frac{1}{2\sigma^2 t}\left(\ln x-\ln S_0-\left(r-\frac{1}{2}\sigma^2\right)t\right)^2\right\}\mathrm{d}x$$

$$=K\int_{\ln K}^{+\infty}\frac{1}{\sqrt{2\pi t}\sigma}\exp\left\{-\frac{1}{2\sigma^2 t}\left(\eta-\ln S_0-\left(r-\frac{1}{2}\sigma^2\right)t\right)^2\right\}\mathrm{d}\eta$$

$$=K\boldsymbol{\Phi}\left(\frac{\left(\ln\frac{S_0}{K}+\left(r-\frac{1}{2}\sigma^2\right)t\right)}{\sigma\sqrt{t}}\right)$$

(9－43)

因此，我们可以得到期权价值：

$$
\begin{aligned}
C_0 &= \mathrm{e}^{-rt}E(x-K)_+ = \mathrm{e}^{-rt}(a_1-a_2) \\
&= \mathrm{e}^{-rt}\left(S_0\mathrm{e}^{rt}\varPhi\left(\frac{\left(\ln\frac{S_0}{K}+\left(r+\frac{1}{2}\sigma^2\right)t\right)}{\sigma\sqrt{t}}\right)-K\varPhi\left(\frac{\left(\ln\frac{S_0}{K}+\left(r-\frac{1}{2}\sigma^2\right)t\right)}{\sigma\sqrt{t}}\right)\right) \\
&= S_0\varPhi\left(\frac{\left(\ln\frac{S_0}{K}+\left(r+\frac{1}{2}\sigma^2\right)t\right)}{\sigma\sqrt{t}}\right)-K\mathrm{e}^{-rt}\varPhi\left(\frac{\left(\ln\frac{S_0}{K}+\left(r-\frac{1}{2}\sigma^2\right)t\right)}{\sigma\sqrt{t}}\right)
\end{aligned}
\tag{9-44}
$$

看跌期权与此同理，在此不做赘述。

第二节　Monte Carlo 模拟算法和方差缩减技术

1777 年，法国数学家布冯曾经提出过用投针实验的方法来求得圆周率 π，即在 2:2 的正方形内部，构建半径为 1 的单位圆。然后随机均匀投针，当投针次数足够多的时候，在单位圆内部的针数量在总投针数量的占比将会近似接近于单位圆与正方形面积之比，即 $\pi/4$。

20 世纪 40 年代，一个 27 岁拿到普林斯顿大学终身教职的犹太学者在电子计算机和大规模计算方法发展的背景下，提出了一种以概率统计理论为指导的数值计算方法。据称这个算法是他在拉斯维加斯的 Monte Carlo 赌场玩俄罗斯轮盘的时候想到的，并且也以此命名。这位犹太学者还有其他的头衔，比方说计算机之父、博弈论之父等。当然我猜想这个犹太学者的名字就是最好的头衔——冯·诺伊曼。

本节中，我们将会着重介绍 Monte Carlo 方法的基本逻辑、实现方式和提升该方法收敛速度的方差缩减技术。

一、Monte Carlo 方法逻辑介绍

假设现在我们有一个随机过程，并且希望知道任何一个与这个随机过程相关的概率或者概率统计量的函数。

我们可以按照第一节中相关的方法去构建一个随机微分方程来描述这个随机过程，然后祈祷这个随机微分方程有解析解。当我们费尽千辛万苦解出这个随机微分方程以后，我们就可以使用解析解，输入相关参数来得到我们想要的结果。

但是求解随机微分方程极其费劲。要知道，根据坊间传闻 Robert Merton 仅仅通过解出了 BSM PDE 就得到了他的诺贝尔奖，Fisher Black 和 Myron Scholes 当时提出了 BSM PDE，但是他们解不出来。

好在冯·诺伊曼教授提出了这样一种方法，通过大量使用电脑生成的伪随机数，我们可以人为按照这个随机过程跑一遍流程，作为一条路径。重复这个过程，直到我们有

无限多条路径，那我们就可以通过这些路径来完整描绘整个过程本身，其中所有的概率和概率统计量，以及任何一个关于这些概率和统计量的函数均可以通过统计这些路径来得到。

打个比方，解析解像一个狙击手，定位目标，瞄准，轻轻扣动扳机，目标就被消灭。而 Monte Carlo 方法则是火力覆盖，通过炮火倾卸，覆盖目标所有可能出现的位置。当然火力覆盖需要更多的炮火，在计算上来说就是需要更多的算力，但是随着大规模计算机的普及，算力变得极为廉价，这使得辛苦去定位和瞄准变得反而不那么经济。

二、Monte Carlo 方法的编程实现（以欧式期权定价为例）

在第一节中我们知道，期权的价值有两个基本逻辑。

第一，期权的价格，等于到期时期权期望收入按照无风险利率贴现到今天的价值；

第二，期权的价格，等于使用标的资产按照 BSM 方法完全复制该期权所导致的成本或者说等于完美对冲该期权所引发的成本。

那么当我们使用 Monte Carlo 方法来对一个欧式看涨期权进行定价的话，我们需要如何操作呢？

第一步，我们需要知道期权到期偿付的计算方法。对于一个欧式看涨期权来说，我们有：

$$C=\left(S_T-K\right)_+=\begin{cases}S_T-K,\ if\ S_T>K\\ 0,\ if\ S_T<K\end{cases} \tag{9-45}$$

第二步，我们需要刻画期权标的随机过程，在这里，我们假设期权标的的随机过程和我们在第一节第三部分中假设的一致：

$$\mathrm{d}S_t=\mu S_t\,\mathrm{d}t+\sigma S_t\,\mathrm{d}W_t \tag{9-46}$$

即我们假设标的资产过程的漂移率和波动率均为常数。

第三步，我们把时间 T 分成 N 个小时间步长 Δt，即：

$$T=N\Delta t$$

第四步，我们尝试对一条路径进行模拟：

$$S_{1,1}-S_0=\mu S_0\Delta t+\sigma S_0\mathrm{d}W_{1,1}$$
$$S_{1,2}-S_{1,1}=\mu S_{1,1}\Delta t+\sigma S_{1,1}\mathrm{d}W_{1,2}$$
$$S_{1,3}-S_{1,2}=\mu S_{1,2}\Delta t+\sigma S_{1,2}\mathrm{d}W_{1,3}$$
$$\cdots$$
$$S_{1,N}-S_{1,N-1}=\mu S_{1,N-1}\Delta t+\sigma S_{1,N-1}\mathrm{d}W_{1,N-1}$$

这样我们就可以得到一条路径中标的资产的整个价格路径，并且我们有：

$$C_1=(S_{1,N}-K) \tag{9-47}$$

第五步，我们对这个过程进行 M 次重复，最终我们就有 M 条路径，同时，根据定义，我们有：

$$C=\frac{\sum_{i=1}^{M}C_i}{M} \tag{9-48}$$

定义 C 的样本标准差为 s_C，根据中心极限定律，Monte Carlo 方法的逼近误差为：

$$\lim_{M\to\infty}P\left(\frac{\tilde{C}-C}{s_C/\sqrt{M}}<\text{error}\right)\sim N(0,1) \tag{9-49}$$

这个公式的意思是，Monte Carlo 方法的逼近误差会随着模拟次数 M 的增长，以 $\sqrt{M}$ 的速度下降，即当我们模拟次数增长 100 倍的时候，我们的逼近误差为原来的 10%。

这个方法的代码实现如下（以 R 语言为例）：

```
S0 = 100
K = 100
r = 0.03
T = 1
N = 100
M = 10000
Sigma = 0.3

Paths = data.frame(matrix(NA, nrow = M, ncol = N))

for (j in 1:M)
{
  Paths[j,1] = rnorm(1)*sqrt(T/N)*Sigma*S0 + T/N*r*S0 + S0
}

for (i in 2:N)
{
  for (j in 1:M)
  {
   Paths[j,i] = rnorm(1)*sqrt(T/N)*Sigma*Paths[j,i-1] + T/N*r*Paths[j,i-1] +
Paths[j,i-1]
  }
}

PayOff = Paths[,N]-K
```

```
FOR (J IN 1:M)
{
  PAYOFF[J] = MAX(PAYOFF[J],0)
}

C = EXP(-R*T)*MEAN(PAYOFF)
```

运行代码后，得到的结果将会和 BSM 模型计算出的结果较为接近。在这次运行中，得到了 13.853 03，和解析解 13.283 31 仅有 5%不到的误差。按照国内场外期权市场高达 30%～50%的平均买卖价差来看，这可以轻易被买卖价差覆盖。如果增加 M 的数量的话（比方说 100 万，这将会消耗 100 倍的系统资源和时间），得到的 Monte Carlo 模拟解也会更加接近于解析解。

那可能有读者会问，为什么我们要用这么长的一段代码和更长的运算时间来解决一个我们可以用 BSM 公式直接计算出的问题呢？答案很简单，绝大部分的随机微分方程非常难解，BSM 公式是一个特例，不具有普遍性。也就是说，我们绝大部分时候根本解不出 BSM 这样的解析解。甚至一些更复杂结构的期权，比方说美式或者亚式期权，其最终的偿付是根据整个资产的价格路径而非根据终值来确认的。这使得这些期权的解析解根本不存在。那其定价，就只能通过模拟来完成。

同时 Monte Carlo 方法的适用性非常广，能够解决绝大部分复杂衍生品的定价。定价的逻辑框架也非常简单直接，无论资产随机过程假设、衍生品结构设计和到期现金流如何复杂，均可以通过更改资产价格路径生成机制或者到期偿付函数进行处理，对于新产品结构的支持相应极快。在云计算技术成熟的今天，可以通过并行计算大幅增加计算速度。因此，对于大部分复杂结构的衍生品，绝大部分金融机构也不会费劲力气去寻找解析解，Monte Carlo 是解决一切问题的“万金油”。

三、Monte Carlo 方法的常用方差缩减技术

那么在第二节第二部分中我们介绍了 Monte Carlo 算法的逻辑和简易实现。正如我们介绍的，这个算法的逼近误差减小速度为 $\sqrt{M}$ 。也就是说，要提升 N 倍的效率，我们需要 N^2 倍的运算次数。虽然计算机计算的很快，但是这个计算数量增长的速度也未免太快了。

对于大规模计算技术成熟的今天来说，算力是廉价的，但是我们也不可能无限次使用。因此，如果我们拥有一种减小方差的技术，使得同样的计算次数我们能够得到更小的误差，从而提高运算效率，那就会大大优化整个算法的资源消耗，使之更加经济。在本章中，我们会介绍一种适合 Monte Carlo 方法的方差缩减技术——对偶变量法。

所谓对偶变量法指的是在分布中先生成了一个分位点为 q 的随机变量查找 $(1-q)$ 的

分位点，作为下一个随机变量的取值。这样的话，只需要生成 $M/2$ 个随机数而不是 M 个，在原理上可以减少一半的随机数运算量。比方说，一个 $M=10\,000$ 的生成随机数任务，使用这种方式，我们就可以减少到只需要生成 $M=5\,000$ 个随机数。

那么在偷了一半的懒以后，我们误差会发生什么样的变化呢？

$$\lim_{M\to\infty} P\left(\frac{\tilde{C}-C}{s_C/\sqrt{2M}} < \text{error}\right) \sim N(0,1) \tag{9-50}$$

可见，根据中心极限定律，我们复制了一个对偶变量以后，我们的误差和之前是完全一样的。

原则上来说，这个方法可以减少 20%～40%的运行时间和内存消耗。因为生成随机数一般而言在计算机内部是采取 Box-Muller 算法求解反函数，显然直接使用对偶变量可以跳过这一步直接得到随机变量取值，大大降低了内存消耗和计算量。但是由于在整个随机路径上还有其他的运算，因此我们无法做到减少 50%的运算量。经验数据而言，就是刚才所说的，减少 20%～40%的运算量。

那么从数学上来说，为什么我们可以只用一半的样本，就能够达到和之前完全一样的精确程度呢？或者说，我用相同的样本数量，可以达到比之前更低的方差，为什么我们的方差被缩减了呢？

我们用正态分布来作为一个例子进行解释，我们把随机变量样本分成了两组，原变量组和对偶变量组，根据概率论基本计算法则，我们有：

$$\text{Var}(Z,-Z) = 2\text{Var}(Z) + 2\text{Cov}(Z,-Z) \tag{9-51}$$

由于我们知道 Z 和 $-Z$ 是完全对称的，自然而然我们可以得到一个负的相关性：

$$\text{Cov}(Z,-Z) < 0 \tag{9-52}$$

这将会使得以下不等式成立：

$$\text{Var}\left[\frac{1}{n}\sum_{i=1}^{n} Z_i + \frac{1}{n}\sum_{i=1}^{n} -Z_i\right] < \text{Var}\left[\frac{1}{2n}\sum_{i=1}^{2n} Z_i\right] \tag{9-53}$$

上述不等式中，左侧为对偶变量法导致的方差，而右侧为不做对偶变量法导致的方差。这就是对偶变量法会缩减方差的数学理论依据。

第十章 希腊值和期权交易

我们在第九章第一节第三部分中，得到了一个明确的结论，期权的价格等于使用标的资产完全对冲这个期权的所有风险所需的成本。因此，BSM 通过构建一个时时刻刻与期权价格变化相同的股票—债券组合来构建一个微分方程来对期权价格的随机过程进行描述。求解这个偏微分方程得到的解析解，即为 BSM 模型。

这个对冲的过程，实际上是一个动态的过程。在整个过程中的任何一个瞬间，我们都可以通过调整我们股票—债券组合相应的权重，来使得期权和这个组合的价格变化相同成立。

那么，我们可能会问以下几个问题。

1. 在某一个特定的时间点，我们不知道未来的标的资产的随机过程会以什么样的路径呈现，也就是说，所有市场情景和风险事件都是路径依赖的。那在这个特定的时间点，这个期权的风险体现在哪些方面？在每个方面我们到底拥有多少该种风险？

2. 如果我们根据某个公式或者量化方法，计算出来了一个期权的理论价格，并且在低于这个期权的理论价格处买入，或者在高于该价格处卖出，那么我们盈利了么？我们如何盈利？

3. 期权作为衍生品，会根据标的资产行情的变化而随之变化。那么，是什么影响了期权价格的变动？对于一个期权头寸或者期权组合来说，当价格变化时，我们如何对这一变化进行归因？

本章将主要从期权的风险指标，以及这些指标与期权价格之间的关系上来对期权交易的损益、风险进行介绍。

本章主要内容包括以下几个部分：

1. Delta，Theta，Gamma，Vega 和 Rho
2. 重新回到 BSM PDE
3. 期权交易盈利和风险指标

第一节　Delta, Theta, Gamma, Vega 和 Rho

在本节中，我们将会解答引言中的问题 1 和 2。

首先，让我们回到 Black-Scholes-Merton 公式。根据该公式，我们有：

$$C = S_0\Phi(d_1) - Ke^{-rt}\Phi(d_2) \tag{10-1}$$

$$P = Ke^{-rt}\Phi(-d_2) - S_0\Phi(-d_1) \tag{10-2}$$

在这里：

$$d_1, d_2 = \frac{\log\left(\frac{S_0}{K}\right) + \left(r \pm \frac{\sigma^2}{2}\right)t}{\sigma\sqrt{t}} \tag{10-3}$$

目前，我们和 Black-Scholes-Merton 的假设一致，无风险收益率 r 和标的资产的波动率 σ 均为常数。

那么，欧式看涨期权或者欧式看跌期权的价格均为一个关于以下几个变量的函数：

1. 标的资产的当前价格 S_0
2. 行权价格 K
3. 距到期时间 t
4. 无风险收益率 r
5. 标的资产的波动率 σ

其中，行权价格被由合约本身的标准化合同规定，因此在合约期限内无法改变。标的资产的当前价格会随着市场行情产生变化，距到期时间会随着时间的推移逐渐缩短。目前我们假设无风险收益率和标的资产的波动率均为常数。

我们在目前能够找到的　将会影响期权价格的可变参数就只有两个，S_0 和 t。对这两个可变参数求偏导，我们就可以得到三个会影响期权价格的风险指标。

一、Delta

Delta 是期权价格 C 对于标的资产价格 S_0 求偏导而得，其数学定义为：

$$\frac{\partial C}{\partial S} = N(d_1) \tag{10-4}$$

其金融学含义为：期权或者组合价值的改变量与标的资产价格改变量的比值。

显而易见地，这个公式表示标的资产价格变动对于期权价格的影响，更特定的来说，即当标的资产价格变动一个单位的时候，这个期权价格将会变动多少单位。

二、Gamma

Gamma 是期权价格 C 对于标的资产的价格 S_0 求二阶偏导而得，其数学定义为：

$$\frac{\partial^2 C}{\partial S^2}=\frac{N'(d_1)}{S_0\sigma\sqrt{t}} \qquad (10-5)$$

Gamma 的金融学含义比较复杂，我们从两个角度对其进行说明。

如果我们把期权价格 C 类比成债券价格，而把标的资产价格 S_0 类比成利率的话，那么 Gamma 就类似于债券的凸性。同样，Gamma 具有债券凸性的一个特性，即无论自变量（利率、标的资产价格）往何种方向发生何种变化，凸性都是对买方有利的（相比于 0 凸性的产品来说，利率/标的资产价格发生同样程度的变化时，正凸性的产品收益更高，而亏损更低）。同时，对于相同的 Gamma 敞口而言，越大的波动会导致这个所谓的凸性产生的盈利也越大。

标的资产价格 S_0 变动一单位，而导致的 Delta 的变化幅度。正如我们在介绍 Delta 时看到的，Delta 是一个关于标的资产价格 S_0 的函数，也就是说，当标的资产价格变动的时候，Delta 也会随之变动。标的资产变动一单位，Delta 变动的幅度，就是 Gamma 的大小。

为什么我们不使用更高阶的对于标的资产的偏导呢？因为，伊藤公式里面对于标的资产的偏导仅到二阶，所有更高阶的项均为 0。

三、Theta

Theta 是期权价格对于时间求导而得，其数学定义为：

$$\frac{\partial C}{\partial t}=-\frac{S_0N'(d_1)\sigma}{2\sqrt{T}}-rK\mathrm{e}^{-rt}N(d_2) \qquad (10-6)$$

$$\frac{\partial P}{\partial t}=-\frac{S_0N'(d_1)\sigma}{2\sqrt{T}}+rK\mathrm{e}^{-rt}N(-d_2) \qquad (10-7)$$

其中，C 为看涨期权，P 为看跌期权。Theta 的金融学含义为，期权或者组合价值改变量与时间改变量的比值。

对于任何一个期权而言，其价值分为两部分，实值部分和时间价值。

期权实值定义为：

$$(S_t-K) \qquad (10-8)$$

即期权如果当时行权，该期权所获得的收益。根据这个定义，我们可以将期权分为三类：实值期权、平值期权和虚值期权。

所谓实值期权，就是当时行权能够得到一个正的结清（Payoff）的期权。比方说，行权价格低于标的资产价值的看涨期权或者行权价格高于标的资产的看跌期权。

平值期权，指的是行权价格等于标的资产现价的期权，在此时此处，期权行权或者不行权，对于双方来说都是等价的。

虚值期权，指的是行权只能够得到一个负的结清（Payoff）的期权，比方说行权价格高于标的资产价值的看涨期权，和行权价格低于标的资产价值的看跌期权。此时，行权对于权利方不利（但是依然可以行权）。一般假设虚值期权不会行权，但是在少数情况下，由于结算规则，会导致虚值期权权利方行权。

回到时间价值，期权的时间价值就是期权市价与期权实值部分的差额。为什么期权会有时间价值呢？从逻辑上说，是因为期权本身是一项权力，资产价格无论如何变动，都不会导致期权所有人有额外的亏损。一般而言，我们假设资产贴现后的价值是一个公平博弈（上涨下跌的期望一致，否则资产就不应该定在这个价格上）。那么从期权所有人而言，因为他的亏损已经被锁定了，时间越长（波动为$\sigma\sqrt{t}$），他可能获得的利润就越高，他为这部分可能的波动支付的价格，就是期权的时间价值。

很显然地，期权的时间价值将会随着时间的推移逐步减少，直到最后到期，期权时间价值为 0，期权的价值完全坍缩为期权实值。

那么，正如我们之前所说的，BSM 模型对于标的资产价格过程有两个前提假设：

（1）在风险中性测度下，无风险利率为常量。

（2）标的资产的波动率为常量。

然而，这两个前提假设均非常强，在现实生活中，很难假设无风险利率或者标的资产波动率维持恒定。

因此，放开这两个前提假设，我们可以得到影响期权价值的另外两个风险指标：Vega 和 Rho。

四、Vega

Vega 是期权价值，对于输入的波动率求导而得，其数学定义为：

$$\frac{\partial C}{\partial \sigma}=S_0\sqrt{T}N'(d_1) \tag{10-9}$$

市场是一直在变的，在 BSM 模型中我们假设未来的波动率恒定，然而实际上，很难假设市场风平浪静的时候和黑天鹅发生的时候，资产价格隶属同一个常波动率过程。因此，从实务的角度出发，一般我们在使用 BSM 模型的时候，我们使用的是对未来市场平均的波动率估计。

这个平均的波动率估计怎么理解呢？一般而言，我们会把所估计的波动率按照时间加权得到这个平均波动率估计，定义如下：

$$\bar{\sigma}^2=\frac{\int_0^T\sigma^2(S_t,t)\mathrm{d}t}{T} \tag{10-10}$$

这个公式怎么理解呢？举个例子。

假设有一个资产在未来的一个月以内，前一半时间波动率为 30%，后一半时间波动率为 40%，那么对于这个资产的波动率我们如何估计呢？

答案是 35.355 3%，由下式给出：

$$\sqrt{(0.3^2\times0.5+0.4^2\times0.5)}=0.355\ 3$$

一般而言，在市场上，期权的价格是由交易行为导致的，不同的交易员往往对未来的波动有不同的预期。将市场价格根据 BSM 模型反推而得到波动率，叫作隐含波动率，对于这一个概念，我们将会在第十一章第二节中进行更详细的阐述。

五、Rho

Rho 是期权价值对于利率求导而得，其公式如下：

$$\frac{\partial C}{\partial r}=KT\mathrm{e}^{-rT}N\left(d_2\right) \tag{10-11}$$

$$\frac{\partial P}{\partial r}=KT\mathrm{e}^{-rT}N\left(-d_2\right) \tag{10-12}$$

其中，C 为看涨期权，P 为看跌期权。

事实上，与波动率一样，市场上的无风险利率也是不断变化的，尽管变化幅度非常小。这一点可以通过观察美国国债的收益率曲线来得到。在次贷危机的时候，美国国债一度出现过负收益率，而在非危机时段，国债的收益率（无风险利率）显然是正的。

因此，一般而言，在主要的 5 个风险指标中，Rho 是相对最不重要的。主要的原因有两个，一是无风险利率本身变化幅度很小，另一个是无风险利率的变化，对于期权价格的影响也比较低。在实务中，除非交易利率或者汇率这类低波动资产，否则我们很少考虑 Rho 对于组合的影响。

同时，同样值得注意的一点是，由于偏导数具有线性特征，即：

$$\frac{\partial y_1}{\partial x}+\frac{\partial y_2}{\partial x}=\frac{\partial\left(y_1+y_2\right)}{\partial x} \tag{10-13}$$

因此，所有的希腊值（Greeks）均具有线性特征，可以线性加总，即对于任何一个组合而言，其 Greeks 等于组合内所有资产的 Greeks 加总。

第二节 重新回到 BSM PDE

在第九章第一节第三部分中，我们还记得 BSM PDE 的表述：

$$\partial_t f\left(t,x\right)=rf\left(t,x\right)-rxf'\left(t,x\right)-\frac{\sigma^2x^2}{2}f''\left(t,x\right) \tag{10-14}$$

现在我们了解了相关 Greeks 的金融含义以后，我们对这个公式会有新的理解吗？

将 Greeks 代入 BSM PDE，我们有：

$$\text{Theta}=rC-rS\text{Delta}-\frac{\sigma^2S^2}{2}\text{Gamma} \tag{10-15}$$

移项可得：

$$rC=\text{Theta}+rS\text{Delta}+\frac{\sigma^2S^2}{2}\text{Gamma} \tag{10-16}$$

上述公式在到期前的任意时点均成立。

一般而言，无风险利率非常小，权利金相比于标的资产价格也非常小，那么，我们又有：

$$\text{Theta} + rS\text{Delta} + \frac{\sigma^2 S^2}{2}\text{Gamma} \approx 0 \tag{10-17}$$

这个公式意味着，当一个组合 Delta 中性时，Theta 和 Gamma 是反向的。做多 Gamma，就会亏损 Theta，做多 Theta，就会亏损 Gamma，如果同时做多或者做空 Gamma 和 Theta，那 Delta 一定会出现敞口。

对于这一点的说明，我们考虑一个最简单的结构，即单独的一个看涨期权或者看跌期权。对于无论看涨还是看跌期权的权利方而言，都拥有正 Gamma 和负 Theta。在此，假设我们使用标的资产对冲掉所有的 Delta，使整个组合市场中性（即对于标的资产价格的变化偏导为 0）。那可以看到，Gamma 和 Theta 是反向的。

回顾之前对 Gamma 的介绍，一个正向的 Gamma 敞口，会导致标的资产上涨时，期权的 Delta 往正向移动，而当标的资产下跌时，期权的 Delta 往负向移动。在任意一种情况下，期权的权利方都会盈利，标的资产价格变动幅度越大，在 Gamma 恒定的情况下，权利方的盈利也会越大。

天下没有免费的午餐，作为期权的义务方，无论市场如何变动都会导致亏损的期权，为什么会有人去卖这个期权呢？答案在 BSM 的公式中，在 Delta 为中性的前提下，权利方的 Gamma 多头会意味着 Theta 空头。同理，义务方的 Gamma 空头会意味着 Theta 多头，即随着时间的推移，该期权的时间价值会逐步从权利方的口袋转移到义务方的口袋。

那么到底谁会从期权交易中赚钱呢？这取决于市场的波动情况，我们列举两个极端情况，当资产价格波动非常剧烈的时候，资产价格变动幅度非常大，Gamma 敞口会导致权利方获利，反之，当资产价格完全不动的时候，Theta 敞口会导致义务方白赚时间价值而不用付出任何成本。

打一个比方，Theta 相当于一片农田的租金，无论如何都需要支付，而 Gamma 则是最终这片农田靠天吃饭而赚取的收益，行情波动大，则 Gamma 收益大，行情波动小，则 Gamma 收益小。

那么在什么情况下，Gamma 和 Theta 可以打平呢？

理论上，在一开始期权定价时使用的波动率是一个对期权存续期间内（从期权定价时点到到期时点这段时间）资产波动率的完美估计的时候，双方期望损益相等。完美估计的定义为：

$$\bar{\sigma}^2 = \frac{\int_0^T \sigma^2(S_t, t)\,\mathrm{d}t}{T} \tag{10-18}$$

这意味着，如果能够完美预测未来平均的波动率为 30%的话，在今天能够让买卖双方均公平的，输入 BSM 模型的波动率为 30%。

第三节 期权交易盈利和风险指标

在本节中，我们会从实务出发，介绍期权交易的盈利和期权交易背后的一些常用逻辑。

一、希腊值与期权组合损益

一个简单而常常被期权初学者忘记的逻辑是，期权是二级市场资产，可以随时以市场价格自由买卖，而并不需要等到行权来确认损益。

以一个欧式看涨期权多头为例，其到期的损益，很明显地，就是其到期结清额：

$$C=\left(S_T-K\right)_+=\begin{cases}S_T-K, \ if \ \ S_T>K \\ 0, \ if \ \ S_T<K\end{cases} \tag{10-19}$$

那么，如果在到期之前卖掉这个期权，那损益将会是多少呢？

在解答这个问题之前，我们不妨问这样一个问题，本章第一节中辛辛苦苦计算出的 Greeks 敞口，到底有什么用？

答案其实很简单，期权价值会随着所有输入 BSM 模型的参数变化而随之变化，而对参数变化的敏感性均由偏导，也就是 Greeks 给出。因此，我们可以对于期权以及期权组合的损益进行业绩归因，将其拆解到每一个 Greeks 上：

$$PNL=\text{Theta}\Delta t+\text{Delta}\Delta S+\text{Gamma}\frac{1}{2}\Delta S^2+\text{Vega}\Delta\sigma+\text{Rho}\Delta r \tag{10-20}$$

由于根据本章第一节中，我们可以对于任何一个期权组合计算出其所有的 Greeks 敞口，那么，市场行情发生任何的变化，我们均可以根据我们组合的 Greeks 敞口知晓这些参数的变化会对我们期权组合损益造成的影响。

没有人能够管理自己的利润，因为利润是市场带来的。唯一能做的，就是管理好自己的风险敞口（以 Greeks 计算），然后等待利润自己到来。期权是唯一一个可以仅依靠风险管理获取利润的衍生品。

有人说，风险管理 90%在于知道自己的风险在哪里，而剩下的 10%在于知道自己在这个风险因素上有多少敞口。在期权上，无论是做市商还是交易员，均可以通过 Greeks 知晓、确认并管理控制自己的风险。使自己的风险敞口匹配自己对于市场的看法，同时满足自己的风险偏好。这也是为什么在期权上 Greeks 如此重要的原因。

对于一个合格的期权交易者而言，熟悉 Delta、Gamma、Theta、Vega 等的希腊值（Greeks 值）的特征及性质是非常重要的，无论在交易策略制定上，还是在风险管理上。可以说，了解这些 Greeks 值在实际应用中指代的意义，以及如何在实际交易过程中加以应用，是一个合格交易员必须掌握的知识与技能。

我们重新回到希腊值，并且尝试使用一个不同于本章第一节中的市场观点来对希腊值进行解释——市场和损益观点。同时，由于 Greeks 本身是一个关于各项参数的函数，那么不同的参数变化会导致 Greeks 如何变化，也会影响一个静态仓位的风险指标和损益。因为 Greeks 变化了，相同的参数变化导致的损益和风险敞口也会截然不同。Greeks 会如何随着输入的参数变化而变化呢？接下来我们会对每个 Greeks 进行讨论。

在本章的所有图表中，我们均假设行权价格为 100，无风险利率为 5%，时间为 1 年或者 3 个月，波动率为 20%。期权结构均为欧式看涨期权。

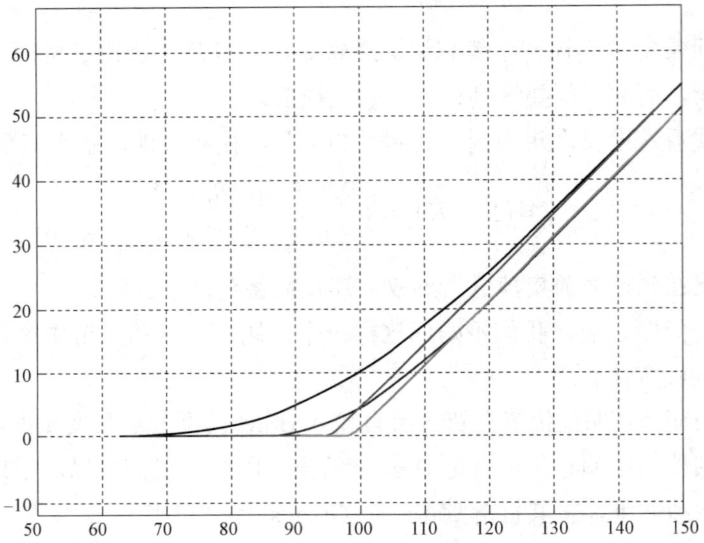

图 10－1　资产价格曲线图

二、资产价格

在图 10－1 中，黑线曲线为到期还有 1 年的时候，蓝线曲线为到期还有 1/4 年的时候，不同的标的资产价格会导致的期权价格。而折线则是无论输入 BSM 模型的波动率如何设置，期权价值的下界，即期权价值的下沿。曲线和折线之间的差值，就是期权的时间价值。

有两个特点值得注意：

（1）更高的标的资产价格会导致更高的期权价值。这是由于看涨期权有正 Delta，资产价格越高，看涨期权行权的可能性和行权收益均会上升，那么看涨期权自身的价值也会上升。

（2）期权价值的下沿会随着期权到期日的临近而向右平移。这是由于无风险利率导致的。可以看到，对于一个平值期权而言，还有 1 年到期的时候，其最低价值为 5（无风险利率是 5%），而还有 1/4 年到期的时候，最低价值就变成了 1.25，与无风险收益相符。

1. Delta

在图 10－2 中，黑线曲线为到期还有一年的时候，蓝线曲线为到期还有 1/4 年的时候，不同的标的资产价格会导致不同的 Delta 值。

Delta 是一个非常好理解的 Greeks，在 BSM 模型的推导中，我们曾经建立了一个股票－债券组合，其中 a_t，也就是该组合中持有的股票数量，就是 Delta。其说明了该期权在当前的市场下所等价于的股票数量。如果要完整复制和对冲这个期权，我们也需要在此时持有该数量的股票。毫无疑问，欧式看涨期权的 Delta 是一个资产价格的严格增函数。

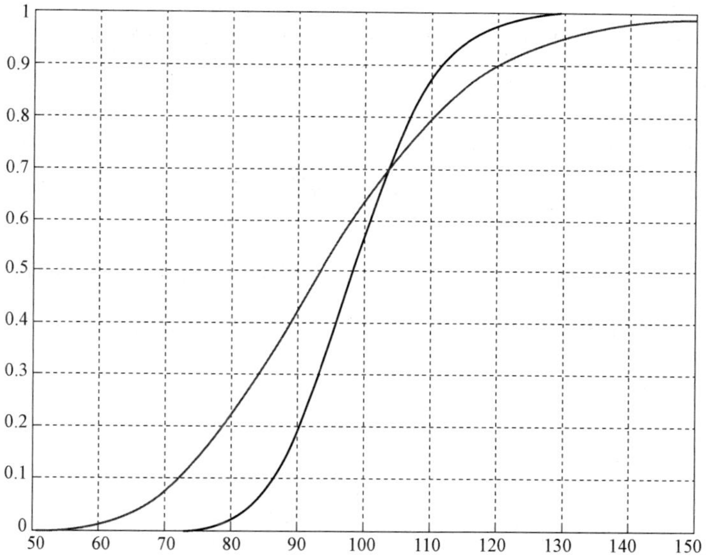

图 10－2　资产价格与 Delta 图

同样的，我们会注意到两个特点：

（1）直接意义上的平值期权（标的资产价格为 100）的 Delta 并不是 0.5，而且很明显地，在标的资产价格为 100 处，还有 1 年到期的期权 Delta 显著高于还有 1/4 年到期的期权 Delta。

原因同样是因为无风险利率，在风险中性测度下，所有资产的收益率为无风险收益率，也就是说，还有 1 年到期时，由于无风险利率的存在，100 的现价实际上等同于 105 的到期价格，而还有 1/4 年到期时，100 的现价仅能增长到 101.25 的到期价格。那毫无疑问地，105 的实值程度会大于 101.25 的实值程度。

（2）随着到期日的临近，期权 Delta 在 0 和 1 的水平部分的长度明显增加，而中间单调递增的部分变得更加陡峭。

这有一个非常直观的理解。到期日越发的临近，留给标的资产价格变动的时间不多了。对于一个深度实值的欧式看涨期权而言，已经没有多少时间去允许标的资产价格下跌到其变成虚值。一个几乎肯定实值的期权，其行权概率也变得越发的接近 100%，那么这个期权的 Delta 自然是 1（如果一个期权肯定会行权，那么这个期权会等价于一股股票）。

随着到期日的临近，资产能够变动的幅度也变得越来越窄，Delta 为 1 的水平部分自然也会拉长。同理，Delta 为 0 的水平部分（几乎不可能行权的期权）也会拉长。直到到期的时候，所有实值期权，Delta 均为 1，所有虚值期权，Delta 均为 0，而中间的单增部分的斜率，则会增长到无穷大。

2. Gamma

同样的，我们会注意到两个特点：

（1）Gamma 呈现一个几近于对称的钟摆型，但是最高点并不在直接意义的平值期权上，这一点同样是因为无风险利率。

（2）随着到期日的临近，平值附近的 Gamma 会变得越发高耸，而实值和虚值的两翼，则变得越发平坦。这一点我们可以在对 Delta 的解释中得到印证。Gamma 是 Delta 的导数，随着到期日的临近，Delta 为 0 和 1 的水平部分越来越长（水平的 Delta 意味着 Gamma 为 0），而 Delta 中间部分则变得越发陡峭（意味着平值附近高耸的 Gamma）。

直到到期的那一刻，除了平值附近有一个无穷大的 Gamma，其他所有的期权，Gamma 均为 0。

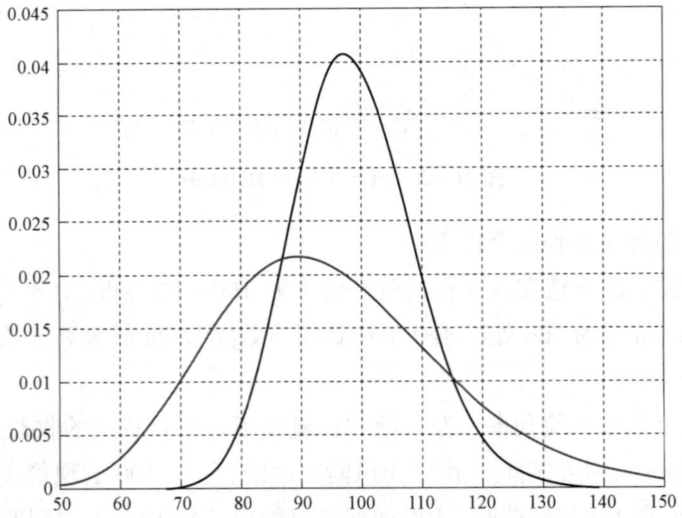

图 10－3　资产价格与 Gamma 图

3. Theta

之前我们解释了，Theta 和 Gamma 互为反向。所以我们可以理解 Theta 在平值附近最低，而在两端高。同时随着到期日的临近，两端变得平坦而中间变得陡峭。但是，为什么虚值处的 Theta 会收敛于 0，而实值处的 Theta 则无法收敛于 0 呢？

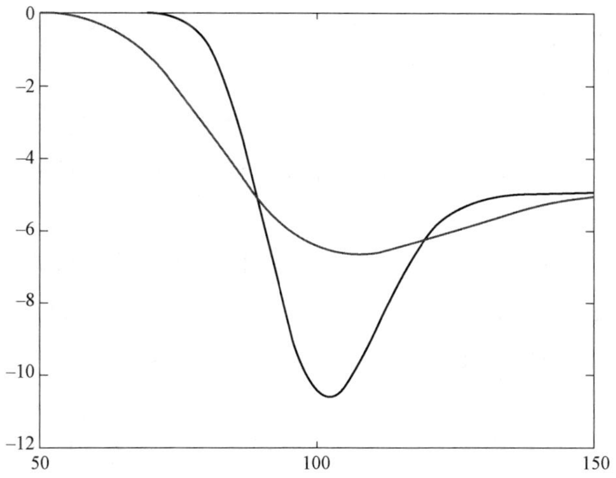

图 10－4 资产价格与 Theta 图

原因有两点：

（1）Theta 和 Gamma 互为反向仅存在于 Delta 中性的假设下，而一个欧式看涨期权的 Delta 显然不是中性。

（2）无风险收益率的存在，使得深度实值期权的结清额可以以无风险利率增长，而深度虚值期权的结清额，由于到期没有任何结清额，因此无法增长。所以实值部分的 Theta 随着到期，将不会收敛于 0。

4. Vega

Vega 与 Gamma 图形极为接近，在此我们不再赘述。

介绍完了 Greeks 随着参数变化而呈现的不同结构以后，我们如何使用这些结构指导我们在市场上进行交易呢？我们在此可以进行简单的介绍。

首先，我们需要清楚两个基本概念：

（1）期权交易，本质上是 Greeks 的交易，通过持有不同的期权合约，构建一个 Greeks 结构满足自身对于市场的看法和风险偏好的组合。同时，根据合理的仓位分布和动态调仓，来确保随着时间的推移，组合的 Greeks 始终能够满足需求。

（2）如果两个组合，所有的 Greeks 都相同，则我们称二者等价。对于两个等价的组合，在短时间之内，可以看成是完全一样的。

那么，我们接下来可以介绍几种简单类型的交易策略。

三、交易策略

1. Delta 策略

这类策略，主要通过持有期权、期货、标的资产以获取 Delta 或者说方向性敞口获利。一个简单的例子是持有一个欧式看涨期权，当标的资产价格上涨时，欧式看涨期权的价格将会上涨，而标的资产价格下跌时，欧式看涨期权的价格就会下跌。在 Delta 面前，其余所有的 Greeks 对于损益的影响均远小于 Delta。

当然，欧式看涨期权价格比较高，尤其是平值和实值期权，那么通过卖出一个虚值期权构建一个价差组合，可以通过放弃上行收益获得一个更加廉价的成本。同时也可以降低 Gamma，Theta 和 Vega 敞口。

与此同理，任何涉及对标的资产的方向性敞口的策略，往往被看成是一个 Delta 策略。比方说 Covered Call（买入标的资产，同时卖出看涨期权），Protective Put（买入标的资产，买入看跌期权），Zero Cost Collar（买入看涨期权同时卖出看跌期权使两个合约的权利金相等以达到零成本）等等。这些策略都带有一定的对于标的资产未来走势的看法，不同之处在于最终损益由于行权价格，到期时间的不同，可能会呈现不同的结构，但是本质是完全一样的。

2. Gamma/Theta 策略

这类策略，主要是通过持有期权头寸，来赚取时间价值或者赚取 Gamma。典型策略包括跨式策略（同时买入或者卖出相同行权价格和到期日的看涨看跌，往往是 Gamma 最大的平值附近），宽跨式策略（和跨式类似，只是看涨的行权价格高于看跌的行权价格），以及其他 Delta 中性，同时主要交易近月合约的策略。这种通过交易 Gamma，对冲 Delta 以维持中性以赚取标的市场波动产生的 Gamma 利润的策略，叫作 Gamma Scalping。

赚取时间价值听起来非常好理解，卖出一堆期权，然后期望资产价格尽可能不要变动，理想情况下标的资产价格完全没有变动，期权时间价值坍缩到 0，我直接能够赚取这些期权的时间价值。然而事情真的这么简单吗？

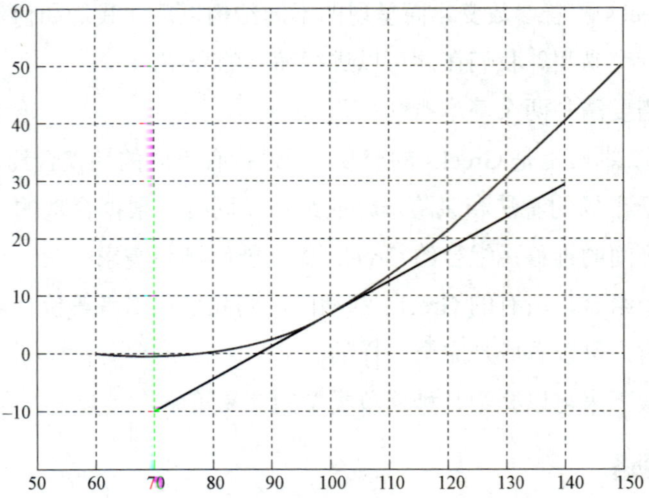

图 10－5　Gamma-Theta 交换策略

回想我们之前在推导 BSM 公式中得到的结论，如果我们不通过不断调整头寸，使得股票－债券组合始终和期权价值一致的话，我们无法完整复制，也就是说，无论我们把期权卖了多高的价格，只要我们不这样不断地调整头寸，我们都有大于 0 的概率亏损。

那么我们怎么进行头寸调整呢？

那个股票–债券组合里面的股票仓位 a_t，不就是 Delta 吗，我们可以时时刻刻通过买卖标的资产或者期权来保持整个组合的 Delta 为 0。那我们的组合，根据第一节中的解释，就完全变成了一个 Gamma-Theta 之间的博弈交换。

这个交换是如何完成的？

我们重新回到期权价格随着标的资产价格波动的图中。在该张图中，假设标的资产价格为 100，与行权价格相符，那么我们需要多少单位标的资产复制这个期权？Delta 单位。在图形上，体现为蓝线，即期权价格曲线在标的资产价格为 100 处的切线。

但是持有期权比持有 Delta 单位的标的资产更加有利。我们可以看到，当标的资产价格上涨高于 100 时，很明显，由于正 Gamma 的存在，我们会有一个正向的 Delta，上涨幅度越大，我们的 Delta 就越大，这很明显是对权利方有利的，因此也可以看到，期权价格会高于蓝线。

那么下跌的时候呢？正 Gamma 会导致一个负向的 Delta，下跌幅度越大，Delta 负值程度也越大，这依然对权利方有利，期权价格依然高于蓝线。

可是这是这个瞬间期权价格的损益，一旦市场重新回到 100，这个损益岂不是没了？权利方还要损失时间价值，这听起来似乎是纸上富贵，不是吗？

当然不是。考虑我们在 BSM 里面做的调仓。当市场上涨，由于正 Gamma 的存在，我们原本 Delta 中性的组合会获得一个正向的 Delta，为了保持 Delta 中性，我们应当进行什么操作？做空 Delta，无论是卖出标的资产（此时处于高位），卖出期货（同样处于高位），卖出看涨期权（依然处于高位）或者是买入看跌期权（处于低位），我们都在以一个比原本 Delta 中性时更好的价格进行交易。同理，在市场下跌时，我们也同样可以以更好的价格交易相关资产。正向的 Gamma 在不断地调整头寸，使得我们 Delta 中性的过程中，不断地在让我们执行买低卖高的操作，而这一切，完全不需要我们对市场有任何的预测。

那么同理，当我们做多 Theta，卖出 Gamma 的时候，我们就面临自动的买高卖低操作。但是同时，正向的 Theta 可以让我们赚取时间价值，以弥补我们买高卖低的亏损，在本章第一节中我们已经对此进行了介绍。

那么，既然卖出 Theta 会导致我们调仓的时候买高卖低，那么不调仓不就好了吗？为什么我们还要做这种一定导致亏损的事情？

答案是，如果不调仓，会导致更大的亏损。对此，我们回到期权损益的计算公式：

$$PNL = \text{Theta}\Delta t + \text{Delta}\Delta S + \text{Gamma}\frac{1}{2}\Delta S^2 + \text{Vega}\Delta\sigma + \text{Rho}\Delta r \qquad (10-21)$$

当我们持有负向 Gamma 的时候，为简便起见，我们假设这个 Gamma 恒定。当标的资产变动一单位时，我们 Gamma 损益为：

$$\text{Gamma}\frac{1}{2}\Delta S^2 \tag{10-22}$$

而当标的资产变动两个单位的时候呢？如果我们在资产变动一个单位的时候就把 Delta 重新平衡到 0，我们的损益将会是：

$$2\text{Gamma}\frac{1}{2}\Delta S^2=\text{Gamma}\Delta S^2 \tag{10-23}$$

如果我们不平衡呢？我们的 Gamma 损益会是：

$$\text{Gamma}\frac{1}{2}(2\Delta S)^2=2\text{Gamma}\Delta S^2 \tag{10-24}$$

可见，鸵鸟战术会使得我们的亏损变成积极保持我们 Delta 中性的两倍。除非标的资产有超过 2/3 的概率回到原点，否则我们的期望收益都是负的。谁给我们的勇气去假设标的资产会回到原点呢？要知道，我们之前对于标的资产的假设是一个布朗运动，标的资产贴现后的现值的上涨下跌期望完全一致，这并不是一个均值回归的过程。很明显，在做空 Gamma 做多 Theta 时不平衡组合大概率会导致更大的亏损。

一个惨痛的教训来自股灾后的 50ETF 期权市场。在几个月内，50ETF 被作为指数的稳定器，呈现窄幅波动。在这个时间段内，做多 Theta，完全是稳赚不赔，甚至不需要调仓，因为 50ETF 无论上涨还是下跌，都会回到起始点附近。在那几个月，50ETF 的波动一度低至年化 8%，这是一个难以想象的低波动（要知道，外汇市场的波动可能都高于 8%）。很多基金经理在那半年通过做空 Gamma 做多 Theta（简而言之，卖期权）赚到了非常稳定的收益。然而随后 50ETF 的逻辑变成了拉指数，构建白马龙头的大牛市的工具。50ETF 的迅速上涨，导致做空 Theta 很快产生大量亏损。在短短几天之内，不对冲 Gamma 导致的亏损就超过了之前几个月赚取的 Theta 总和。这直接导致了一些基金经理在大牛市中爆仓。

那么相反的，当做多 Gamma 而做空 Theta 的时候，不平衡组合就变得有利可图。道理是一样的，平衡会导致期望收益降低。

但是不管如何，根据 Feynman Kac，理论上来说，如果我们不断地把 Delta 敞口调整到 0 的话，当一开始的波动率是完全准确的时候，Gamma 和 Theta 双方损益都为 0。然而，实际中真的这么操作，一定会导致损益是 0 吗？

答案是否定的，因为波动率预期可能会变，这会导致路径依赖的 Gamma，如果在急需对冲的时点 Gamma 非常大的话，会导致 Gamma 的多头出现额外的利润。同时，理论假设往往不考虑交易成本，而实际上，很大的 Gamma 会导致频繁调仓，交易成本和买卖价差会吃掉一部分利润。

这是这个问题的一种标准答案，然而从交易的角度来说的话，这两点加在一起也没多少。如果一个市场如此疯狂，或者交易成本如此之高的话，参与这个市场又有多少实际意义呢？

3. 套利策略

什么是套利？一价定律告诉我们，如果有两个自筹资金（即可以不依靠外部现金流注入而维持）的组合，如果在某一刻这两个组合的价值相等，那么在每时每刻这两个组合的价值都应当相等。

那么如果不相等怎么办？很简单，通过买低卖高，然后等待二者价格收敛平仓赚取差价，就是我们所说的套利。

在期权上有什么套利策略吗？我们在此介绍一个最简单的套利策略：看涨看跌平价（Put-Call Parity）。

我们考虑一个欧式看涨期权和一个欧式看跌期权。欧式看涨期权的 Delta 是 $N(d_1)$，欧式看跌期权的 Delta 是 $-N(-d_1)=N(d_1)-1$。

所以我们可以得到两个特性：

（1）买入一个欧式看涨期权，卖出一个欧式看跌期权，如果二者行权价格相同的话，这个组合的 Delta 将会是 $N(d_1)-N(d_1)+1=1$，这个 Delta 会等价于一个期货多头或者一个标的资产，同时，行权价格相同的看涨看跌的 Gamma，Vega 大小方向均相同，一买一卖我们完全对冲掉了这些敞口。

（2）考虑两个组合，一个是一个看跌期权多头和一单位满足这个看跌期权义务的标的资产，另一个是一个看涨期权多头和按照无风险利率到期将会满足这个看涨期权义务的无风险收益资金。并且看涨期权和看跌期权的行权价格，到期时间和标的资产完全相同。

我们分析到期标的资产价格不同的可能性，当标的资产价格高于行权价格时，看涨期权行权，看跌期权不行权，两个组合的价值均为标的资产价值。当标的资产价格低于行权价格时，看涨期权不行权，看跌期权行权，两个组合的价值均为与行权价格相等的现金。无论如何这两个组合到期价值均相等。

根据一价定律，这两个组合到期价值相等，则在之前的每一个时点，这两个组合的价值均相等，这意味着：

$$C+Ke^{-rt}=P+S_0 \tag{10-25}$$

也就是说，如果在市场上发现的行权价格相同，到期时间相同，标的资产相同的看涨和看跌期权，如果上述等式不成立，并且利润空间大于买卖价差和手续费的话，套利策略即成立。这就是看涨看跌平价套利策略（Put-Call Parity）。

听起来很厉害。抱歉，市场上还有一万八千个交易员也都在盯着，还有另外三千个程序在自动搜索这个套利机会。这么简单的所有人都知道的策略，怎么可能如此轻易出现。即使偶尔出现一次，也是先到先得，谁家电脑、网络、程序快，谁就能够捡到这个硬币，最后这个策略就变成了军备竞赛，门槛如此之低，最后大家都挣不到钱。

有一个面试题是这么问的，如果一个资产现在价格是 100，并且没有任何下跌的风险，那么平值欧式看跌的价值是 0，对不对？这很好理解，不存在下跌的可能性，那看跌期权就不会行权，价值当然是 0。那么假设无风险收益率为 0 的话，这项资产现在平值的欧式看涨期权的价值是多少？

答案是 0，根据看涨看跌平价即可得到。

听起来非常违反常识，如果不存在下跌的风险的话，看涨期权怎么看都是稳赚不赔，怎么可能是 0 呢？这毫无疑问是一个好问题，当然一个更好的问题可能是：如果一个价格 100 的资产，没有任何下跌风险，即资产价格不会低于 100 的话，那有什么理由这个资产的价格还是 100？只有一种可能性，这个资产的价格也不存在高于 100 的可能性，它的价格被冻结在 100。那么看涨期权的价格当然也只能是 0。

这两个案例告诉我们什么？

世上没有白吃的午餐。谁也不是世界上最聪明的人，如果一个机会看起来好到不像是真的，那么，大概率它就不是真的。

培养正确的收益–风险意识，其重要性远远大于知识本身。

第十一章 动态对冲

我们在前面几章介绍了一些期权交易的方式。然而期权作为非线性衍生品，非线性指的是期权的价值变动与标的资产价值变动之间是非固定比率的，或者说以标的资产价格作为横轴，而以期权价格作为纵轴的话，所做出的图表不是一条直线或折线。与之对应的，期货则是线性衍生品，因为其价值的变动正比于标的资产。

一个显而易见的问题可能在于，线性衍生品的对冲很清楚，因为衍生品和标的资产的价格变动的比率是恒定的，那么对冲的比率也非常容易计算。而期权的对冲比率将会是随着时间和市场行情不断变化的。这也就意味着，期权交易者如果要降低自己的敞口风险，其对冲行为也将会是随着时间和市场行情不断变化，或者换而言之，连续和动态的。在本章节，我们将会从动态对冲的原理入手，介绍欧式和某些特定的复杂结构期权的一些基础的对冲解决方案。

本章主要内容包括以下几个部分：

1. 动态对冲理论与实际
2. 动态对冲方案
3. 场外结构：二值期权和障碍期权的动态对冲

第一节 动态对冲理论与实际

一、动态对冲概念和实际中的动态对冲

我们是如何对一个欧式期权进行定价的？首先让我们回归第九章第一节第三部分里面对 BSM 公式的推导。

在 BSM 的推导中，我们首先会构建一个股票－债券组合，其中在股票组合中持有 Delta 单位的标的资产，并且将剩余的组合资产悉数投入债券组合。在到期时，这个组合将会等价于一个欧式期权的结清额，即在到期之前任意时点处，这个组合均等价于一个欧式期权。

那么看起来对于一个欧式期权的对冲思路因此变得非常清晰。既然该股票－债券组合在整条资产价格的路径上严格等价于一个欧式期权，那么我只需对冲这个组合的风险，即可完成对这个等价的欧式期权的对冲了。

让我们进一步分析这个股票－债券组合的风险构成。债券部分，原始的理论假设为这部分资产没有风险，按照固定的无风险利率进行连续复利的增值，因此我们无须也无法处理这部分资产的风险。而股票部分的风险，该组合始终持有 Delta 单位的资产，尽管 Delta 从感官上来说是一直在变动的，但是在每一个瞬间，也是可以按照 BSM 公式计算得出，没有不确定性的。那么只需要到市场上去找－Delta 单位的头寸，即可完成对该资产在这个瞬间的完整对冲，进一步来说，如果我们动态的在每一个瞬间都如此操作的话，即可完整对冲这个期权。尽管这种操作方式会要求我们在每一个瞬间都根据公式计算出的 Delta 进行对冲敞口的调整操作，可是在标的资产自身具有良好流动性的市场上，这将会是可以实现并且所见即所得的。

按照这种方式进行操作，我们即可在理论层面上对冲掉欧式期权的 Delta 敞口，即动态对冲。对一个欧式期权组合而言，由于 Greeks 是一系列偏导数，具有线性加总的性质，因此对于期权组合的对冲可以将所有组合内资产的 Greeks 加总，再进行与单一资产方法论完全一致的对冲操作。在这种对冲方式上，做多 Gamma 的投资组合的对冲操作将会部署在标的资产价格在未来的实际路径上，即按照第十章第三节中介绍的 Gamma 多头策略进行低买高卖的对冲，每一次的对冲操作在原则上都是盈利的。而做空 Gamma 的期权组合的对冲操作，将会部署在标的资产无法达到的路径上，这主要是因为做空 Gamma 的投资组合是有初始状态下的权利金收入的，而这个权利金在公允定价的前提下会被对冲操作的高买低卖完全吞噬。因此，做空 Gamma 的期权组合所伴生的对冲组合，不是一个自融资组合，换言之，这个对冲组合在不依赖外部资金注入的情况下能达到对冲目的，将会要求资产的价格路径为一条无法出现的路径。

那么为什么是理论层面，在实际市场中和理论层面上，二者有什么不同呢？

由于我们是在 BSM 公式的框架下对欧式期权构建对冲方案，因此我们依然回到 BSM 公式，这个理论公式对市场进行了多个假设。

1. 标的资产可以无限分割，换言之，对标的资产任意的碎片式购买是可操作的。

2. 标的资产连续交易，即两次报价间隔为无穷小。

3. 标的资产可以以无风险利率进行卖空，且无风险利率为常数。

4. 标的资产收益率严格为正态分布，且在期权的生命周期中，资产收益率和波动率为常量。

5. 标的资产不支付股息。

6. 标的资产无摩擦成本，且具有无限流动性。即对标的资产的任何交易行为没有手续费、佣金、买卖价差、滑点和印花税等，且可以以市场报价进行无限数量的交易。

可以看出，BSM 公式具有非常强的理论假设。而这些假设在真实市场上往往是无法成立的。

1. 标的资产往往无法无限分割，以目前国内股票市场为例，最小的买卖数量为 1 手，即 100 股，小于 100 股的交易指令是交易所不支持的。

2. 股票交易所目前的自动询价间隔为 500ms，且有交易日和交易时段限制，在狭义上来说并非连续报价。

3. 大部分券商难以支持大量的融券卖空要求，且融券利息相较于资产端的无风险收益而言过高，普遍在 8%～12%。且无风险收益率也是时刻变动的，甚至狭义上的无风险利率对大部分的交易者来说并不存在（银行信用和交易所信用实际上不是狭义意义上的无风险）。

4. 标的资产收益率并非正态分布，不仅不是正态分布，其资产收益率和波动率均为常数且无法准确预测。

5. 标的资产支付离散股息，且股息率并非常数，亦无法使用往年股息率进行准确估计。

6. 在国内，股票等资产的交易往往有较大的摩擦成本。在市场上进行短期较大数量的交易也会产生较大的冲击成本，即无法在市场当前所观测到的对手盘价格处进行足够数量的交易。

这些实际和理论的不一致，使得实际中即使是欧式期权的动态对冲都会变得更加复杂，考虑的问题会更多且难以预测。从结果来看的话，对同一个期权敞口甚至进一步的对于期权组合而言，对冲执行方案的不同，会对最后的损益产生非常大的影响。坊间曾有这么一句话，交易期权无法获得收益，对冲期权才能获得收益，此言非虚。

二、实际市场

我们从实际出发，尝试逐点探讨理论和实际的各种不同，会导致我们进行动态对冲操作时会产生何种不同。

1. 标的资产无法无限分割

简单粗暴，但是往往非常有效的做法就是取整。无论公式给出的 Delta 敞口有多大，都可以通过向上/向下/按就近原则进行取整以得到最接近且具备执行可行性的敞口大小。我们将这部分敞口在市场上对冲，剩下的零头就放在那里不管。当投资组合足够大的时候，零头数量其实占比很小，对最后资产组合的损益而言影响也较低。所谓抓大放小，解决主要矛盾其实也没什么问题。

2. 标的资产非连续性交易

至少在市场开盘时，这不是一个特别大的问题。500ms 其实已经足够小，每 500ms

对冲一次的话，从对冲效果的角度上来说已经是足够的了。主要的问题在于非交易时段，这会引发隔夜/节假日风险。

我们假设一个情景，一个大量做空 Gamma 但是保持 Delta 中性的黄金期权交易者，在收盘前市场风平浪静，而收盘后美军炸死了伊朗高管，海湾地区冲突升级，黄金价格一路狂飙 5%。再假设这位交易者不做夜盘，第二天看到黄金价格出现巨幅高开，他的 Gamma 敞口在这种市场波动下一定是会有巨大亏损的。

有什么办法可以对冲这个风险？答案是没有，市场都关了，根本无法交易，这个损失只能这个交易者自己承担。

3. 标的资产的卖空限制和无风险利率的变动

标的资产的卖空限制其实在对冲中是一个主要问题。在不考虑替代性的对冲手段的情况下，这会使得实际意义上的对冲执行变得没有可操作性。因此，在实际中对于期权的对冲，往往会选择限制更少、流动性更好的资产进行对冲操作。

举例而言，50ETF 期权本身是一个实物交割的股票期权，融券具有一定难度，那么从对冲的角度上来说，选择 IH 期货合约（上证 50 指数的期货合约）就成为一个比较明智的选择，不仅流动性更好，也可以进行卖空操作。当然，进行这种选择的代价就是会暴露基差风险和 50ETF 的跟踪误差风险。

4. 波动率和资产收益率的非常数和无法精确预测

资产收益率的非常数，其实实际上并不是一个主要问题，因为在 BSM 的理论框架下，所有资产的收益率均会变成无风险收益率，因此资产具体收益率是多少是没关系的，甚至用 BSM 计算 Delta 时，这个资产收益率都不会出现在公式中。

但是非常数且无法精确预测的波动率就会是一个比较大的问题了。无论是在欧式期权的定价还是对于 Delta 的计算中，波动率都是一个非常重要的计算指标，因此这个数值的变动将会影响对冲行为。那么怎么解决这个问题呢？最简单且常用的方法有两种。

第一种是拿市场波动率来计算 Delta，期权是一个公开市场交易品种，那么市场自然会对期权的波动率有一个至少买卖双方一致认可的波动率定价，尽管使用这个波动率作为瞬时对于波动率的估计是不准确的，且下一刻市场的波动率可能和现在的市场波动率也不一样，但是至少这一刻的对冲行为是与市场定价一致的。市场波动率的计算，我们将会在第十二章中进行更详细的介绍。

第二种是拿交易员预测的波动率进行对冲。我们在第十章第一节中介绍过，期权在任意时间点的公允定价会要求输入的波动率对未来波动率的完美预测。那么假设交易员认为市场波动率是错误的，而自己的预测会比市场波动率更加准确，那么交易员应当使用自己对于未来资产的波动率的预测作为输入去计算 Delta，并以此作为依据去做动态对冲。当然，如果交易员的预测不好的话，这种对冲行为会使得最后的损益无法预测。

5. 支付非常数且无法预测的股息

对于支付股息而言，BSM 是有校准方案的，即将无风险利率 r 更换为 r－q，其中 q

为股息率。问题在于，资产的股息率可能无法准确预测，且无法用历年的数据准确估计。好消息有两点：

第一是市场上总归对这个股息率有一个估计，比方说 50ETF 和 IH 之间的基差等，这会或多或少的对股息率有一个估计。

第二是，在根据市场期权价格用 BSM 公式反向计算市场波动率时，如果使用期权价格计算波动率和使用波动率再去计算期权价格和 Delta 时，二者的模型口径是一致的，那股息率对于 Delta 的影响是很小的。

因此在实务中往往可以不去强调股息率对于 Delta 计算的影响。

6. 交易的摩擦成本和冲击成本

这将会是动态对冲的几乎最主要的问题，即动态对冲非常昂贵，而且成本无法事先估算。在 BSM 中，所有的对冲交易行为均没有成本，因此我们是可以按照对冲效果最大化来进行对冲方案的设计和执行的。所谓对冲效果最大化，并非是对冲敞口或期权本身加上对冲敞口的整体资产组合最后赚最多的收益，而是对冲敞口尽可能消除期权和期权组合本身的价值变动，使得整体资产组合价值尽可能保持不变。

为取得最大化的对冲效果，对冲操作的执行往往是需要尽可能频繁，以求对冲敞口尽可能贴近于期权组合自身敞口的，但是在有摩擦成本的时候，越频繁的对冲操作会产生越频繁的摩擦成本，会导致买得起马配不起鞍。因此在动态对冲的方案设计上，需要非常仔细地考虑摩擦成本带来的成本问题，这往往是一个效果和成本之间的取舍。而冲击成本，则是在需要进行对冲执行时，能否在市场上按照当前对手方价格完成全部的对冲操作取得足够的对冲敞口的问题。

当期权自身敞口很大时，市场行情的变动往往会要求对冲操作的执行量很大，这个时候市场的流动性是否能够支持这么大的执行操作呢？这样一个大单的执行，在实际中往往需要进行拆单处理或者说使用执行算法进行处理。将一次大量的操作执行变成多次反复，拿时间换空间，比如说在数分钟内逐步成交而非一个 tick（500ms）内将所有的订单成交，进而降低对市场的冲击成本。

至此，我们讨论了理论和实际不一致的情况，以及可能的调整和解决思路，在实际中对于对冲方案的设计，本质上的复杂度并不小于一个程序化交易策略。与复杂度相匹配的是，对冲方案也对期权交易的损益有着重要影响，甚至影响可能大于期权交易本身。

第二节 动态对冲方案

一、动态对冲方案设计

那么我们如何使用之前介绍的这些片段化的思考，并将其整合为一个完整的对冲方案呢？换言之，我们在设计完整的期权对冲方案时，需要考虑哪些问题？不同的期权交易员的对冲方案是截然不同的，很多的技术细节也是期权交易员概不外传的立身之本。我们可以在此给出一个大致的思考方向：

1. 期权组合结构和损益构成

一般而言，期权的对冲往往是放在组合的背景之下去探讨的。抛开组合去谈单个期权的动态对冲，未免过于理想化。因此，在进行动态对冲的方案设计时，首先应当了解所需对冲的组合的构成，每一笔期权敞口在组合中的占比，每一个 Greeks 在最终损益中的占比。

在第十章第三节中，我们详细探讨了期权组合损益将会如何分摊到每一个 Greeks 上，而每一个执行对冲交易的交易员，首先需要考量的将会是他的这个期权组合在通过什么 Greeks 赚钱，每一个 Greeks 将会对他的损益产生何种影响。

举例而言，一个主要通过 Delta 策略赌资产方向的交易者，很可能不想对冲，或者只想将 Delta 限制在一个比较宽泛的区间之内，此时，严格的动态对冲是没有必要的。

而按照我们第十章第三节中所介绍的那样，一个 Gamma 多头的交易者，也很可能不希望有太过于频繁的对冲行为，因为市场价格单向的变动两个单位，会比单向的变动一个单位产生超过两倍的利润，一个明智之选是不进行任何对冲，让 Delta 和利润都最大幅度的奔跑。

一个 Gamma 空头，则可能希望尽可能精细的进行动态对冲。因为市场变动越大，不对冲的鸵鸟战术相比于严格进行动态对冲产生的亏损就越大，而越频繁的对冲亦会产生更高的摩擦成本，因此做空 Gamma 将会需要权衡对冲效果和对冲成本，制定更加严谨的对冲方案以面对各种形式的市场。

2. 标的资产的市场形态

标的资产的市场形态，简而言之，指的是这个市场预期是一个单边市场，还是一个均值回归市场。进一步而言，在不同的时间和价格范围内，市场形态如何。这些假设将会影响对冲损益。

举例而言，当市场是一个均值回归的市场时，Gamma 多头的交易者的对冲思路就会和没有均值回归的假设不同了。假设说，标的资产价格从 100 涨到 120，在这个过程中，Gamma 多头会导致逐步增大的正 Delta，进而产生 Gamma 利润。在这个时候这个交易者可能会选择对冲掉这些 Delta 敞口。因为如果不及时对冲的话，当资产价格均值回归到 100 时，这部分 Gamma 利润会随着标的资产价格均值回归至原点而消失。而如果进行对冲操作，将 Delta 在 120 处对冲至 0 的话，当标的资产价格回到起始点 100 时，Gamma 多头又会让这个交易者获得一个逐步增大的负 Delta，此时他就又能获得一个 Gamma 利润了。

如果这个市场是一个单边上涨的市场的话，这个交易者很可能不会选择在 120 处进行对冲操作，因为标的资产从 120 上涨到 140 的话，由于已经存在一个正向的 Delta 敞口，这个投资者的利润很可能远大于 100 上涨至 120 这个过程中所获得的利润。

3. 对冲手段

对冲手段，指的是以何种资产对期权组合进行对冲。往往在实际中，期权的标的资产无法直接用于对冲，或对冲起来很不便利。比如说 50ETF 期权的标的华夏上证 50ETF，卖空操作难以实施。

因此在实际中，往往使用上证 50 指数期货 IH 合约对 50ETF 期权进行对冲。但是值得注意的一点是，当对冲手段变化以后，期权的定价公式也需要随之调整，以确保 Greeks 的计算方式与对冲手段一致，消除口径不一致的风险。

以 50ETF 期权为例，在使用 IH 合约时，对 50ETF 期权的定价公式就不应当使用 BSM 公式，而应当使用期货期权的定价公式 Black 公式。二者在方法论和推导过程中高度相似，只是 Black 公式中标的资产价格使用的是期货价格而非现货价格。

4. Greeks 的变化结构

Greeks 不是一个常数，标的资产价格变动因素和时间因素均会对 Greeks 产生影响。而在对冲实务中，应当考虑这些影响。

以一个牛市看涨价差组合为例，其为一个看涨期权多头和一个行权价格更高的看涨期权空头构成。那么在标的资产价格处于两个期权的行权价格正中间时，这两个期权的正 Gamma 和负 Gamma 头寸可以互相抵消，因此绝对值是很小的，对冲会很容易。

但是当标的资产价格突然上涨到较高的行权价格处时，期权多头的 Gamma 就很小，而期权空头的 Gamma 这个时候会很大，这个期权组合整体上就会出现一个比较大的 Gamma 敞口，这会使得这个期权组合的对冲突然间变得更有难度。

再比如说，快到期的合约，往往 Gamma 非常不稳定。很有可能会发生的情况是，前一天收盘时，组合是市场中性的，第二天一开盘，由于日期调整，组合突然之间就冒出来一个很大的 Delta 敞口，那这个时候的情况对于对冲交易员会是非常棘手的。因此在对冲时，应当要考虑不同行权价格之间的离散型（尽管期权的结清额和 Greeks 可能是连续的）所导致的市场因素变动对 Greeks 产生的影响。

因此，在实际操作中，交易员往往保持对期权组合进行情景测试和压力分析。情景测试指的是，对影响期权价值和风险敞口的多个指标假定特定的情景，比如说假定标的资产价格上涨或下跌 1%，2%，5%，日期减少 1 天，2 天，波动率曲面向上或向下平移 1%，2%等等。由于期权的估值定价公式和风险敞口计算公式是已知的，这些情景分析仅仅是更改所输入的参数，在技术上难度颇低。但是交易员可以通过对不同情境下期权组合的价值和风险敞口进行分析，更好地理解组合在不同市场行情下的表现，进而对每种行情下的对冲策略进行预判和事前评估，这是非常重要的。

5. 高阶的 Greeks

高阶的 Greeks 指的是 Gamma，Vega，甚至 Vanna 和 Volga 等。在我们之前介绍的动态对冲中，是以 Delta 对冲作为核心的，对其他高阶的 Greeks，尤其是 Gamma 是不考虑的。

在理论环境下，这么做是合乎逻辑的，因为如果理论假设完全成立的话，Gamma 导致的对冲损失会等于期权权利金。Gamma，根据定义可以理解成资产价格变动对于 Delta 变动的影响。很容易可以说明，越高的 Gamma，相同的资产价格变动就会导致越高的 Delta 敞口，在这种情况下，维持一个 Delta 中性的期权组合会需要更多更频繁的对冲，因此也是更加困难和富有挑战的。

进一步来说，在实际操作中，负 Gamma 敞口引发的每一次对冲，都是需要支付摩擦成本和对冲成本的。因此实际上负 Gamma 的期权敞口的对冲成本会高于理论计算。而正 Gamma 的期权敞口，相对而言，在对冲的严格性上，要求没有负 Gamma 敞口那么高，甚至交易员会保留在一个时间频度内不做动态对冲以谋求更高利润的选项。

当然，这会反映在期权价格上，即期权的市场波动率，往往比历史同期的波动率更高一些，存在对冲溢价。这些溢价，可以用来填补 Gamma 空头的对冲成本。但是即便有溢价的存在，对于 Gamma 的处理也需要非常谨慎。

高盛曾经有这样一个面试题，假设当前期权的市场波动率为 25%，而某个交易员对市场未来到期权到期这段时间内的波动率预测为 20%，那么一个 Gamma Scalping 策略将会要求他卖出期权，同时做动态对冲。假设他的预测是正确的，那么在卖出期权并且在到期之前做动态对冲的这个策略，是否能够让他赚钱呢？

答案是不一定，因为 Gamma 是路径依赖的。这个路径依赖怎么理解呢？不同的资产价格的路径，在不同的时点，不同的资产价格和波动率处均会产生完全不一样的 Gamma 和 Delta，我们用一个相对简单的例子来对此进行说明，之前在第十章第三节中计算了期权理论定价时应当使用的波动率为一个按照时间加权平均的波动率。加权平均是一个统计量，两个完全不同的样本可能加权平均后得到的统计量是一样的，但是对冲行为是基于路径上的 Greeks 进行的。

打个比方的话，如果把比尔·盖茨和一万个流浪汉按人头加权平均，那么样本平均的身家一定是非常高的，但是具体到个体差异的话，这个样本和另一个同等均值，但是方差更小的样本实际上并不具备直接的可对比性。我们再举一个偏向市场的例子对此进行解释。

考虑两条不同的资产价格路径，在整条路径上的平均波动率是相等的，但是其中一条出现了一次暴跌，而另外一条未出现这次暴跌。可以想象，在出现了暴跌的那条路径上，对冲成本会高于未出现暴跌的路径。原因很简单，当出现了暴跌时，由于短期之内市场买盘萎缩（否则市场价格就不会暴跌了），市场流动性往往是比较差的。这个时候一个比较大的负 Gamma 敞口会产生大量的正向 Delta 需要对冲。典型的对冲操作将会要求这个交易员到市场上去卖出标的资产。那么这个时候在流动性不好的标的资产的市场上，去哪里找这么大这么急的对手盘呢？即时能够找到，这么大的交易需求会产生多大的交易成本？再进一步地说，资产价格在暴跌的途中，任何无法及时对冲的 Delta 敞口，都会产生类似于第十章第三节中我们介绍的，不及时对冲 Gamma 所产生的额外亏损，而暴跌指的就是短时间内资产价格大幅下跌。这个交易员一方面会面临非常大的摩擦和冲击成本，另一方面，很可能他根本无法反应，只能一脸无奈地看着亏损越来越大，却除了祈祷市场反转以外，几乎没有其他任何能够做的。当然，也许在这次暴跌中产生的额外的超额损失不会吞噬全部利润，整体交易依然是有利可图的，但是毫无疑问的，这会拿走至少一部分的利润，使得最终这笔交易的损益变得不可预知。

因此，即使对于平均波动率的预测足够准确，由于 Greeks 的路径依赖，对冲的执行依然对最终损益的确认有非常大的影响。在很多时候，即使对于市场的观点是正确的，也无法保证最终的盈利。预测模型非常重要，但是对于衍生品而言，系统性的交易逻辑分析，风险敞口管理和对冲方案制定很可能比模型的预测更加重要。

我们可以向后退一步，如果路径依赖的问题确实存在，那么我们是否能够解决至少降低这个问题的严重性呢？答案是肯定的。基础性解决方案有三种。

第一种，对冲溢价再评估。有经验的交易员会事先充分考虑路径依赖的问题，并对市场上的报价进行更多的评估，正如之前提及的，市场上的报价往往偏向于期权卖方的，即波动率往往是偏高一点的。那么这个对冲溢价是否足以覆盖对冲产生的摩擦和冲击成本，这是交易员需要进行评估的。

第二种，敞口控制，相对低一些的 Gamma 会使得交易员的对冲难度下降。那么交易员可能会选择在出现市场大幅波动的风险时，预先降低 Gamma 敞口，做择时。这样在暴跌发生时，他的 Gamma 敞口已经降低了，那么自然对冲难度和对冲成本也就降下来了。等市场重新回到平稳状态后，交易员还可以把 Gamma 敞口再加回去。

第三种，对冲方案的设计。每一个对冲方案，都需要考虑正常情况和极端情况。在不同的情况下，对冲执行的频率和风险阈值是不一样的，这些是每个期权交易员需要在事前制定周密的预案，而非当市场出现极端场景时再亡羊补牢。

6. 市场流动性和订单深度

市场流动性和订单深度指的是在短时间内，市场的订单簿中能够容纳的峰值交易数量。举例而言，国内的证券市场往往在开盘和收盘时，成交活跃，交易量很大，流动性也很强，但是在日中连续交易时段内，成交量和流动性相对较低。

而对于一个期权组合来说，对冲是连续的行为。在每一个市场交易的时点，都可能会发生交易行为。当期权敞口较大时，可能会产生市场某个时点处的流动性无法支持对冲要求的情况。

那么从避免冲击成本考虑，交易员第一不会把很大的对冲订单直接打到市场上按照市价单进行撮合执行，因为这会按照对手方的挂单一档一档的成交，最后产生冲击成本。第二会考虑不同时间段市场不同的流动性。在成交量较高的时间段，交易员可以进行更加频繁和大量的对冲，而在成交量较低的时间段，交易员会进行手动拆单，或使用执行算法。

所谓执行算法指的是使用软件程序，将较大量的订单按照一定规则拆分成多个较小的订单，再逐个执行和成交，以规避冲击成本和保密交易意图。我们介绍一种基础的执行算法 TWAP（Time-weighted Average Price）。

TWAP 指的是，在一个时间段内，把一个较大的单子按照时间均匀拆分成若干个较小的订单，每个拆分后的子订单均不会对市场产生冲击，因此可以直接在市场上进行市价成交。将一个市场冲击较大的大订单拆分成若干个无市场冲击的小订单，并在一定时间内而非一次性执行，即为 TWAP。最终能够得到的平均成交价格，理论上应为执行的这段时间内，市场价格按照时间进行加权的结果。

当然还有很多其他更加复杂的执行算法，比方说成交量加权平均价（Volume Weighted Average Price，VWAP）和冰山等，有兴趣的读者可以自行深入研究，在此不做赘述。

7. 波动率的计算和选择

不同的波动率选择，会使得计算出的 Greeks 存在差别。一般来说，一个市场中性的对冲交易员，会选用市场波动率计算 Greeks。而一个有敞口权限的交易员，则会使用自己预测的波动率来计算 Greeks。

使用市场波动率计算 Greeks 的优势在于客观性和稳健性。这种做法是非常容易被机构中台风控认可的。但是缺点在于，这种计算方式无法表现交易员的市场看法。作为交易员而言，交易之所以成立是因为能够抓到市场的错误定价并从中赚取收益。其基本假设是市场是错误的，而自己的看法是正确的。但是使用市场波动率进行 Greeks 的计算和对冲执行的话，其基本假设又是市场是正确的，那么做这笔交易的初衷是什么呢？如果交易员的看法比市场更加准确的话，使用市场波动率进行对冲，会造成额外的对冲误差和成本，降低最后的收益。

使用交易员预测的波动率计算 Greeks 的优势在于灵活，且能更好地利用交易员的经验和观点。缺点也很明显，这会暴露较大的模型风险和交易员的操作风险。模型风险指的是，交易员的预测模型不准确甚至失效。如果交易员的预测是错误的，至少是比市场预测糟糕的，那么使用交易员预测的波动率进行对冲会造成额外的不容易被解释的损失。另外一个问题是，交易员的预测模型往往并不对金融机构公开，金融机构如何保证交易员的预测是准确，至少是逻辑上可被接受的呢？从金融机构中台的角度上来说，其对交易的理解和专业性势必不如前台的交易员。那会不会出现风控失去独立性甚至被交易员误导乃至操纵的可能性？这往往与金融机构的内控制度和流程管理不符。

因此，普遍的情况是，在卖方金融机构，对冲使用的波动率往往是市场波动率。而在买方，尤其是私募，出于绩效和利润最大化的考量，会让基金经理使用自己预测的波动率。当然，这不能一概而论，往往需要结合交易员交易水平、交易权限和在管理链条上的地位进行讨论和判断。

8. 风险偏好和市场观点

风险偏好指的是交易员对于自身风险敞口尤其是 Greeks 敞口的承受能力和容忍范

围。而市场观点，指的是交易员对于市场形态、资产价格或者波动率水平的预期。

一般而言，没有任何人的风险承受能力是无限的。因此交易员往往主动或者被动地需要设置风险敞口的限额。在管理规范的金融机构，这点是非常重要，无法绕开的。在权限范围之内，交易员往往可以结合自身对于市场的看法进行交易，而不会受到太大的制衡。当风险敞口的限额接近、达到甚至超过上限时，交易员往往会被动地受到更大范围的监管，包括但不限于限制交易、锁屏、强平等限制手段和通报、罚款、取消奖金、限制晋升等处分手段。

因此，交易员往往是戴着镣铐跳舞，需要在风险敞口内进行交易。因此，在对冲时交易员往往需要对期权组合进行压力测试。确保在市场行情出现极端情况时，自身的风险敞口依然处于限额之内，对冲方案依然适用。当压力测试出现明显的预警信号，即在合理的行情变化的假设内，期权组合的风险敞口会超过限额上限时，交易员即需降低敞口进行严格的全部或者部分止损。

止损发生时，一般而言不应当考虑交易员的市场观点。因为如果交易员的观点是准确的，那么不会出现如此大的敞口风险。确切地说，交易员可能会争辩如果坚持一段时间，市场会恢复正常往自己的预测方向变化。实际交易中也往往发生止损在最坏的价格位置，无法扛过黎明前的黑暗的情况。那么是否应当接受交易员的说法，给市场一些时间去向其他的方向变化呢？

答案是否定的。在这个市场上，抛开时间点谈预测没有意义。正如之前我们论证的，在期权交易中，哪怕预测是正确的，路径依赖也会导致损益和预期有重大差距。何况任何的预测都会有误差。敞口限额的设置已经考虑到了交易员的预测误差，当敞口超过上限时，问题往往不是预测误差这么简单了。

再换一个方式来说，一个明星交易员一年创造数亿甚至数十亿利润，已经是凤毛麟角了。而一个魔鬼交易员，往往一次就可以亏损数百亿。在某种意义上来说，明星交易员和魔鬼交易员是一类人，敞口拿的很大，而且往往很少进行主动性的减仓或平仓操作，毕竟敞口越大，方向看对了收益就越高。但是如果看错了呢？从风险管理的角度上来说，交易员应当提前在对冲时考虑自身的风险敞口限制，并严格依照相同的方法论对自身的敞口进行压力测试。

二、风险敞口对期权对冲操作的影响

同时，在对冲方案的设计中，也应当考虑风险敞口的影响。在期权组合的总体风险较低时，对冲操作可以宽松一些，甚至对于对冲操作的执行可以保持观望、等等看，以谋求在更好价格上成交的可能性；当总体风险较高时，对冲操作在时间维度上就需要更加及时，更注重对冲操作的时效性。

1. 黑天鹅事件下的处理

黑天鹅事件指的是资产价格短时间内的大幅波动。对于期权对冲而言，黑天鹅事件的影响主要体现在两方面。

第一是由于 Gamma 的存在，短时间内的大幅波动会使得期权组合在短时间内以非常快的速度迅速出现 Delta 敞口。组合 Gamma 越大，Delta 敞口的增长速度也会越快。这会对 Gamma 空头的期权交易者的对冲执行产生很大影响，不仅体现在需要更多次更大量的交易执行上，更体现在短时间内大量的 Delta 敞口和损益对心态的冲击上。交易执行，在市场有流动性的前提下，可以通过程序化算法等方式解决，使用 Python 等主流脚本语言编写算法的技术门槛也不高，但是对于心态的影响，往往对于交易员来说是致命的。尤其做空 Gamma 的同时，交易员的敞口往往同时做空 Vega，而当黑天鹅发生的时候，可以预见的，市场波动率会大幅上涨，Gamma 空头交易者往往面临的是 Delta，Gamma 和 Vega 的三重亏损。

当然，一般而言这种影响仅限于 Gamma 空头的对冲。Gamma 多头的情况下，由于黑天鹅事件会导致 Gamma 多头天然盈利，此时 Delta 的敞口方向往往是有利的。在这种情境下的对冲难度和压力也会随之降低。

第二是黑天鹅事件往往会导致市场单边的流动性萎缩，这会使得对冲操作的执行面临无法在对手方成交，或在对手方成交价格和数量均无法满足要求，产生极大的冲击成本的情况。在这种情况下，如果没有替代性的平盘路径的话，对冲是无法成立的。

因此黑天鹅事件尽管发生概率低，但是往往对于期权交易者来说，尤其是对于做空 Gamma 的交易者来说，是一个必须要考虑和防范的风险。压力测试可以起到事前预警的作用，但是当黑天鹅事件发生的时候，最有效的方式还是提前降低敞口，尤其是 Gamma 空头。

综上我们简单地介绍了欧式期权的对冲方案设计中需考虑的问题。在实际操作中，期权组合的对冲是非教条的，需要结合期权组合、市场等多方面的因素进行考量。那么在实际中，我们在围绕这些问题制定了对冲方案之后，如何对这个方案进行具体的执行呢？

首先需要明确的一点是，对冲交易在近年来逐步依赖于程序化交易，传统的手动对冲不仅存在明显弊端，也无实际业务上的必要性。在实际操作中，往往可以使用以下三种程序化做法，或三种方法的结合，对期权组合执行对冲。

2. 时间驱动

时间驱动指的是以一个固定的时间频率执行对冲操作。举例而言，设置一个 1 分钟的对冲频率的话，那每隔 1 分钟，计算整体组合的 Delta 敞口，计算对冲所需交易的标的资产数量，进而调用相应的执行算法如 VWAP，在市场上进行 Delta 敞口的对冲操作。而在 1 分钟的间隔之内，没有新增的具体对冲操作需要执行，交易员也许会关注对冲频率内的风险敞口数值，但是无论敞口如何变化，处理这部分敞口将会等到下一分钟开始时才会处理。

由于狭义上动态对冲的成本极高，因此在每个 tick 对敞口风险进行对冲往往是没有效率的。因此在实务中，按照固定频率进行对冲的话，一方面可以有更多的时间缓冲，降低冲击成本，另一方面也可以平滑市场上资产价格在连续交易中存在的噪声对对冲行为产生的扰动。

举例而言，标的资产的买一卖一价格分别为 99 和 101，且保持稳定。如果按照最新结算价格作为标的资产现价进行计算的话，由于订单不断地在 99 和 101 之间进行成交，标的资产的现价也不断地在 99 和 101 之间往复变动。当组合足够大时，这会使得对冲敞口不断地在 99 和 101 处成交。其实市场的价格没有变动，对冲本身实际上是非必需的。

对冲从原理上来说，应当是资产价格发生变化以后采取的平衡组合风险敞口的行为，而在这里所谓的价格变化，仅仅是市场微观结构上报价机制产生的小把戏，并没有出现资产价格变动，那在此时，逐个 tick 的对冲操作就可能会产生更高的，且不必要的成本。按照一个固定的时间频率对冲，即使问题依然存在，也会大大减轻，毕竟 1 分钟甚至 10 分钟一次的操作，相对于 500ms 一次来说，频率和相应的成本已经降低成百上千倍了。

当然，这也许是一个指标选取的问题，但是其实从微观结构上来说，任意的指标都可能会面临非此即彼的相同性质的问题。因此在实操中的动态对冲，往往按照某一个固定频率而非在每个 tick 上进行操作。

在逻辑上非常容易说明的一点是，在时间驱动的对冲执行中，由于在两次对冲操作内不去考虑新增敞口的对冲问题，而将其留到下次对冲执行触发时，因此频率的选择是非常重要的。时间频率越短，往往意味着市场和敞口的风险越大，或者对于敞口风险的容忍程度越低，因此需要更紧密的跟随组合的敞口进行对冲。而时间频率越长，往往说明敞口和市场风险低，或者对于敞口风险的容忍程度越低。

交易员往往会根据不同的市场行情和敞口状况，设定不同情况下的对冲频率，以形成成体系的对冲解决方案。

3. 事件驱动

时间驱动的优势很明显，逻辑清晰且客观，能够排除大部分的市场微观结构扰动，简单、粗暴且有效。但是时间驱动的劣势也很明显，就是两次对冲之间，无论组合敞口变得多大，也都会留到下一次对冲触发的时候才进行处理。

一个可能的原理性的辩证问题在于，对冲的本质在于处理敞口风险。那么当敞口风险没有积累到一定特定的阈值或者说没有达到一个交易员认为对于对冲操作而言显著的风险水平的时候，敞口风险是否是一个主要的考量呢？

举例来说，一个期权交易员，他有一个非常大的期权敞口，以至于粗略估计标的资产价格每变动 1 个 tick，他都会需要买卖 10 手即 1 000 股股票进行对冲。那当市场横盘的时候，资产价格就在那么 1～2 个 tick 之内来回变动，这就需要不断地来回买卖股票，尽管可以依赖程序化算法帮他执行，实际意义有限。

那么采取什么做法来解决他的问题呢？答案是事件驱动的对冲方式。

事件驱动指的是事先设定一个风险阈值。在风险阈值内，或者说风险忍受范围内，将不会进行对冲操作。而当风险累计超过阈值时，再将风险一次性降低到 0，或者其他的较低可控水平。

这么做的好处在于可以在更大的可能性上确保对冲的必要性，即所进行的对冲操作，大概率是必须的。同时对冲执行不依赖于特定的时间节点，只要风险敞口累计超过阈值，对冲操作即会发生。

而劣势在于对冲的时效性难以保证，风险阈值的触碰可能一分钟发生一次，可能十分钟发生一次，可能一个礼拜才发生一次。这将会使得当前的对冲操作所对应的风险可能出现在不知道多少时间以前，从时效性上来说，将一个风险敞口保留一个不确定的时间，也显得从原理上来说并不合适。

同时，与时间驱动相似的事件驱动中的风险阈值的选择非常重要。较大的阈值，意味着更少的对冲次数和成本，但是对冲效果可能会打折扣。而较小的阈值，意味着更多的对冲次数和成本，但是对冲效果会更加贴合期权组合的实际风险敞口，二者之间往往需要进行取舍。

因此在实际操作中，往往会将时间驱动和事件驱动相结合。一方面按照一个固定频率保持对冲操作，另一方面，也会设定一个风险阈值，当风险阈值达到时，进行独立于固定频率对冲操作的额外对冲，以确保在市场较大幅度变化时，对冲依然能够及时有效。

4. 背对背交易

所谓背对背交易指的是对期权组合整体或者部分，购买一个完全反向的期权敞口进行平盘。本质上来说，这种行为其实不是严格意义上的对冲，而就是把手上的仓位卖掉。

那么背对背交易和直接了结敞口的区别是什么呢？答案是对于场内欧式期权来说，两者没什么不一样。但是背对背交易往往不是对于场内欧式期权进行交易，而是场外的复杂结构，比方说二值期权或者敲出期权等等。

这些期权的对冲比欧式期权的对冲复杂得多，甚至有些期权不存在连续的结算，因此无法完整对冲全部风险。对于很多渠道很强但是交易和定价能力较弱的金融机构来说，存在将场外期权组合全部或者部分卖给第三方以完全消除风险的动机。当然第三方会在对冲成本上额外收取一个利润，但是只要第三方收取的费用，低于强渠道的金融机构卖出场外期权的利润，这家金融机构依然可以赚差价。而且这个差价是将所有敞口进行配对抵消，将市场风险完全转移给第三方以后的利润，唯一需要担心的只是对手方不履约产生的对手方风险。

那么可能的问题是，为什么愿意支付一个利润给第三方进行平盘？自己平盘可以多吃这一部分利润，难道不是更好？答案是，对于强渠道来说，能完全消除市场风险的话，省时省力不说，还可以把资金和仓位腾出来再去做新的交易扩展规模。高流转带来的收益可能大于自行平盘带来的收益。而且往往强渠道的业务能力也未必是最强项，可能自身能力不足以或者不愿意自行平盘，毕竟平盘的技术难度和耗时耗力还是大于做流量的。

综上，我们在后三点中介绍了三种常见的场内欧式期权的对冲执行方式。从实际出发的话，大部分的平盘对冲执行，很大程度上是三者或者前两者的结合。

第三节　场外结构：二值期权和障碍期权的动态对冲

一、场外期权

欧式期权的定价和对冲，由于欧式期权结构简单，本身的结算是连续的，因此较为直截了当。主要的考量实际上在于理论假设和实际市场不一致的处理。

然而，欧式期权结构仅仅是诸多期权结构中的一个。早在2005—2010年前后，四大国有银行即逐步开展场外期权业务。当时由于监管尚不明晰，大体上会将场外期权结构和固定收益产品结合，构建结构化产品进行销售，平盘亦主要依托外资行做背对背平盘。

近年来，随着估值定价能力和交易平盘能力的逐步提升，内资金融机构也逐步尝试在更为广泛的情境下开展场外期权业务。2016—2017年，场外期权业务即出现了井喷式的爆发，当时几乎所有的卖方机构都或多或少的在场外期权上进行参与和布局。这也或多或少地促进了2017年白马蓝筹股的牛市。

在国内，场外期权业务从结构而言，大致可以泛泛的分为两类。

第一类是指结构简单的欧式期权，使用更非标准化的资产作为标的资产，并以此进行销售和推广。举例而言，2017年的时候，市场上卖得最好的场外期权是个股欧式期权。很容易理解的，之所以这些欧式期权能够作为场外期权而存在，主要的原因是因为没有场内个股期权市场存在，因此券商可以自行维护一个场外交易（Over-the-Counter，OTC）的流动性和报价。无论是在产品结构还是定价对冲上，这些期权都和场内的欧式期权几乎没有区别，在之前的章节中我们提供了一种对于这类期权的完整对冲思路。

值得注意的有两点。

第一，美式期权和欧式期权的对冲，在执行层面上而言没有明显差别。美式期权的结构，是一个允许提前行权的欧式期权，在理论强假设成立的情况下，美式看涨期权不会提前行权，而美式看跌期权是存在深度实值时提前行权的可能性的。但是在实际处理中，期权的卖方（往往是金融机构）往往会享有波动率溢价和买卖价差等多方面的额外收益，因此只需要在报价上略微调整，即可确保行权收益不如直接将该场外期权敞口在期权市场上平仓。既然在任意时点提前行权无利可图，一个美式期权和一个欧式期权之间，处理起来是没有任何差别的。同时，即使出现提前行权，由于已经是深度实值的期权才会提前行权，这些期权敞口的Gamma和Vega等高阶Greeks都很小，对于期权卖方来说，只是突然之间需要了结一些Delta敞口，那从对冲的角度上来说，也只是交割一些标的资产而已，处理起来并无难度。

第二，由于个股期权的标的资产是股票，而股票在国内是有卖空限制的，融券成本亦很高，因此大部分的个股期权业务都依赖券商自身的券池进行对冲。越大的券商，其券池也越大，相对小券商而言对冲有成本和规模优势，因此报价也会更好。因此可以看到当时头部券商在场外个股期权业务上无论是规模还是报价，相对于排名靠后的券商而言，都是有显著优势的。

第二类场外期权则结构比欧式更加复杂，往往含有二值或敲出条款，使得这些结构的结算是非连续的，存在断点。这使得这些期权的对冲相对于欧式期权而言更加复杂。我们在本章节中将会从两个具体的结构，二值期权和敲出期权入手，着重介绍对于这类场外期权的对冲处理。

二、二值期权

二值期权，又称为数字期权，二元期权等等。其结构很简单，即比较到期时标的资产价格是否高于或者低于行权价格，如果高于或者低于行权价格，期权卖方即向期权买方进行一笔固定大小的支付。反之，和欧式期权一样，卖方将不会进行任何支付，期权买方的权利金打了水漂。

这个期权为什么受到市场的广泛欢迎的原因非常简单，无论购买者的金融背景如何，都可以完全理解这个结构背后的金融含义。

同时，这个期权结构是一个绝对收益结构，即最终两种可能性的偿付均为一个事先已知的常数。这使得这个结构是可以提前计算和许诺条件满足时的收益率的。因此在打破刚兑的背景下，这个结构由于其到期偿付在条件下的固定收益本质而备受青睐。

举例而言，银行固定理财收益是 3%，可能对于散户来说，这个收益率比较低，不具备吸引力。因此，银行可以再构建一个结构性存款结构。即在揽储时，拿出 3%的资金去做一个二值期权结构，而把剩下的 97%的钱依然进行固定理财。

那么到期这种存款结构的效果如何呢？如果二值期权行权，这个结构性存款的收益就会很高，视行权条件的严苛程度，这个存款的收益上限可以到 10%甚至 20%之高，而如果二值期权没有行权的话，亦可通过固定理财实现变相刚兑保本。这也是结构性存款的有趣之处，即将固定的低收益，转化为有条件的高收益。

请注意，依照我国现行监管条例，在没有场外衍生品业务牌照的情况下，以任何平台或个人对个人形式开展二值期权的连续交易或持有到期交易均为非法。

那么，在实际中，如何对二值期权进行对冲呢？我们在此介绍两种方法，PDE 方法和静态复制方法。

1. PDE 方法

PDE 方法指的是使用偏微分方程求得定价公式和 Greeks 的解析解。进而使用标的资产或场内欧式期权对 Delta 和其他高阶 Greeks 进行对冲。需注意的是，标的资产仅能用于对冲 Delta，而高阶 Greeks 的对冲，往往需要使用场内欧式期权或其他场外期权。

PDE 方法的方法论和欧式期权的对冲是非常接近的。计算出 Greeks，然后在市场上找一个反向且尽可能相等的 Greeks 敞口，即可完成对冲。逻辑很简单，主要是以对冲策略的执行问题为主。

二值期权的估值定价和 Greeks 计算都比较简单，从模型角度上来说是存在解析解的。定价公式的解析解如下：

$$C = Qe^{-rT}N(d_2) \tag{11-1}$$

这里 Q 是二值期权行权时的固定偿付数额，其他参数的定义与 BSM 公式的定义一致。

那么既然这么简单的话，为什么说二值期权的对冲难度比欧式期权大很多呢？主要体现在二值期权到期结算的跳跃和非连续上。

可以很容易理解的是，二值期权的到期偿付在行权价格处是断开的，左右两侧则分别是连续且水平的。以一个看涨的二值期权为例，在到期前的瞬间，当资产价格在行权价格左侧时，该期权价值接近于 0，而当资产价格在行权价格右侧时，该期权的价值为 Q。

那么会出现一个问题，在资产价格穿越行权价格的时候，这个二值期权由于结算的跳跃和非连续，价格会变化 Q，而此时资产价格变动幅度几乎为 0。这意味着在这个点处，二值期权的 Delta 为无穷大。

同时，由于二值期权在行权价格两侧的到期结算为水平的，因此在标的资产价格与行权价格不相等时，这个二值期权的 Delta 都是 0，那么与之相同的是，二值期权的 Gamma 也和 Delta 结构相似，在行权价格处无穷大，而在其他各点处均为 0。

当然，这是一个极端的到期前瞬间的情况，但是在到期前其实这个问题依然存在，只是一个程度问题。二值期权在行权价格附近的 Delta 和 Gamma 非常大，而在偏实值和虚值的两端，Delta 和 Gamma 则相对很小。

这会给对冲带来什么问题？显而易见地，每次标的资产价格穿越行权价格时，二值期权都会产生一个较大的 Gamma 和 Delta，会需要大量的对冲。这个时点处会产生很大的摩擦和冲击成本，标的资产市场的流动性也未必支持在短时间内进行如此大量的操作。同时，当标的资产价格远离行权价格时，这些新建的敞口又需要进行平仓操作以确保最终的损益和二值期权的结算接近。标的资产的价格路径是无法预测的，存在多次往复穿越行权价格的可能性。而每一次穿越行权价格，都会对对冲行为造成很大的冲击和影响，也会造成对冲成本的陡然上升。

因此，使用 PDE 方法进行二值期权的对冲，从原理上来说不是不可行的，只是在实际操作中会遇到费时费力，同时效果难以保证的问题。当然，场外期权由于是券商自行报价，往往价差极宽，甚至卖价可以到买价的 150%，在大部分情况下，即使平盘技术差一点，一个很宽的报价也可以覆盖这部分额外成本，从实际效果来说，可能会吞噬一部分利润，基本也不至于会亏。

2. 静态复制方法

静态复制方法指的是使用多个场内欧式期权构建一个组合以使得在行权边界内与场

外期权近似、线性或甚至完全一致的结算，并使用这个场内欧式期权组合针对 Greeks 进行动态对冲或干脆持有这个组合进行保完即忘式对冲。

静态复制方法的优势在于，将场外期权的对冲问题转化为了一个场内欧式期权组合的对冲问题。通过构建场内欧式期权组合平滑和消除结算上的跳跃和非连续点，并且由于该期权组合是一个多空组合，同时有欧式期权的多头和空头，各个期权之间的 Greeks 还存在一定程度的互相抵消，因此从总体对冲执行而言反而比单个欧式期权的对冲更加简单。

静态复制方法的劣势在于，对于间断点的处理往往比较生硬。以二值期权为例，明明有一个跳跃的点，把场外结构换成一个场内组合这个跳跃点就凭空消失了？很明显，一定存在无法完全匹配的情况。在某些点处，会出现对冲不足或过度对冲的情况，使得最终的损益与场外期权的损益之间还存在一定差距。

那么我们来看看，对于一个二值期权而言，怎么使用静态复制法进行对冲，以及对冲效果如何。

一般来说，使用静态复制法来对冲二值期权最简单的做法是构建一个价差期权组合。以二值看涨期权为例，可以用一个行权价格较低的欧式看涨期权多头和一个行权价格较高的欧式看涨期权空头构建牛市价差组合，以对二值期权进行近似。

可以很容易地看出，在两个欧式看涨期权的行权价格外侧，价差期权组合的表现和二值看涨期权的表现是一致的。问题依然出现在二值看涨期权的行权价格，或者说跳跃点处。

在跳跃点左侧到价差期权较低的行权价格这段区间内，价差期权组合的结算是高于二值看涨期权的，存在过度对冲的问题，即按照价差期权组合的 Greeks 进行对冲的话，其到期偿付会超过二值看涨期权。而在跳跃点右侧到价差期权较高的行权价格这段区间内，会存在对冲不足的问题，即按照价差期权的 Greeks 进行对冲的话，到期偿付会不足以满足二值看涨期权的偿付要求。

直观上很容易产生这样的误解，过度对冲实际上不是一个大问题，毕竟按照价差期权进行对冲的话，到期总能满足甚至超出二值期权的偿付要求。这种理解当然是有问题的，因为到期更高的偿付，意味着更高的对冲成本，对冲不足同理，到期不足以偿付二值期权，但是其相应的，对冲成本也更低。具体的损益，实际上和欧式期权的对冲一样，是依赖路径，难以事先确定的，这也是静态复制法导致的对冲误差。

对于价差期权的两个行权价格进行不同的选择会影响对冲误差产生的区间。两个行权价格距离越接近，对冲误差的区间越小，但是意味着价差期权需要加更高倍数的杠杆以满足二值期权的偿付要求，执行时更加麻烦，成本也相对更高。而两个行权价格距离越远，执行会变得更加简单，成本也相对较低，但是对冲误差相对就较大。一般而言，由于价差期权组合的两个欧式看涨期权并未发生实际交易，而仅是计算理论的 Greeks，所以具体行权价格的设定需要将二值期权放在组合维度中进行权衡和考量，实务中，一般以不超过距离二值期权行权价格最近的两个场内期权的行权价格为宜。

这种做法的好处在于，第一可以消除二值期权结算中的跳跃非连续点，将其转化为一个更简单的欧式期权组合进行处理。第二，在最难以处理的跳跃非连续点处，价差组合的 Gamma 由于敞口是多空匹配的，反而很低。即使在绝对值最高的价差组合中单个期权的行权价格处，组合的 Gamma 也不会大于单个期权的 Gamma，因此在进行 Delta 对冲时，处理起来反倒更加简单。

当然，还有另一种比这个更加简单的，保完即忘的静态复制法，即真的以距离二值期权的行权价格最近的两个场内欧式期权做一个价差期权组合，然后持有到期。如果出现过度对冲的话，可以确认一笔预期外盈利，而如果出现对冲不足的话，确认一笔预期外亏损。当有多个相同标的资产但行权价格不同的二值期权需要对冲时，单笔交易的敞口较低，敞口之间也会存在分散和抵消。在对于二值期权报价的买卖价差报的比较宽的情况下，价差收益往往可以覆盖可能的对冲亏损，总体来说不是一个大问题。

毕竟，谁还能每次抛硬币都立着呀？

二值期权不仅被广泛地使用在结构性存款上，也往往被使用于场外期权的对赌上。不仅如此，金融机构还可以拿多个二值期权和欧式期权结构，构建更加复杂的场外期权工具。

篇幅所限，我们在此仅介绍一种复杂结构的二值期权，区间累计型期权。

一个简单的区间累计型期权可以这样设计，将总损益 Q，拆分成 N 份。其中 N 为区间累计型期权到期前的交易日数，在每个交易日收盘观测标的资产价格，每有一天达到行权价格，即积累一份 $1/N$ 的损益，并在到期时进行结算。可以看到，这种结构的区间累计型期权实际上是 N 个到期日分别为到期前每一个交易日的二值期权的组合。

当然，在实操中，场外期权结构的设计需要因地制宜，需结合自身敞口、风险偏好、市场看法、客户需求、对冲能力等多个维度进行考量。场外期权结构亦具有很强的定制性，因此无法悉数列举，在此仅介绍一种使用较为简单的场外期权结构组合成更复杂的结构的思路，以供参考。

三、敲出期权

介绍完了二值期权的定价对冲和复杂结构设计，我们现在来介绍敲出期权。

敲出期权和敲入期权，统称为障碍期权。传统的敲出期权，可以简单地理解成一个在行权价格为 K 的欧式期权上增加一个敲出价格。当资产价格在到期前达到或穿过敲出价格，整个期权即宣告无效，最终损益归零。敲入期权则与之相反，当敲入价格达到时，期权才能够生效并取得损益。

在实际中，往往无法做到对资产价格连续观测，因此往往会指定一个观测频率，例如使用每个交易日的收盘价。

敲出期权和二值期权一样，由于敲出的存在，其结算存在跳跃不连续的点。对于这些跳跃不连续的点的处理，是敲出期权对冲方案设计的主要问题。我们可以结合对于二值期权对冲的两种方法，对敲出期权进行探讨。

1. PDE 方法

PDE 方法，传统的敲出期权，和二值期权相似的，存在估值定价和 Greeks 的解析解。因此可以使用 PDE 方法对敲出期权计算 Delta 和更高阶的 Greeks 完成对冲。

重温对于 Greeks 的对冲工具。Delta 的对冲，我们可以选择标的资产进行对冲。Gamma 和 Vega 的对冲可以用场内欧式期权进行对冲。但是在敲出期权的对冲中，还需要考虑 Volga 和 Vanna 等更高阶的含有波动率偏导的 Greeks。

我们在此不涉及 Vanna 和 Volga 的具体计算公式，而仅仅给出对于 Vanna 和 Volga 的解决方案。在实务中，往往使用多个价外的场内欧式期权构建组合以对冲 Vanna 和 Volga。典型的两个组合是风险逆转组合（Risk Reversal）和蝶式组合（Butterfly）。

风险逆转组合，指以不同的行使价格购买看跌期权和出售看涨期权，或两者相反。

蝶式组合指的是用三个行权价格不一致的看涨或者看跌期权，在高和低的行权价格处各交易一份，在中档的行权价格处反向交易两份。比如说买入行权价格为 100 和 150 的看涨期权各 1 份，而卖出 2 份行权价格为 125 的看涨期权。持有到期的损益是一个蝴蝶造型。

按照这种操作方式，我们即可逐一对冲 Greeks，但是与二值期权相似的，敲出期权在敲出价格两端存在跳跃点。值得注意的一点是，一般对于看涨敲出期权来说，敲出价格 B 会大于行权价格 K，而对于看跌敲出期权来说，敲出价格 B 会小于行权价格 K。否则的话，在还不能行权的时候这个期权就已经敲出了，那这个期权就是白纸一张，没有任何意义。

因此在未敲出时，敲出期权 Delta 的绝对值一般会比较大，但是总体而言在敲出前 Delta 是可控的。然而一旦敲出，Delta 会立刻归零。这会使得在敲出价格附近但尚未敲出时的处理变得艰难。如果按照PDE 计算的 Greeks 来做的话，在敲出价格附近会面临 Greeks 尤其是 Delta 和 Gamma 的大幅波动，这会使得按照 PDE 方法产生的对冲成本很高，甚至可能还有很高的摩擦成本，几近于没有实际操作意义。

同时，如果对冲时使用场内的欧式期权对 Greeks 进行对冲的话，还会面临期限错配的问题。

举例而言，一个还有 3 个月到期的敲出期权，如果要使用场内欧式期权进行对冲的话，是需要使用同样还有 3 个月到期的场内期权对冲高阶 Greeks 的。但是假设资产价格大幅波动到接近敲出价格，使得下周可能这个敲出期权就会敲出，那这个时候这个敲出期权和场内期权预期的生命周期是不一样的。前者只有一个周，而后者却还有整整三个月。继续使用还有三个月到期的欧式场内期权作为对冲工具，不仅对冲效果几乎没有，还增加了期限错配风险。

因此，在使用 PDE 方法进行对冲时，往往交易员在敲出价格附近需要被迫赌标的资产的价格方向是否敲出，才能选择更好的对冲方式。如果预测敲出，那这个时候就得开始降低 Delta 敞口，如果预测不敲出，那该如何对冲还是如何对冲。

当然，猜对了固然好，猜错了就会增加对冲成本。但是既然完整对冲 Greeks 的做法只存在于理论中，在实际中几乎不具备实操意义，很多时候交易员也不得不做出这样的无奈之举。好在敲出期权结构比较复杂，也对平盘技巧要求比较高，一般能做这个结构的金融机构不太会面临很多竞争者，报价时的价差因此也可以比较宽，在绝大部分情况下都是可以覆盖对冲成本，且获利颇丰的。

2. 静态复制法

讲完 PDE 方法以后，我们来介绍静态复制法。

与二值期权不一样的地方在于，敲出前其结构就是一个欧式期权，但是在敲出后就会归零。因此一个欧式期权或者价差期权组合是可以在敲出前完美贴合敲出期权的损益结构的。但是一旦敲出，整个损益即归零，敲出的时间点是不固定的。因此敲出期权的非连续性体现在期限结构的错配上。

那么如何使用静态复制法来对冲敲出期权，我们在此介绍一种简单做法。

使用两个欧式期权构建一个价差组合，其中两个欧式期权的行权价格分别等于敲出期权的行权价格和敲出价格。那么在敲出边界以内，这个价差组合的偿付是完全等价于敲出期权的偿付的。可以选择按照这个价差组合的 Greeks 进行动态对冲，或者干脆就直接持有这个价差组合，如果这两个行权价格的期权确实在市场上有得交易的话。

那读者可能会问，敲出边界之外怎么办？如果是按照 Greeks 对冲的话，直接卖掉所有的对冲敞口，如果是直接用这两个期权构建了组合的话，把这两个期权卖掉不就好了。这个方法无法解决期限错配的问题，同时也无法保证在卖出的那一刻这两个欧式期权的市场价格不会受制于短期流动性和波动率变化产生的影响。好处是毕竟简单易操作，复杂方法的门槛较高，而且依赖更强的建模、交易和预测能力。

同时，我们依然强调一个老问题，即场外期权的对冲往往是被放在一个组合维度进行考量的。一个组合内有多个结构、行权价格和到期时间均不同的场外期权，当组合足够大的时候，每一笔场外期权的占比都比较小，甚至组合本身不同的合约整体可以近似地看成是连续的，那对冲起来就简单多了。举一个不完全恰当的例子，单独抛一次硬币是一个二项分布，但是抛很多次硬币，单次抛的结果占比很小时，最终得到的就会接近于一个连续且平滑的正态分布。

因此也可以理解，为什么大机构的场外期权报价往往比小机构好很多。一方面是因为大机构往往定价、交易和对冲能力更强，工具数量和维度都更多。另一方面也是因为大机构敞口更多，单笔敞口更小，敞口间可以互相抵消和平滑，对冲成本和风险都更低。当然啦，实际中也会出现大机构依仗平台、渠道和信用资质优势，报价反不如小机构的情况，这个现实问题就不在讨论之列了。

金融创新不是资金渠道创新和逃避监管的手段创新。总体而言，在符合金融合规的大前提下，场外衍生品在国内蓬勃发展，在机构产品和服务高度同质化竞争的大背景下，相信金融机构也会从传统的注重经纪和渠道，转向对于客户金融需求的深度服务，尤其是基于衍生品的深度服务。这对从业者的衍生品理解能力、定价和交易能力都提出了更高的要求。

第十二章 波动率

BSM 公式的伟大之处在于开创性地提出了一种对于欧式期权估值的客观性方法。在 BSM 公式中，所有使用的参数均为在市场中直接可观测的数据或半直接可观测的数据。

直接可观测的数据指的是标的资产当前价格 S_0，到期时间 T，无风险收益率 r，行权价格 K 等在公开市场存在直接交易报价或在期权合同中事先约定好的数据。在每一个瞬间，市场上存在唯一的、可确定的观测值。

而半直接可观测的数据指的是标的资产的波动率 σ。所谓的半直接可观测指的是在期权中使用的波动率，是从当前到未来期权到期这段时间内标的资产平均的波动率。本章将要重点介绍波动率的相关概念与隐含波动率曲面，并给出几个随机波动率模型。

本章主要内容包括以下几个部分：

1. 波动率和隐含波动率
2. 隐含波动率曲面和期权做市
3. 随机波动率模型

第一节　波动率和隐含波动率

我们在第十章第一节第二部分中介绍波动率为：

$$\bar{\sigma}^2 = \frac{\int_0^T \sigma^2(S_t, t)\mathrm{d}t}{T} \tag{12-1}$$

然而，这个波动率发生在未来，在目前是无法直接观测到的。我们仅能够观测这个公式计算出的波动率在历史上的路径，并以此作为一个对未来波动率预期的参考，与未来实际发生的波动率路径还有一定差距，因此说波动率是半直接可观测的。

Roger Lee（2003）在业内被广泛接受的观点是，由于直接可观测的输入部分是客观、确定性的，因此 BSM 公式可以被看成是波动率和期权价格之间的双向映射。进一步说，波动率的重要性在于，可以看成是另一种形式表现的期权价格。

那读者可能会问这样一个问题，既然我们已经有期权价格了，为什么我们还需要使用波动率来对期权价格进行另一个维度上的表示？

我们换一个角度来思考这个问题，根据 BSM 公式计算出的期权价格，不仅取决于波动率，还取决于多个可直接观测的输入数据。这些数据在每一个瞬间均为非随机的，即确定性的，但是在不同的瞬间之间，这些输入数据本身是可变的，这使得期权价格是一个相对指标。输入不同的两个期权之间，直接对比期权价格的绝对值大小，是没有太多意义的。

那是否有绝对指标可以对不同时点的期权价格进行直接性的对比，告诉我们这两个期权到底哪个更贵呢？波动率就是这样一个绝对指标。可以很容易地看出，30%的波动率反映的资产价格波动就是比 20%的波动率更大，相同标的资产的期权在两个不同时点的波动率之间是可以在金融含义上直接进行对比的。

更好的一点是，根据 BSM 公式可以在数学上证明，在控制其他变量不变的情况下，更高的波动率输入就会导致更高的期权价格。尽管非线性，二者是同增减的。因此，更高的波动率，在控制其他变量不变的情况下，计算出的期权价格就是会更高。

由于波动率的这些特性，使得在实务中，可以使用波动率作为期权价格的绝对指标。这也凸显了波动率在期权定价和期权交易中的重要性。

一、历史波动率和隐含波动率介绍

既然波动率如此重要，我们如何使用标的资产的波动率去更好地理解期权价格，或者反过来，怎么从期权价格中更好地理解标的资产的波动率呢？

可以确定的一点是，标的资产价格的波动率与标的资产的价格一样，是可以在市场上连续观测的。尽管未来的标的资产价格序列和波动率序列在当前是无法观测到的，但是当时间向前推移时，这些序列也是可以观测得到的。

因此，这引申出了历史波动率概念。

历史波动率是基于过去的统计分析得出的，资产在过去已经实现的波动率。在统计上来说，往往使用资产收益的年化样本标准差进行计算。

举一个简单的例子，如果想要计算贵州茅台在过去一年的历史波动率，可以从数据源接入贵州茅台在过去一年内每日收盘价格，进而计算过去一年内每日的日收益。对这个日收益样本取标准差，再乘以 $\sqrt{N}$ 进行年化，其中 N 为过去一年内的交易日数量，一般可以粗略假定为 252，简单计算即可得到贵州茅台在过去一年里的历史波动率。

然而，能够观测到的历史波动率只能解释历史，在期权定价中使用的波动率，实际上是历史波动率在未来呈现的路径。这在当前时点处是无法观测到的，由于历史数据往往无法用以精准估计未来，每个交易员都会使用自己的估计方法对期权的波动率产生不一致的预期。而正是这些不一致，才产生了期权市场上的交易行为，进而促进了市场交易的持续和活跃。

期权市场，是一个场内市场。在这个市场中，由交易所对各个价格和数量均不同的订单进行排序和撮合。而最终所有订单中无法被直接撮合成交的最优报价构成了市场第一档的流动性，也就是市场的买一卖一价格。

因此，结合买一卖一和最近成交的期权价格，可以通过 BSM 反向算出市场上在这个时点处对于未来波动率的一致预期，也就是隐含波动率。

隐含波动率指的是隐含在期权市场价格中的波动率，这个波动率反映了市场能够在这个特定时点处达成一致的对未来标的资产波动率的预期（否则就会产生成交，市场价格就不会是这个价格了）。或者说，隐含波动率是市场交易出来的，对于标的资产未来波动率的预测，也是目前市场对于期权波动率的定价。

有很多文献研究了隐含波动率对于未来的波动率，或者说历史波动率在未来的实现路径的预测效果。普遍能够得出的结论是，隐含波动率至少是未来波动率上涨或者下跌的一个领先变量。

从直觉上来说，这是合理的。主要原因有两个。

第一，波动率是存在聚类的。从时间维度上来说，高波动率市场往往伴随着风险事件的发生，因此往往会延续一段时间，而低波动率市场往往风平浪静，这风平浪静和与之伴生的交易者警惕性下降和风险偏好上升在行为经济学的角度上来说也往往是可持续的。因此，高波动率往往伴随着高波动率，而低波动率往往伴随着低波动率，在这种情况下，市场对于波动率的预测精确程度往往显著好于对资产价格的预测精确程度。有多种模型如 ARCH 模型和 GARCH 模型都对这个现象进行了解释和描述。

第二，历史波动率的计算是存在时滞的。假设在过去的一年内，市场波动一直很低，而今天出现了大幅下跌。可以预期的是，在期权市场上，这个下跌对于波动率的影响会立刻显现出来，交易员会立刻上调波动率报价以反映这个突发下跌对于未来波动率产生的不确定性。然而历史波动率的计算取决于样本选择，在当前时点处，样本数据还是以之前市场平稳期的数据占了绝大多数，历史波动率是需要通过时间进行数据更新才能得出结论的，因此隐含波动率从定义上来说，当然会是领先历史波动率的变量。

那么这个领先—滞后的关系是否可以用于交易盈利呢？答案很可能是非常难，至少光凭借这一个结论非常难。在观测到隐含波动率短期内快速变化这一现象时，市场价格往往已经反映预期了，这个时候再进场仅仅是跟随市场，很难再从历史波动率在未来的上涨中得到额外的收益。

二、隐含波动率插值计算

隐含波动率在期权估值定价和交易中是非常重要的，因为这是一个市场波动率，也是经过市场的连续交易一致认可的在这个特定的时点可以被接受的波动率。

然而，市场并不会直接进行隐含波动率的报价，而是报期权价格。交易员需要自行计算隐含波动率，以更好地了解市场。那么，如何计算隐含波动率就成为一个主要问题。

我们从定义出发，假设隐含波动率已知，我们会使用 BSM 公式计算得到期权价格。那么从数学逻辑上来说，只需要求解 BSM 公式的反函数，并将期权价格作为输入，即可得到隐含波动率作为输出。在数学逻辑上来说，这是直观清楚的。

但是，问题在于，BSM 公式中使用了正态分布的累计函数，这是一个 γ 函数，其反函数无法使用初等函数表示，这使得构建反函数以求得隐含波动率在实际操作中没有可行性。

因此，这个时候就需要使用数值方法对隐含波动率进行求解。我们在此介绍一种简单的方法，对半插值法，或者叫二分法（Bisection Method）：

对于在区间 $[a,b]$ 上连续且单调的函数 $y=f(x)$，可通过不断把函数 $f(x)=0$ 所在的区间对半拆分，使区间的两个端点逐步逼近于 $f(x)=0$，进而得到零点近似值的方法，叫做对半插值法。

读者可以自行证明的是，当波动率在 $(0,+\infty)$ 区间上时，无论欧式看涨期权还是看跌期权的 BSM 公式对于波动率都是单调增的，即波动率越大，期权价格越高。因此，可以使用对半插值法对隐含波动率进行计算。

一个简单的步骤如下，假设期权市场价格为 C：

1. 将波动率上下限定为 0 和 100%，并根据 BSM 公式计算期权在这两个波动率下的价格。

2. 取波动率的区间中值 50%，根据 BSM 公式计算期权价格，并与期权的市场价格进行对比。

3. 假设期权市场价格 C 大于 50%的波动率计算出的价格，将波动率区间缩小至 $[50\%,100\%]$，并取中值 75%计算期权价格，反之将波动率区间缩小至 $[0\%,50\%]$，并取中值 25%计算期权价格。

4. 重复步骤 3，直到波动率区间上下限间距足够小，即作为期权的隐含波动率完成计算。

这种算法效率不是最高的，但是在性能合格的服务器上，计算速度是可以满足要求的。

一个可能会引起读者兴趣的问题是，当隐含波动率就是被锁定在理论的上下限 0 和

$+\infty$时，对应的期权价格会是多少呢？

和之前各次相同的，我们仅论证欧式看涨期权，代入 BSM 公式可以很容易得到结论，当波动率在下限 0 时，看涨期权的价格为期权的实值$\left(S_T - Ke^{-rT}\right)$，而当波动率在上限$+\infty$时，期权价格为标的资产当前价格 S_T。

我们对此进行一个直观的说明。

如果标的资产的波动率为 0，此时标的资产的价格是被冻结的，标的资产到期时的价格，就严格的等于目前观测到的市场价格，因此这个期权将不会有时间价值，因为时间价值来自标的资产价格在未来的不确定性，而此时标的资产价格不会变动，没有不确定性。

当标的资产的波动率为无穷大时，期权的价值不会超过标的资产价格 S_0。这是因为对于欧式看涨期权来说，行权价格越低对买方到期损益越有利，期权价值也越高。有什么比免费更便宜？当行权价为 0 时，由于标的资产价格到期肯定是大于 0 的，看涨期权合约等价于这项资产本身，因此看涨期权价值无论如何也不可能超过标的资产价格本身。

至此，我们从波动率维度上，对期权价值的上下限进行了一种解释。

三、实际交易中的假设和惯例：重新回到 BSM 公式

在上一部分中，我们介绍了期权隐含波动率的计算。那么读者可能会有这样一个问题，计算隐含波动率并不复杂，过程也没有什么随机性，为什么交易所不在推送期权价格数据的时候一并推送隐含波动率数据？或者说交易所不推送的话，行情软件总可以推送吧？为什么我们还需要自己计算这个数据呢？

这主要是因为，隐含波动率的计算是会带有交易员的主观假设和市场惯例的。传统的 BSM 公式，由于理论假设过强，不满足实际市场情况，在使用中是需要结合交易员的主观假设进行修改才能更好地使用的。

从模型的角度上来说，并不是越复杂、理论假设越宽泛的模型就越好。复杂的模型往往会遇到过拟合、参数误差、自由度等多方面的问题，在实际使用中可能并不会比形式简单，但是做了充分的假设修正的更简明易懂的初级模型更加有效。

举例而言，Robert Merton 在 1978 年提出了一个模型，使用跳跃扩散几何布朗运动描述资产价格，相对 BSM 模型而言，理论假设更加宽泛，对实际市场展现的厚尾分布在理论上的模拟效果更好。但是在实际中，这个模型会遇到跳跃过程的描述参数难以准确估计，而如果估计不准确，这个模型的效果就会大打折扣的情况。因此市场依然更倾向于使用已经非常流行，且有多种补充支持模型加以完善的 BSM 模型。我们会在本章第三节中对这些补充支持模型进一步的加以探讨。

在实际中，根据业务场景的不同，期权交易员往往会做出不一样的假设，并依此对模型进行修正和调整以更好地将业务口径和模型口径进行匹配。这些修正和调整，在某

种意义上来说，在实操中比模型本身更加重要。本章中，我们会介绍一些主要的假设考量和对应的模型调整方法，以供参考。

1. 利率调整

在 BSM 公式中，需要输入无风险收益率。但是在实际的交易中，需要以哪个利率作为无风险收益率？有多种利率可以作为无风险收益率，比如说 Shibor 和上交所逆回购等，这些无风险收益率之间还有些许差距。从实操层面来说，金融机构往往会选择与自身资金成本更接近的利率作为无风险收益率。比如说，银行间使用 Shibor 作为无风险利率，因为在 Shibor 市场上，银行是主要玩家。其他的金融机构，可以选择上交所逆回购作为无风险利率。

从计算结果的角度来说，在 Shibor 或者上交所逆回购之间的年化百分之零点几这个数量级上，对于期权价格的影响并不会很大，更多的是从定价逻辑的严谨性和最大程度的规避黑天鹅事件下的套利角度进行考量。尽管统称为无风险利率，但是不同的无风险利率背后的信用背书还是有微小的区别的，在某些特定极端的市场下，这会产生很大的差别。

举一个例子，在 2008 年次贷危机中，美国的短期国债的收益率曾一度为负值。这意味着山姆大叔借了别人的钱，还要收别人的利息。而同期大部分美国的商业银行的存款利率是正的，二者脱钩非常严重。那么是什么原因导致了这种现象的发生？

主要的原因是美国的商业银行是股份制的私人银行，其信用和山姆大叔相比，尽管平日里差距不是很大，在金融海啸发生的时候，二者是天差地别的。在这种级别的危机发生，避险情绪被点燃的时候，交易者会蜂拥而至买入市场上信用最好最保险的资产，任何有风险的资产都会无人问津，甚至不得不打折出售。从历史上来看，在大萧条的时候，银行往往也是自身难保，破产了事，在次贷危机当时不清楚市场底部在哪里，不清楚银行有今天是否还能有明天的恐慌下，银行的资金成本尤其是短期的资金成本会显著高于短期美国国债。

那么可能会有这样一个问题，我理解银行在这种环境下也没那么保险，那为什么不把钱取出来藏在家里的沙发下面，而需要支付利息去抢购美国国债呢？这个问题可以从两个方面来回答：第一，那还真是需要好大的一个沙发，谁也不是唐老鸭的叔叔，往往不会有那么大的一个金库屯着现金天天在里面游泳；第二，从投资的角度上来说，钱往往不会以现金的形式趴在账面上，都是以各式各样的金融资产的形式存在以赚取收益，把这些钱提现，尤其是把大额资金提现是一个流程非常漫长烦琐、成本颇高、风险极大的事情，还不如破财免灾，支付一点点利息去购买短期国债，等风头过了以后，把抛掉的金融资产买回来相比于提现来说更容易也更少麻烦。

2. 日期惯例调整

在 BSM 公式中，需要将当前时点距离期权到期的年化时长输入以得到期权价格。从理论上来说，这在市场上是可以直接观测得到的。但是在实操中，由于连续交易假设和现实情况不符，交易员往往需要对到期时长进行假设。

在一般情况下，国内的期权市场一周交易五天，每天交易四个小时。这会引发出对于日期惯例的处理问题。我们从两个角度论述这个问题，节假日惯例和交易时段惯例。

3. 节假日惯例

节假日指的是节假日是否被考虑在到期时长中。如果考虑的话，大部分的周一开盘，实际上相对于上周五的收盘价格而言是平开，而日期将会凭空缩短两天，那就会出现周五收盘前卖出期权，周一开盘后迅速买回，赚取这两天的时间价值的套利机会。而如果不考虑的话，在特定的节假日，比如说春节假期，在一周以内外围市场的利好和利空均会反映在节后开盘价格中，因此大概率出现较大幅度的高开或者低开，这又会产生事件套利的风险。

典型的做法，是在日期统计中排除周末，但是包含特殊法定假日。这么做的动机是将隔夜风险和事件风险进行区分。从市场有效性假设理论来说，标的资产的价格是对于信息流的反应，那么普通周末出现会大幅影响标的资产价格的信息的概率，和隔夜风险相比没有本质上差别。而特殊的法定假日，如春节等重大节日，往往会伴随着利好或利空信息的发布，这个概率会明显高于一般的周末。因此从这个角度而言，将二者进行区分是有必要的。

4. 交易时段惯例

交易时段惯例指的是在日内计算期权价格时，时间是在流逝的，因此需要将到期时间精确到日内具体的时间点。那么以多少个小时作为一天的时长，已满足更精确的日内报价的时间要求，是交易员需要进行假设的。一种典型的做法是将开盘时长作为一天，比如说开盘交易 4 个小时，那在早上刚开盘时，计算到期时长是 1 整天的话，在交易 2 个小时以后，到期时长就会减少到 0.5 天。

这么做的好处是，可以平滑输入 BSM 公式的时间参数，使得报价更加连续，不会产生报价基准跳跃的情况。同时，借助程序化手段，在执行层面上是没有技术门槛的。

当然，很多报价不那么细致的交易员也会使用更加简单粗暴的办法，即使用日历日或者交易日的天数，年化后作为到期时间，并在每天的固定时刻进行到期时间的调整而非在全天交易时段内进行连续处理。这么做会产生在调整前后报价不连续的问题，但是如果报价的价差很宽的话，其实也足够覆盖这部分报价误差。毕竟，再好再精细的处理方式，都会产生这样或者那样的误差。

在期权交易中，日期惯例对于减少报价中的套利机会而言是非常重要的。好的交易员可以事先考虑各种可能的套利机会，并且在假设中尽最大可能地排除，保证报价和交易的连续和无套利。

5. 对冲路径调整

BSM 的推导过程是通过构建一个股票—债券组合对期权进行复制，进而计算出期权价格。因此其定价的准确性取决于使用标的资产的这种复制，或者说对冲，是否成立。

不同的市场，往往会存在不同的交易惯例和监管规则。因此使用标的资产进行对冲，有可能是不成立的。举例而言，对于一个看跌期权的空头来说，使用标的资产对冲将会要求卖空标的资产。在国内，没有低成本的卖空标的资产或者说股票的途径。因此可以看到，由于卖空手段的缺失，市场上的看跌期权定价会高度偏向于卖方，甚至很可能是不满足看涨看跌平价的，其中存在一个卖空溢价。

因此在实际中，经常性的会需要使用更容易双向交易的资产作为标的资产的替代，以完成期权的定价。举例而言，使用上证 50 指数期货 IH 合约，对 50ETF 期权进行定价。那么在这种情况下，输入的标的资产价格就是 IH 合约的价格，因此定价公式也必须使用针对期货期权的 Black 模型而非 BSM 模型。

好消息是，50ETF 是追踪上证 50 指数的，而 IH 合约的标的也是上证 50 指数，两者从最终交付物而言也不能说差别很大，在实操层面上仅仅相差了一个跟踪误差和一个基差。但是问题也随之出现，由于国内做空机制的缺失，IH 合约常年会出现年化超过 10%的负基差，这使得使用标的资产的 BSM 模型和使用期货的 Black 模型之间的定价结果差距是很明显的。差距归差距，对于无法卖空标的资产的交易员来说，只能选择使用 IH 合约对 50ETF 进行定价。

我们在第十章第一节第三部分中介绍过看涨看跌平价套利策略。这个策略在 2017 年以后几乎无法产生有效果的盈利，即使看跌期权的价格或者说波动率显著高于看涨期权的波动率，也很难直接性地进行套利。因为看涨看跌平价会要求做空看跌，做多看涨，同时卖空标的资产，而标的资产无法低成本卖空，如果考虑卖空成本的话，该策略就无法盈利。

既然卖空标的资产不可行，使用 IH 合约是否可行呢？答案也是否定的。还记得我们介绍过的动辄超过年化 10%的负基差，这和融券卖空成本也相差不多了。如果以 Black 模型计算价格的话，会发现套利机会根本不存在，卖方做市商都算好了的，这样一个简单到人尽皆知的套利策略，怎么可能轻易地占到便宜。

在对冲路径和模型选择上，需尽可能保证二者一致，即使用什么资产进行对冲平盘，就需要使用对应的模型计算期权价格。BSM 不仅仅是一个公式，他的本质在于通过复制，或者说完美对冲以求得期权价格，当这种复制不存在时，根据 BSM 计算出的期权价格，甚至在理论上都是站不住脚的。

当然，在实际中甚至会发生连标的资产的期货都不存在，或不可直接用来对冲的情况。在这种情况下，仅可以使用交叉对冲来对资产进行定价，该方法被称为 Quanto。即通过将标的资产与另一种相关性较高的资产进行回归，得到 β 作为对冲乘数，使用该相关性较高的资产对期权进行估值定价和对冲平盘。使用这种方式时，需要考虑回归和 β

的稳定性，除了之前讨论过的风险以外，还会暴露往往不小的残差风险。这属于计量经济学的范畴，在此就不做赘述了。

6. 波动率调整

BSM 假定标的资产的波动率为常数，即无论在过去、现在还是未来，无论标的资产价格是多少，波动率都是相同的。然而在实际中，标的资产的波动率不仅随着时间的推移是一直在变化的，价格水平和价格形态的不同也会影响标的资产波动率。

有实证研究指出，在证券市场上，标的资产价格上涨时，波动率往往较低；而当标的资产价格下跌时，波动率往往较高，二者呈现负相关。

这种现象从直觉上是可以理解的，证券市场上的活跃交易者往往都是多头理念，无论任何时候对于市场的预期都是涨，因为空头理念的交易者基本都离场观望了。因此在市场平稳上涨，符合预期的好年景，投资者换手率也会偏低，交易相对不那么活跃。而当市场处于下跌时，市场观点会分化，有恐慌逃离的，就有对应想要抄底的。市场交易更加频繁，换手率更高，进而市场波动也会更大。

那么在对期权进行定价和交易时，就需要考虑对不同时点和不同资产价格处的波动率进行修正和调整。根据模型假设使用完全相同的历史波动率对所有期权定价，会产生较大的定价偏差和套利机会，是完全不可取的。我们会在接下来的第三节中对这个问题和相应的解决方案进行详细的介绍。

请注意，更大的价差在绝大部分情况下是不足以覆盖波动率对于期权价格产生的影响的。因此专业的期权交易者无论如何都需要构建自己的波动率模型，以修正 BSM 模型对于波动率的强假设。

第二节 隐含波动率曲面和期权做市

在经典的 Black-Scholes-Merton 模型假设中，存在一个无论是在理论意义还是在现实意义上都非常强势的假设，常数波动率假设（在部分场景下，亦被等价的称为水平波动率假设）。在该假设下，资产收益率的维纳过程的波动率在任何场景下均为常数，其并不会随资产在不同时点处的不同价格而产生改变。

然而，在实际中，依赖常数波动率假设，由 Black-Scholes-Merton 模型所计算出的期权价格，尤其是以历史波动率作为常数波动率输入而产生的期权价格，与市场上实际交易的期权价格往往存在显著的差距。确切来说，当使用第十章第一节第一部分中的方法计算未来的瞬时波动率在路径上的平均值时，在一切顺利的前提下，我们确实可以得到一个相对准确的平值合约的隐含波动率，但是这个波动率对于其他合约的隐含波动率的解释则非常有限。换而言之，在市场上，如果使用我们在第十章第二节第二部分中提出的隐含波动率计算方法，并且以行权价格为横轴，隐含波动率为纵轴进行二维作图的话，将会发现，市场隐含波动率曲线并非常数波动率假设所要求的水平线，而是往往呈现中间低两端高的微笑，或者单边递增或递减的倾斜。

波动率微笑因此而得名，即指期权的市场隐含波动率与执行价格之间的函数关系的图形。这一概念特指对于某一个特定的到期期限的期权，通过将不同的到期期限进行插值连接，并形成行权价格—到期期限—波动率的三维图形，即为隐含波动率曲面。

可以显而易见地看出，隐含波动率曲面实际上是对 Black-Scholes-Merton 模型的一个支持性拓展。因为在这种方法处理下，实际上对于期权价格的计算，依然是在使用 Black-Scholes-Merton 模型，只是所应用的方式与模型的最初想法有所不同，通过允许波动率从常数变为一个依赖于期权行权价格和到期期限的函数，我们拓展了 Black-Scholes-Merton 模型的假设，在不抛弃模型核心的动态对冲和复制理念的同时，在波动率维度上构建波动率曲面模型，以完善期权定价体系。这种思路在金融建模中是常见的，即在面对一个主流模型无法满足适应性要求的情况下，推导一个新模型的成本和模型风险远高于对现有模型提出支持性模型。因此在实操中，往往通过支持性模型来完成模型改进。

为什么我们需要构建隐含波动率曲面模型？这个问题的答案其实很微妙，一个可能的答案是，为什么我们不需要隐含波动率曲面模型？无论是对于相同标的资产，不同到期期限和行权价格的统一定价，使用场内隐含波动率为场外结构定价，还是计算 Greeks，都对每个期权的波动率提出了统一、明确的要求。自然我们也可以针对每个期权隐含波动率的时间序列进行建模，但是如果没有隐含波动率曲面对所有相同标的的期权的隐含波动率进行一致性的建模的话，我们在工具上是无法考虑相同标的的不同期权在隐含波动率上的互相影响的，进而几乎任何的衍生品估值和风控问题都无法在口径一致、误差较小的前提下展开。

确切来说，如果接受 Roger Lee 被广泛认可的观点，即期权价格可看作是由多个可直接观测和可半直接观测变量的函数，而波动率作为唯一可半直接观测的变量，同时又是一个一致性变量（即 20%的波动率严格大于 15%的波动率），因此期权的波动率可以看作是做过维度变换的期权价格，更进一步的来说，是期权价格的唯一维度。那么，对于期权隐含波动率曲面的构建，从期权定价的理论维度来说，也将会是唯一的主要问题。

在本节中，我们将会解释隐含波动率曲面的来源，其与隐含的资产价格的风险中性概率之间的联系，和如何使用隐含波动率曲面作为定价工具，进而在一个高频程序化场景——期权做市中进行统一性报价的方法论。

一、隐含波动率曲面介绍

隐含波动率曲面，指的是一个行权价格—到期期限—波动率的三维图形。在固定到期期限的情况下，其横截面即为隐含波动率曲线，或者根据图像的不同，又可称为隐含波动率微笑，或者是隐含波动率倾斜。

一般来说，在外汇市场上，往往可观测到隐含波动率微笑（即平值合约附近隐含波动率相对较低，而在深度实值/虚值处隐含波动率相对较高），而在权益/股票市场上，观测到的则是单边递减的隐含波动率倾斜。

那么为什么会出现隐含波动率微笑或者隐含波动率倾斜呢？我们在此给出一个直觉上的介绍，具体的数理推导可在 John Hull《期权、期货和其他衍生品》第 20 章的附注中找到。

假设标的资产收益率是一个严格意义上的常漂移率常波动率的维纳过程，那么显而易见地，由于波动率是常数，隐含波动率曲线将一定是水平线，即在任何行权价格处其波动率将会是恒定的。

但是资产价格过程并非是一个漂移率为常数、波动率为常数的维纳过程，实际资产价格的波动率不是常数，甚至是随机的，因此按照我们之前计算 Gamma-Theta 损益平衡的方法，我们需要对未来的资产价格路径上每一个时点处的瞬时波动率进行估计，这显然是难以做到的，因为根本不知道未来的资产的波动率是多少，也不知道最终到期的时候的资产价格是多少。这会对建模产生较大的模型风险。

为简化建模过程，我们因此需要引入一个布朗桥概念。所谓布朗桥，指的是起始点在当前已知，终止点也已知，而过程则完全随机的过程。因此，我们可以穷举到期时资产可能的所有价格，针对每一个价格构建一个布朗桥，这个布朗桥连接了从 0 时点（或当前计算时点）资产当前已知的价格，和到期时刻 T 的某一个行权价格 K（这个 K 可能是不真实存在的，仅是一个在波动率曲线横轴上的资产价格标注，即到期时资产价格等于某个行权价格 K）。根据这个布朗桥，沿着股票价格最有可能经过的路径对每一个时点的瞬时方差进行积分。按照第十章第一节第一部分中介绍的平均波动率的计算方法对这条路径计算平均波动率，即为到期时间为 T，行权价格为 K 处的隐含波动率。对每一个 K 进行一次这样的操作，并将这些隐含波动率做一条线连在一起，就是到期时间为 T 的隐含波动率曲线。

简而言之，在给定了到期期限 T 以后，假定到期资产价格 $S_T = K$，在所有可能成立的价格路径上，对瞬时波动率按照第十章第一节第一部分中的方法求平均，即为在 0 时点处，到期期限为 T，行权价格为 K 处的隐含波动率。将所有可能成立的 K 作图，即为到期期限为 T 时的隐含波动率曲线。而每一条隐含波动率曲线背后，实际上就隐含了资产到期价格的一个特定分布。John Hull 的《期权、期货和其他衍生品》第 20 章的附注中解释了这个问题。

从直觉上来说，亦可以近似理解成，隐含波动率实际上是在使用正态分布来描述一个实际世界中资产价格的非正态分布，通过在不同的到期资产价格处使用不同的波动率，来使得在每一个资产价格处由正态分布计算得到的概率密度和实际资产价格非正态分布的概率密度处处相等。

怎么理解这个问题呢？考虑一个任意的厚尾分布。所谓厚尾分布，指的是在尾部其概率密度高于与该厚尾分布拥有相同标准差的正态分布。怎么使用正态分布去描述这个厚尾分布呢？我们需要在每一个点处构建一个均值与厚尾分布相同的正态分布，并且使这个正态分布在这个点处的概率密度与这个厚尾分布相同，因此这会需要我们计算一个标准差，而由于厚尾分布的概率密度实际上是大于相同标准差的正态分布的，因此我们对于这个用于拟合厚尾分布的正态分布，我们需要更大的标准差，以匹配二者的概率密度。

因此，在每个点处我们都构建一个这样的正态分布，并以每个点处正态分布的标准差作图的话，在方法论上会和隐含波动率曲线的构建方法非常接近。因此隐含波动率的曲线呈现的微笑和倾斜，实际上反映了市场对于未来到期资产价格的实际分布的预测。而之所以平值合约的隐含波动率往往低于深度实值/虚值合约，亦可粗略地理解成是由于到期资产价格实际分布的厚尾导致的，即资产价格发生大幅变动的可能性高于正态分布的假设，因此如果还需要使用正态分布去度量的话，就需要调高波动率，以使之与实际概率相匹配，而这个波动率的调高，就会根据第十章第一节第一部分中的计算方法反映在隐含波动率曲线上。

因此不难理解为什么在外汇市场上，隐含波动率曲线呈现微笑结构，而在股票市场上隐含波动率则呈现倾斜结构。其主要的原因是，从行为经济学的角度上来说，对于亏损的恐惧会要求额外的风险升水，这个风险升水是通过赋予亏损额外的概率产生的。即市场越担忧什么场景，就会为这个场景赋予更高的概率，进而调高这个场景对应的波动率。

外汇市场是一个所谓的出清市场，举例而言，人民币和美元汇率是对称的，美元升值等价于人民币的贬值，美元的贬值等价于人民币的升值。因此对于任何一种货币的币值上涨或下跌，其担忧和恐慌是对称的。与之相反的，股票市场是一个多头市场，无论存在多少衍生品敞口，最终市场的总敞口都是净多头，大小为股票市场的总市值。因此，在这种环境下，对于股票市场而言，市场总是担忧下跌而不那么担忧上涨的。因此在股票市场上，隐含波动率往往呈现倾斜，而在外汇市场上则往往呈现几近于对称的微笑。

至此，我们介绍了隐含波动率曲线的两种主要图像形式，对此可能会产生的一个问题是，这个图像的函数形式是否有无套利的约束条件，还是说这个图像可以随便形成？对这个问题我们略过复杂的数学推导过程，直接给结果。答案是，有约束条件。Dupire 给出了著名的 Dupire 公式，表明了当资产价格服从：

$$\mathrm{d}S_t = rS_t\mathrm{d}t + \sigma(S_t,t)\mathrm{d}W_t \tag{12-2}$$

则隐含波动率曲面的无套利条件为：

$$\frac{\partial C}{\partial T}=\frac{\sigma^2(K,T)}{2}K^2\frac{\partial^2 C}{\partial K^2}-rK\frac{\partial C}{\partial K} \tag{12-3}$$

或

$$\sigma^2(K,T)=2\frac{\dfrac{\partial C}{\partial T}+rK\dfrac{\partial C}{\partial K}}{K^2\dfrac{\partial^2 C}{\partial K^2}} \tag{12-4}$$

那么，还有一个可能的问题是，我们至此并没有区分看涨看跌期权，从逻辑上来说，看涨期权的持有者担心下跌，而看跌期权的持有者担心上涨，这会对我们目前的结论产生什么影响？答案是没有任何影响，因为对于看涨看跌期权而言，从理论上来说，二者的隐含波动率曲线应当是完全一致的。

这是否是一个令人惊讶的问题？答案是否定的，因为看涨看跌平价的存在，可以很容易地通过代入 Black-Scholes-Merton 公式，得到看涨看跌平价在 BSM 框架下成立的前提是，对于看涨看跌期权使用完全相同的波动率。对此，读者可自行推导，从数学角度上来说，应当没有任何技术性门槛。

然而在实际中，尤其是国内市场，经常会看到看跌期权的隐含波动率显著高于看涨期权的隐含波动率。其原因在前文中阐述过，是因为做空机制缺乏，使得无法通过看涨看跌平价完成套利，如果套利在执行维度是不成立的，那么价格就可以是不满足套利条件的。

二、隐含波动率曲线的锚定方法和曲面期限结构

在上一个章节中，我们介绍了隐含波动率曲线，以及其背后隐含的与标的资产价格过程和到期分布的关系。

截至目前，我们对于隐含波动率微笑和曲面的定义，均假设为隐含波动率与执行价格之间的函数。从目前的定义中，隐含波动率微笑的图像关系是与资产的当前价格无关的，然而在实际中这种关系往往是与资产的当前价格相关的。举例而言，当资产价格上涨时，隐含波动率曲面会随着资产价格上涨而右移，反之当资产价格下跌时，隐含波动率曲面会随着资产价格下跌而左移。

基于这个原因，隐含波动率曲面将会涉及锚定方法，即将隐含波动率微笑和曲线视作关于隐含波动率与虚实值程度（Moneyness），在数值上记作 K/S_0 的函数，而非关于 K 的函数。在很多场景下，此时的波动率曲面会更加稳定。

对于这种方法主要的两种改进为：

1. 使用 K/F_0 而非 K/S_0，其中 F_0 为相同标的资产在风险中性世界中相同期限下的远期价格，其主要逻辑为交易员往往以 $K=F_0$ 而非 $K=S_0$ 作为平值期权的定义；

2. 定义波动率曲面为隐含波动率关于期权 Delta 之间的函数关系。举例而言，在这

种方法下，平值期权被定义为 50delta，即 Delta 为 0.5（看涨期权）或 −0.5（看跌期权）。这两种方法在数理上是等价的。

以这种方法锚定隐含波动率曲线，称之为 Sticky Delta，而之前介绍的以 K 来锚定隐含波动率曲线的方法，被称为 Sticky Strike。这两种方法主要的不同之处在于：

1. 图像的横轴不一样，Sticky Delta 的锚定方法下，横轴往往是 K/F_0，$\ln\left(\frac{K}{F_0}\right)$ 或 delta，而 Sticky Strike 的锚定方法下，横轴是 K；

2. 当标的资产价格变动时，Sticky Delta 的锚定方法下，图像将在不改动曲线参数的前提下会随着资产价格的变动进行左右平移，而 Sticky Strike 的锚定方法下，图像将不会产生平移，如果需要形成平移效果，需要改动曲面参数。

同时，还会有一个潜在的问题体现隐含波动率微笑和倾斜，为一个曲线概念，即是基于一个给定的到期期限 T 的概念。那如何将多条隐含波动率曲线通过插值方法拓展为一个隐含波动率曲面，即针对任意的 T 和 K 均可查找得到对应的隐含波动率呢？

一个简单的做法为隐含方差线性插值。假设存在到期期限为 T_1 和 T_2 的两个期权，且 $T_1 < T_2$，$K_1 = K_2$，其对应的隐含波动率为 σ_1 和 σ_2，那么对于任意 $T_3 \in (T_1, T_2)$，存在：

$$\sigma_3^2 = \sigma_1^2 + \frac{T_3 - T_1}{T_2 - T_1}\left(\sigma_2^2 - \sigma_1^2\right) \tag{12-5}$$

从该公式中即可求解出 σ_3，作为 $(T_3,\ K_3 = K_1 = K_2)$ 处的波动率。

三、隐含波动率曲面无参数模型

截至上一章，我们介绍了隐含波动率曲面的概念、锚定方法和插值。在本章中，我们将会开始具体介绍隐含波动率曲面的建模。

首先需要明确的一点是，正如我们在前面一小节中介绍的，资产价格到期分布和隐含波动率曲线是一个一一对应的关系，即从资产价格分布中可以计算得到一条唯一的隐含波动率曲线，同时任何一条隐含波动率曲线也可计算出唯一的资产价格的到期分布，二者在某种意义上来说是等价的。

但是在实际操作中，资产价格的分布是非常难以估计和预测的，因此往往需要通过两种方式进行处理：

1. 从市场有限的资产报价中拟合一条光滑连续的市场隐含波动率曲线，并以此计算隐含在市场隐含波动率曲线中的资产价格分布；

2. 以方式 1 中的结果作为起始点，对于曲线和曲面的局部或整体进行一定程度的修正。

在实操中，对于隐含波动率曲线的调整，在模型层面上往往是在曲线维度上进行调整，在绝大部分情况下，并不涉及对于具体的资产价格分布的调整和处理。

这样会涉及对于市场隐含波动率曲面建模或者说拟合的问题，因为市场上可供交易的期权数量是有限的，而在隐含波动率曲线推导中，从原理上来说，形成一条光滑连续的隐含波动率曲线要求对于所有可能的到期资产价格均进行 $S_T = K$ 的假设，并在此基础上对于每个可能价格均构建布朗桥，进而计算隐含波动率，这在实操中是非常复杂以至于难以被接受的。因此，往往在实操中，对于隐含波动率曲线或曲面的建模往往依赖于对于这个曲线或曲面模型进行特定函数形式的假设，并使用市场上有限的报价点基于假定的函数形式根据样本点进行拟合，从方法论上，有些类似于对于数据样本进行最小二乘法的线性回归模型拟合。

从风险中性定价的角度而言，这个函数形式自身需要满足 Dupire 公式的无套利要求，但是这些模型就往往非常精细和复杂，以至于无法满足迅速报价和交易的要求。在实操中，往往使用更简单、运算速度更快，但是不满足无套利条件的函数形式，以满足业务的时间性要求，至于误差问题，往往可以通过拉宽价差来解决。

从这个角度而言，我们需要对如何从市场有限的期权报价，或者说有限的隐含波动率报价拟合连续曲线的方法进行介绍。首先我们会先介绍最简单的无参数模型，主要着重介绍两个无参数模型：线性插值和三次样条函数插值。

线性插值，指的是在两个有报价的行权价格之间，在波动率上进行线性插值。举例而言，行权价格为 100 的期权合约波动率为 20%，行权价格为 150 的期权合约波动率为 30%的话，行权价格为 125 的期权合约的波动率通过线性插值方法则为 25%，行权价格为 140 的期权合约的隐含波动率则为 28%，尽管市场上可能并不存在行权价格为 125 或者 140 的期权。

对于具体的实现问题，我们在此略过，相信对于读者而言，这不会是一个显著问题。

三次样条插值，或者叫 Cubic Spline，指的是构建一系列连续且平滑的三次函数作为隐含波动率曲线函数形式，以确保所有市场隐含波动率均处于这组三次函数上，且这组三次函数构成的图像在数学上处处连续且可导。

在隐含波动率曲面上进行的三次样条插值，从具体形式上，可以看成是将市场隐含波动率的观测值之间进行分段，把行权价或者 logmoneyness 分成 n 个区间，其中 $n+1$ 为市场隐含波动率的观测点数量。在两侧的端点上，分别是实虚值程度最深的两个期权。

三次样条指的是，每个小区间内的曲线都是一个三次函数。且在这些分段三次函数上，曲线本身，其一阶导和二阶导均连续。

由于有 n 个区间，因此需要 $4n$ 个函数来求解所有的参数，其中，每个隐含波动率的观测点都需要同时在左右两个三次函数上，这会产生 $2(n-1)$个函数，两个端点也需要满足最左侧和最右侧的函数，这又会产生两个函数，即 $2n$ 个。

内部的一阶导和二阶导也需要连续，因此这会产生 $2(n-1)$个函数，那我们还差两个函数来求解所有的分段三次函数所需要的参数。而这两个函数我们则需要通过边界条件来获得。

有三种边界条件：自然边界，固定边界，非纽结边界。

自然边界，指的是指定两个端点二阶导数为0。

固定边界，指的是指定两个端点的一阶导数为一个定值。

非纽结边界，指的是指定左侧端点的三阶导等于第二个观测点的三阶导，同理，右侧端点的三阶导等于倒数第二个观测点的三阶导。

任何一种方式都可以补齐剩余的两个方程，并求出三次样条函数里的所有参数。看起来公式很多，但是实际上求解却出乎意料地简单快捷。我们非常建议读者自行做一次这个插值，搞清楚逻辑，然后再使用效率更高、代码实现更严谨的现成轮子。

读者可能会产生一个问题，无论是线性的还是三次样条都是有参数的，为什么称其为无参数模型？主要的原因是这些参数没有任何意义，仅为了作图而存在，对于曲线整体来说，每一个分段都有一组对应的参数，既没有金融意义，也没有图像意义。在实际交易或定价中，根本不会有人在这些参数中花任何时间和精力，交易员只关注这条图像，甚至连参数是什么都不需要知道，即使知道也没有意义。因此这些模型被称为无参数模型。

在实际中，请特别注意，插值方法并不要求 Sticky Strike，在 Sticky Delta 的锚定假设下，仅需将隐含波动率的函数形式中的 K 换成 K / F_0 或 delta 等，即可完成对 Sticky Delta 锚定假设下的建模。

因此在 Sticky Delta 下，也可以更加容易理解，为什么需要隐含波动率曲线或曲面模型，而非使用单个合约的隐含波动率时间序列进行分析和建模了。因为在 Sticky Delta 下，由于资产价格是变动的，单个合约的隐含波动率时间序列并不是一致的，即从函数曲线上来看，这个隐含波动率时间序列的横轴并不是一致的，因此如果单纯地处理时间序列的话，会面临刻舟求剑的基础性错误。

简而言之，无参数模型的优势很明显，简单、直接、快速、处理简便，也不需要假设资产价格的随机过程，因此避免了对资产价格随机过程假设错误的问题。但是缺点也非常明显，这类模型没有任何金融学含义，仅仅是一种用数学函数描述市场的做法，为了得到曲线而得到曲线，因此，这个曲线是不具备作为起始点供交易员结合自身判断进行调整的条件的。

同时需要明白的一点是，不假设资产价格的随机过程，在绝大部分情况下是可以避免假设错误的问题的，但是对于假设错误的模型问题以这种方式解决的话，在逻辑上小题大做，从严谨性上来说，相比于假设宽泛但是严谨的模型而言，毫无假设，多多少少看起来有一些勇敢。

然而不可否认的是，即使在现在，部分金融机构依然使用这种方法来构建波动率模型，在此亦不做赘述。

四、隐含波动率曲面参数模型

参数模型指的是以各种需要手动输入参数的二次或者更高次函数为主的模型，其中通过测度变化和加工，可以赋予这些参数部分金融意义，通过调整参数来变更曲线结构变得可行。

在此我们特别介绍一个特定的参数模型，厂商 Orc 内置的 Wing Model。

Orc 是一家总部位于芝加哥的、专注于 Option 交易系统的厂商，在期权交易员之间，因为其系统的灵活和可拓展性，被相对广泛的认可。但是其系统的主要弊端在于专注于期权交易的速度和价格发现，对于金融机构内部严密的流程风控来说，Orc 的吸引力不足。因此，其主要的使用者是私募和相比于严密的风控来说，更在意交易盈利能力和速度的金融机构。

Wing Model 是由 Orc 享有完全知识产权的波动率模型，由于其灵活，便于交易员结合自身主观判断进行调整，在交易员之间有一定知名度。

Orc 的主要参数有 13 个，我们先对这些参数进行介绍。

Ref：Reference price 指的是当前曲线的图像中点对应的资产价格。

Pc：Put Curvature 指的是在平值合约右侧（行权价格较高的一侧，在这一侧看跌期权是实值合约，因此定义为 Put Wing）的函数曲率。

Cc：Call Curvature，与 Put Curvature 相对应的，在平值合约左侧（行权价格较低的一侧，或 Call Wing）的函数曲率。

Dc：Down Cutoff，指的是在平值合约左侧一定距离以后，波动率函数会被强制设置为水平，以避免曲线斜率过于陡峭而导致平值合约在曲线纵轴上不清晰的问题。

Uc：Up Cutoff，与 Down Cutoff 相对应的，指的是在平值合约右侧一定距离以后，波动率函数会被强制设为水平。

Vcr：Volatility Change Rate，指的是标的资产价格变动和平值合约的隐含波动率变动之间的比率。一般而言，从逻辑上来说，标的资产价格的变动会导致平值合约隐含波动率变动，而且往往呈现负相关，即资产价格上涨，平值合约波动率下降，资产价格下降，平值合约波动率上涨。

Scr：Slope Change Rate，指的是标的资产价格变动和曲线在平值处斜率变化之间的比率。

Ssr：Skew Swimmingness Rate，在 Wing Model 中，标的资产的远期价格 ATM Forward，实际上是标的资产的价格和标的资产的期货价格的加权平均，加权比例即为 Ssr，当 Ssr=1 时，将会仅使用标的资产的期货价格作为标的资产价格输入定价模型，而当 Ssr=0 时，则仅使用标的资产的价格输入定价模型，在 0～1 之间的任意一个数，都会使得输入定价模型的价格为现货和期货价格的一个比例加权。

Dsm：Down Smoothing Range，指的是曲线在平值合约左侧的平滑范围。在该范围内侧，曲线将会按照平值合约附近的设置进行拟合，在该范围外侧，曲线会逐步平滑趋向于水平。

Usm：Up Smoothing Range，指的是曲线在平值合约右侧的平滑范围。与 Dsm 相似的，在该范围内测，曲线将会按照平值合约附近的设置拟合，在外侧则会逐步平滑趋向于水平。

Atm：At the Money Forward，指的是按照 Ssr 的假设比例计算出的当前资产价格的远期数值。

Vc：Current Volatility，指的是当前平值合约的波动率，这里的平值合约是严格意义上的 $\frac{K}{F_0}=1$ 的合约，在市场上这个合约可能是不存在的。

Sc：Current Slope，指的是当前曲线在平值处的斜率。

具体函数形式为一个分段的二次函数，公式如下：

$$\mathrm{Vc}=\left(\mathrm{Vr}-\frac{\mathrm{Vcr}\times\mathrm{Ssr}\times(\mathrm{Atm}-\mathrm{Ref})}{\mathrm{Ref}}\right) \tag{12-6}$$

$$\mathrm{Sc}=\left(\mathrm{Sr}-\frac{\mathrm{Vcr}\times\mathrm{Ssr}\times(\mathrm{Atm}-\mathrm{Ref})}{\mathrm{Ref}}\right) \tag{12-7}$$

并且：

$$vol(x)=$$

$$\begin{cases} vc+sc\times x+pc\times x^2, if \quad dc<x\leqslant 0; \\ vc+sc\times x+cc\times x^2, if \quad 0<x\leqslant uc; \\ vc-\left(1+\dfrac{1}{dsm}\right)pc\times dc^2-\dfrac{sc\times dc}{2dsm}+\left(1+\dfrac{1}{dsm}\right)(2pc\times dc+sc)x-\left(\dfrac{pc}{dsm}+\dfrac{sc}{2dc\times dsm}\right)x^2; \\ \quad if \quad dc(1+dsm)<x\leqslant dc; \\ vc-\left(1+\dfrac{1}{usm}\right)cc\times uc^2-\dfrac{sc\times uc}{2usm}+\left(1+\dfrac{1}{usm}\right)(2cc\times uc+sc)x-\left(\dfrac{cc}{usm}+\dfrac{sc}{2uc\times usm}\right)x^2; \\ \quad if \quad uc(1+usm)\geqslant x>uc; \\ vc+dc(2+dsm)\left(\dfrac{sc}{2}\right)+(1+dsm)pc\times dc^2, if \quad dc(1+dsm)>x; \\ vc+uc(2+usm)\left(\dfrac{sc}{2}\right)+(1+usm)cc\times uc^2, if \quad uc(1+usm)<x; \end{cases} \tag{12-8}$$

可以看出，整个函数是一个关于 x 的分段二次函数，尽管相对于传统的二次函数做了一些参数分拆和变换，但是最终的函数形式依然是二次函数，当公式明确以后，无论是拟合还是实现，都不存在任何技术难点。

Wing Model 被认为是价值发现模型，即里面的所有参数并没有严谨的金融学含义，但是具备一定程度的图像含义，因此交易员可以通过使用 Wing Model，比较快速便捷的调整参数，以表达自己对于市场的看法，并得到相应的隐含波动率曲线。尽管可能不严谨和精确，但是交易员也许能够从这种对于市场观点的表达中快速发现市场定价，从而抓到交易机会，而严谨的函数由于拟合时间更长，可能会错过战机。

但是对于所有希望使用 Wing Model 的交易员而言，也需要明白，Wing Model 仅仅是一个分拆参数后的分段二次函数，在精细性上，甚至是不如三次样条函数的，自然也不满足 Dupire 公式的无套利要求，更无法满足复杂结构的衍生品结构定价和风控的要求。通过分拆参数来赋予曲线参数某种图像意义，并不能够说明这些参数是存在显著的金融意义的。尝试用金融学而非作图的角度去理解参数，有自欺欺人的嫌疑。因此，在任何情况下，也仅仅建议最多也仅在做场内的欧式等 plain Vanilla 结构时使用 Wing model，任何结构比欧式更加复杂的期权结构，都不建议使用 Wing Model 进行定价和 Greeks 计算。

同时，Wing Model 过于灵活的调整方式，也使得交易员权限过大，其自身对于市场拟合的算法和效率并不算太好，很多时候需要交易员手动调整参数，用视觉去调整参数以逼近市场曲线。这往往会使得交易员的主观判断变得非常重要，权限过大。这往往会产生不必要的模型风险和操作风险，在注重风险控制的金融机构，这往往是难以被接受的。

第三节　随机波动率模型

一、主要随机波动率模型介绍

传统的 BSM 模型取得了巨大的成功，然而我们在之前多章内也提到了其常数波动率假设产生的模型风险。从原理上来说，本章第二节和第三节，都是为了说明这样一个问题：在市场上观测到的隐含波动率曲线所呈现的微笑或倾斜结构，与常数波动率假设所必然导致的水平波动率差别过大。显然，BSM 的模型假设在真实世界中是不成立的。

处于更准确地为期权定价的目的，在实操中，对于复杂结构的衍生品结构，我们往往需要使用随机波动率模型来优化期权价格的计算。随机波动率模型认为波动率本身是随着价格的变化而变化的，并且这个变化过程是一个随机过程，在数学上而言，随机波动率模型的思路是将标的资产价格过程中的波动率描述为一个由均值回归和方差加以控制的随机过程，并以此对波动率随着时间的增量进行动态刻画，进而提供对期权进行更高精度的定价的可能性。

随机波动率模型的校准往往非常复杂，大部分情况下都是通过对于期权的市场价格或隐含波动率的拟合而进行的。换言之，对于每一个随机波动率模型，在参数已经确定的情况下，其能够确定一个唯一的资产价格随机过程，并且根据这个价格的随机过程，可以得到一个唯一的、确定性的隐含波动率曲面（尽管曲面函数可能很复杂，甚至不存在解析公式，需要用数值方法计算）。反之亦然，对于任何一个满足 Dupire 公式的隐含波动率曲面，在确定所使用的随机波动率模型以后，均可以逆向校准出一个随机波动率模型及其全部参数。

在本节中，我们会粗略地介绍几种可能常用的随机波动率模型的函数形式和模型特性，包括 CEV、Heston、SVI 和 SABR。对于大部分的模型，我们不会深入到具体的模型推导和技术细节中去，由于相应的方法论是明确的，有兴趣的读者亦可以参考 Cox&Ross、Heston、Gatheral 等人的原始文献，他们的工作包括了对拟合算法非常详尽的说明和推导。

首先，我们从常数波动率模型开始（如果一个常数也能称之为模型的话），一个常数波动率模型所隐含的标的资产价格的随机过程，正如我们一再提及的，如下：

$$\mathrm{d}S_t = \mu S_t \mathrm{d}t + \sigma S_t \mathrm{d}W_t \tag{12-9}$$

特别地，在风险中性测度之下，其将会变为：

$$\mathrm{d}S_t = rS_t \mathrm{d}t + \sigma S_t \mathrm{d}W_t \tag{12-10}$$

然而，常数波动率首先要面对的问题，就是在股票市场中呈现的隐含波动率倾斜的问题，即当股票资产价格下跌时，其波动率将会上升，这非常直观的与常数波动率模型不符。

Cox 和 Ross（1975）提出了 CEV 模型，即常弹性方差模型。在该模型中，标的资产的价格过程为：

$$\mathrm{d}S_t = \mu S_t \mathrm{d}t + \sigma S_t^{\beta/2} \mathrm{d}W_t \tag{12-11}$$

其中，弹性系数 $\beta \in (0,2]$，可以看到，当 $\beta = 2$ 时，CEV 所假设的资产价格过程与 BSM 模型完全相同。而当 $\beta < 2$ 时，波动率将会随着股价的下降而上升。此时的资产价格分布能够较好地解释实际中观测到的资产价格和波动率的负相关，进而更好的解释波动率微笑。特别的，狭义概念上的 CEV 模型，特指 $\beta = 1$ 的情况。而在本章节的介绍中，我们也以此作为例进行阐述。

为什么称其为常弹性方差模型，可以看到：

$$\frac{\mathrm{d}S_t}{S_t} = \mu \mathrm{d}t + \sigma S_t^{\frac{\beta}{2}-1} \mathrm{d}W_t \tag{12-12}$$

因此，从经济学中的弹性定义可知，下式成立：

$$\frac{\dfrac{\mathrm{d}\sigma^2 S_t^\beta}{\sigma^2 S_t^\beta}}{\dfrac{\mathrm{d}S_t}{S_t}} = \beta \tag{12-13}$$

即，股票价格的瞬时方差对于股票价格的弹性为常数 β。

我们略过复杂的模型推导，仅介绍大致逻辑和结论，CEV 模型下的期权定价逻辑和 BSM 的推导过程高度一致，利用动态对冲思想构建一个股票债券组合，并利用几乎相同的方法可以得到 CEV 模型下，期权定价所应当满足的偏微分方程：

$$\frac{1}{2}\sigma^2 S^\beta \frac{\partial^2 C}{\partial S^2} + rS\frac{\partial C}{\partial S} + \frac{\partial C}{\partial t} = rC \tag{12-14}$$

可以看到，这与 BSM PDE 非常接近，确切的来说，在 $\beta=2$ 时，这就是 BSM PDE，与之前介绍的 CEV 特征相同。

Heston 于 1993 年在 CIR 模型的基础之上得到了如下的偏微分方程：

$$\begin{cases} \mathrm{d}S_t = r_t S_t \mathrm{d}t + \sqrt{V_t} S_t \mathrm{d}W_t \\ \mathrm{d}V_t = k(\theta - V_t)\mathrm{d}t + \eta\sqrt{V_t}\mathrm{d}W_t \\ \mathrm{d}W_s \mathrm{d}W_v = \rho \mathrm{d}t \end{cases} \tag{12-15}$$

其中，S_t、V_t 分别是标的资产的价格和价格的方差，W_s 和 W_v 为两个维纳过程，且二者相关系数为 ρ，可以看到，标的资产的价格过程是一个参数为非常数的扩散过程，但是波动率是一个均值回归过程，其中 k 为回归速率，θ 为方差的长期均值，而 η 则为波动率的方差。

为什么说波动率是一个均值回归过程，可以看到，在这个模型形式中，价格的方差将会收敛于长期均值 θ，当短期的方差大于均值时，会产生一个负向的 $\mathrm{d}t$ 项，而当短期的方差大于均值时，则会产生一个正向的 $\mathrm{d}t$ 项，且将会以 k 作为乘数随时间影响 $\mathrm{d}V_t$。因此，这种长期会收敛于固定值的过程，被称为均值回归过程。

那么为什么波动率需要是一个均值回归过程呢？简单来说，波动率从直觉上来说是有界的，即任何资产的波动率都不会变得非常大，也难以长期维持得非常小，即使给定无限的时间也是如此。这一点和资产价格是有显著不同的，在无限的时间假设下，由于通货膨胀率是正的，资产价格理论上而言，最终是会变得无穷大的，因为这个时候货币的购买力已经变得非常低。因此波动率需要是一个均值回归过程，而从长期来看，股票价格往往不能被假设为一个均值回归过程。

Heston 模型使用了随机波动率来替代 BSM 模型的常波动率假设，这使其能够在不丧失模型严谨性的前提下，更好地贴近实际情况。并且，Heston 模型对于欧式期权的定价存在解析解，因此当 Heston 模型的参数给定以后，计算 Heston 模型下的隐含波动率可以使用我们在本章第一节中介绍的二分法来解决。当然，给定市场期权价格，拟合 Heston 模型参数就没有这么简单了。

在隐含波动率曲线的描述上，有充分的实证研究表明，Heston 模型对于隐含波动率的曲线描述效果较好，进而对欧式期权的定价有显著的指导意义。

然而，在没有其他模型补充的情况下，Heston 模型也至少有两个主要问题需要解决：

1. Heston 模型的参数拟合需要使用完整的期权横截面数据，良好的拟合效果的代价是非常慢，尽管可以使用快速傅里叶变换（Fast Fourier Transform，FFT）等技术加速这个过程，但是相比于其他模型的拟合而言，即使使用这些相对复杂且难以实现的技术，Heston 的拟合依然非常慢；

2. 实证结果显示，Heston 模型仅对有良好流动性的欧式期权的定价效果较好，在涉及奇异结构的情况下，直接使用 Heston 模型的效果不佳。

问题 2 是有解决方案的，Derman 提出的局部波动率模型（Local Volatility）可以解决对于场外奇异结构的定价问题，只要存在连续的隐含波动率曲面，我们会在本节第七部分详细地讨论这个问题。而问题 1，目前看来没有特别好的解决方案，仅能够通过上硬件，即配置更多的算力来解决。这使得在实务中，大部分情况下，即使对于模型要求较高的场外结构而言，使用 Heston 模型也经常显得过于奢侈，有多种其他拟合较快，同时模型假设也较为严谨的模型可以达到相同的效果，比如说 SABR 或者 SVI 模型。

SABR 是由 Hagan 等人于 2002 年提出的，对资产的远期价格进行描述的随机波动率模型。SABR 为 Stochastic Alpha Beta Rho 的缩写。其函数形式为：

$$\begin{cases} \mathrm{d}\hat{F}_t = \hat{\alpha}\hat{F}^{\beta}\mathrm{d}W_1 \\ \mathrm{d}\hat{\alpha} = \nu\hat{\alpha}\mathrm{d}W_2 \\ \mathrm{d}W_1\mathrm{d}W_2 = \rho\mathrm{d}t \\ \hat{F}(0) = F \\ \hat{\alpha}(0) = \alpha \end{cases} \tag{12-16}$$

可以看到在 SABR 中存在 4 个常数参数，α、β、ρ、ν。在上述公式中，F_t 为资产远期价格的过程，$\hat{\alpha}$ 为资产远期价格过程的波动率的随机过程；常数 $\nu>0$ 被定义为波动率的波动性，当 $\nu=0$ 时，可以看到，SABR 模型将会坍缩为一个 CEV 模型；偏移系数 β 为常数，且 $\beta\in[0,1]$，主要用来描述资产远期价格与平值期权波动率之间的关系，当 $\beta=1$ 时，SABR 模型所假设的资产价格分布将会是一个对数正态分布，正如我们在对股票价格进行 BSM 模型推导时所假设的，当 $\beta=0.5$ 时，SABR 模型将会坍缩为 CIR 模型，而当 $\beta=0$ 时，SABR 假设的资产价格分布就会变成一个正态分布。

由于函数形式较为简单，我们在此给出 SABR 模型所对应的隐含波动率曲面函数：

在平值处的波动率计算：

$$\sigma_{ATM} = \left(\frac{\alpha}{F^{1-\beta}}\right)\left(1+\left(\frac{(1-\beta)^2\alpha^2}{24\times F^{2-2\beta}}+\frac{\rho\beta\alpha\nu}{4F^{1-\beta}}+\frac{(2-3\rho^2)\nu^2}{24}\right)\times T\right) \tag{12-17}$$

在非平值的波动率计算：

$$\sigma(F,K) = \frac{\alpha\left\{1+\left[\frac{(1-\beta)^2}{24}\frac{\alpha^2}{(FK)^{1-\beta}}+\frac{1}{4}\frac{\rho\beta\alpha\nu}{(FK)^{\frac{1-\beta}{2}}}+\frac{2-3\rho^2}{24}\nu^2\right]T\right\}}{(FK)^{\frac{1-\beta}{2}}\left\{1+\frac{(1-\beta)^2}{24}\ln^2\left(\frac{F}{K}\right)+\frac{(1-\beta)^4}{1920}\ln^4\left(\frac{F}{K}\right)\right\}}\left(\frac{z}{x(z)}\right) \tag{12-18}$$

$$z = \frac{\nu}{\alpha}(FK)^{\frac{1-\beta}{2}}\ln\left(\frac{F}{K}\right) \tag{12-19}$$

$$x(z)=\ln\left(\frac{\sqrt{1-2\rho z+z^2}+z-\rho}{1-\rho}\right) \tag{12-20}$$

SABR 模型的拟合方法较为简单，甚至可以直接通过极大似然估计（Maximum Likelihood Estimate，MLE）进行拟合，速度较快。同时其模型形式可以近似的求得一个隐含波动率的曲线函数，因此直接从隐含波动率曲面即可完成拟合，进而对于所有没有实际报价的行权价格的期权也可以完成定价。更好的是，SABR 可以赋予模型参数直观的图像意义，且这个图像意义是单调的，因此在实操中，SABR 被广泛地使用在利率等主要资产类别的衍生品建模上。

SVI 是由 Gatheral 在 2004 年提出的一个很流行的波动率曲线拟合模型。对于某一个特定期限的期权合约而言，其隐含波动率曲线可以用下式拟合：

$$\sigma(x)=a+b\left\{\rho(x-m)+\sqrt{(k-m)^2+\sigma^2}\right\} \tag{12-21}$$

$$x=\ln\left(\frac{K}{S}\right) \tag{12-22}$$

与 SABR 相似的，SVI 模型的 5 个参数具有直观且单调的图像意义。由于其自由度更高，在某种意义上而言，其图像调整的灵活性是高于 SABR 的。同时，有文献证明 SVI 模型在极端实值或虚值部分是近似线性，即满足 Roger Lee 的动量方程的，且在 T 趋于无穷大时，SVI 亦展示了对于 Heston 模型的收敛（事实上，我个人的实证研究发现在 1 个月左右的时间处，误差即小到满足大部分场外衍生品的定价和风控要求，在 3 个月左右，几近于没有区别）。因此，尽管 SVI 是一个实际意义上的参数模型，其对于随机波动率模型良好的收敛性依然使得我们不得不在介绍随机波动率模型时进行阐述和介绍，而非简单的将其看作是一个参数模型。

值得强调的一点是，SVI 的拟合是基于某一条特定到期期限的隐含波动率曲线而非曲面的，如果要形成曲面的话，可以使用本节第二部分中介绍的方差线性插值的做法进行处理。

SVI 模型提供了一个非常接近于随机波动率模型，然而在拟合和运算上迅速且高效的参数模型。我们在此介绍 Zeliade Systems 在 2009 年提出的 SVI 模型的 Quasi-Explicit 优化法逻辑，对具体算法感兴趣的读者可以查阅原始文献“Quasi-Explicit Calibration of Gatheral’s SVI model”。该算法优化效率高，且对于参数拟合的稳定性强。

Quasi-Explicit 算法的主要逻辑是将原始对于五个参数的优化问题进行拆分和降维，并将其转化为内外层两个优化问题，以提升运算效率：

内层的优化问题中函数平滑且严格凸，因此极值唯一。

外层优化中的函数存在多个极值。因此使用成熟的 Nelder-Mead Simplex 优化算法，通过引入模式搜索，对初始点的选择包含了对于过去的记忆。因而优化过程中反复得到相同的局部最优解的概率较低，其优化结果将会显著好于随机初始点的选择方法。

Quasi-Explicit 算法无法保证一定能找到全局最优，但是对于业务开展而言，全局最优不是必需的。如果可以接受为了提升速度而选择相对不那么严谨的近似模型，在同一个较为严谨的模型中选择无法保证全局最优的优化方法，亦是高度可接受的。

因此在主流的厂商定价系统中，Quasi-Explicit 算法都是最主要的解决方案。

二、期权的批量定价

什么是期权的批量定价？

从操作层面上讲，期权的批量定价，指的是，通过维护一个波动率曲面，来对市场上相同标的的所有期权进行统一的定价。具体方法是在波动率曲面上查找不同行权价格和到期期限所对应的波动率，并且使用 Black-Scholes-Merton 或其他等价模型计算期权价格。

为什么我们需要对期权进行批量定价？或者说，为什么我们对相同标的的期权，至少是相同标的相同到期期限的期权要进行批量定价，而非对每一个期权进行单独定价？

主要的原因在于：对于相同标的的不同期权，其价格不是彼此独立的。存在非常明确的无套利条件，无论是做市商还是自营交易者而言，都至少希望自己对于期权的理论定价尽可能公允，至少是无套利的，以使得自身的利润尽可能地最大化，至少降低被他人套利的风险。

期权作为衍生品，其在任意时刻的市场价格均依赖于标的资产价格，而非独立存在的。行权的可能性使得期权在理论上不能被任意定价，尽管在现实中，发生过不止一次期权的市场价格非常荒谬的情况，这种情景，随着投资者教育的深入，会变得越来越少。

另外一个可能的原因是，在 Sticky Delta 的锚定假设下，单个期权的价格序列，并不是一个满足一致性的时间序列，因为随着标的资产价格的变动，这个期权的价内外程度是不一样的，因此不能简单地用时间序列的方法去处理。只有维护一个完整的波动率曲面，才能够在任意时刻对所有的合约进行定价和分析。

三、Local Volatility 模型和场外奇异期权的定价：重新回到 Monte Carlo

正如我们之前介绍的，大部分精细的波动率模型在对于场内欧式期权的定价而言，表现都显著好于 Black-Scholes-Merton 的常数波动率定价模型。但是对于场外奇异结构，尤其是路径依赖的结构来说，这些精细的波动率模型的表现差别会比较大。

因此，在对场外期权的定价中，模型和数值方法的选择就变得格外重要，不同的数值方法所产生的定价差距非常大，选择不合适的模型会产生巨大的模型风险。

那么一个可能的问题是，有没有什么办法可以降低这个风险？或者说，有没有什么办法能够抹平不同波动率模型之间对于场外奇异结构定价的差异？

在本节中，我们介绍了隐含波动率曲面实际上是由多个布朗桥对应的资产价格路径上瞬时波动率的平均值相连而得。因此，Derman 提出了一种解决方案，Local Volatility 模型。既然隐含波动率曲面本质上的每一个点都是一条路径的平均波动率，隐含波动率曲面又是连续的，那么我们就可以通过类似于差分的方法，从隐含波动率曲面去得到路径上的瞬时波动率，即对每一个到期时刻$t<T$和资产价格S_t，我们均可以求得资产在这个价格和这个时点处，隐含波动率曲面所对应的资产的瞬时波动率是多少。而这个对应关系在图像上，会呈现为从行权价格—时间—隐含波动率的三维图像，变化为资产价格—时间—资产瞬时波动率的三维图像。

对于相同标的资产的任何结构，其依赖的资产价格过程应当是完全相同的，这在逻辑上而言非常直观，因为标的资产的价格路径，在到期时是唯一的。Derman 在介绍这个问题的时候，举的例子是债券定价的例子，我们亦在此进行阐述。

债券定价使用的主流方法是现金流贴现。那是否存在一个统一的，对于相同评级的债券都适用的贴现率？答案是肯定的，这个利率是零息曲线收益率，或称为利率期限结构。那么，某一只债券的到期收益率是否能够被用于其他类似评级的债券收益率？当然不行，这些债券的息票率都不一样，每一次付息在现值中的比重也不一样，自然不能简单等价，或者说，某一只债券的到期收益率不是一个具有一致性的定价基准。但是，确实可以通过多个债券的到期收益率计算零息曲线，而零息曲线是具有一致性的，即任何一个相同评级的债券，每一笔还本付息，都需要使用零息曲线去进行贴现。

同理，由场内欧式期权计算得到的隐含波动率曲面，不应当被直接使用于场外非欧式期权的定价，而应当使用局部波动率模型，将隐含波动率曲面转化为瞬时波动率曲面，或者说局部波动率曲面。局部波动率曲面是一个对于资产价格过程的解释，而资产价格过程，对于所有的结构来说，自然是具有一致性的，因此，可以通过使用局部波动率模型，即可以将隐含波动率曲面处理，并用于场外非欧式期权的定价了。

更好的是，每一个局部波动率曲面均等价于一个随机波动率模型，即能够找到一个随机过程来描述这个局部波动率曲面。因此，至少在理论上，这个做法是完备的，并且其存在相较于拟合随机波动率模型而言效率极高的数值解法，因此在实际中，这也是对于场外非欧式期权定价的主流方法。

可能需要再次重申的观点在于，在绝大部分情况下，精美完备的模型、公式和解析解，在理论上意义是显著的，但是从业务执行的角度上来讲，效率更高的数值解或者近似解的价值可能更高，毕竟资产价格是有最小单位的，任何小于这个最小单位的定价精度都没有太多实际意义。一个需要一个小时才能得到的 100 分的答案，和一个一秒钟就能得到的 80 分，甚至 90 分的答案，单纯从业务层面上来看的话，后者的吸引力可能会更大。这也是实际和理论显著的不同点之一。

接下来，我们介绍具体从隐含波动率曲面得到局部波动率曲面的数值做法，假设：

$$\omega(K,T,S_0)=\sigma_{BS}(K,T,S_0)T \tag{12-23}$$

$$y=-\ln\left(\frac{F_t}{K}\right) \tag{12-24}$$

$$\upsilon_L=\sigma_{Local}^2(S_0,K,T) \tag{12-25}$$

其中，$\sigma_{BS}(K,T,S_0)$为隐含波动率曲面，υ_L为局部波动率曲面，F_t为资产的远期价格，其他参数的定义应当不会陌生，则有：

$$\upsilon_L=\frac{\dfrac{\partial\omega}{\partial T}}{1-\dfrac{y}{\omega}\dfrac{\partial\omega}{\partial y}+\dfrac{1}{4}\left(-\dfrac{1}{4}-\dfrac{1}{\omega}+\dfrac{y^2}{\omega^2}\right)\left(\dfrac{\partial\omega}{\partial y}\right)^2+\dfrac{1}{2}\dfrac{\partial^2\omega}{\partial y^2}} \tag{12-26}$$

根据上式，可以从隐含波动率曲面中，通过差分和基本的数学运算，计算出局部波动率曲面的数值解。

在了解了局部波动率模型之后，我们可以重新回到 Monte Carlo 方法，提供一种应用局部波动率模型修正资产价格路径，并对非欧式的场外奇异结构的定价方法：

第一步，我们通过场内期权的价格，按照本章第一节的方法计算隐含波动率曲面。

第二步，使用一个隐含波动率模型，拟合模型参数，构建一条光滑的曲面函数，并通过曲面函数构建一个离散化的隐含波动率矩阵，其中行列名分别为到期期限和行权价格（或价外程度），填充数据则为对应行列计算得到的期权隐含波动率。

第三步，使用局部波动率，从隐含波动率矩阵中，计算局部波动率矩阵。

第四步，按照我们在第九章第二节中介绍的 Monte Carlo 模拟方法，模拟价格路径，只是在这里我们不能简单地使用常数波动率，而是在每一个时点处，根据当时模拟路径中的当前资产价格，在局部波动率矩阵中查找相同到期期限和资产价格处的波动率，作为下一个步长中使用的波动率。

第五步，根据最终生成的所有价格路径，计算这个场外结构的定价。

那么为什么在第九章第二节中，我们依然在使用 Monte Carlo 对场外期权进行定价呢？因为当时我们是常数波动率假设，隐含波动率曲面是水平的，局部波动率也是水平的，无论怎么取都是常数，因此在这个环节我们可以在没有任何理论缺陷的情况下使用 Monte Carlo 进行定价。当隐含波动率曲面不是水平的时候，使用本节中介绍的局部波动率模型方法就是必要的。

四、小结

在第九章的第一节和第二节中，我们从介绍 BSM 模型的推导出发，介绍了现行的欧式期权定价理论的数理基础。在实操中，Monte Carlo 模拟方法因其良好的兼容性，且不依赖特定模型，是一个万金油式的场外复杂结构的解决方案。

在此基础之上，我们在第十章中介绍了欧式期权的风险指标——希腊值，以及如何使用希腊值进行期权交易、期权组合风险管理和风险对冲。在实操中，交易的执行所需考虑的，往往并不是一个理论问题，我们介绍了多种做法的利弊，并不存在一个永远最优的解决方案，因此往往对于工具的选择会需要依赖执行者的经验和判断，进行通盘考量。

BSM 模型的假设过强，且与实际不符，因此在实操中，会发现期权隐含波动率曲面不是水平的。我们在本章第一节中介绍了隐含波动率的相关概念。而在本章第二节中，我们介绍了多类隐含波动率曲面模型，以及如何使用局部波动率模型利用场内期权为场外期权进行定价的方法论。

参考文献

［1］ Gatheral，J. The Volatility Surface：A Practioner's Guide［M］. New York，NY：John Wiley & Sons，2006.

［2］ Dupire，B. Pricing With a Smile. Risk 7，1994：18－20.

［3］ Derman，E.，Kani，I.，M. Kamal. Trading and Hedging Local Volatility［J］. The Journal of Financial Engineering，1996，6：1233－1268.

［4］ Roger Lee. The moment formula for implied volatility at extreme strikes［J］. Mathematical Finance，2004，14（3）：469－480.

［5］ Roger Lee. Option pricing by transform methods：Extensions，unification，and error control［J］. Journal of Computational Finance，2004，7（3）：51－86.

［6］ Heston，S. L. A Closed Form Solution for Options with Stochastic Volatility with Applications to Bond and Currency Options［J］. Review of Financial Studies，1993（6）：327－343.

［7］ Derman，E.，Kani，I. The Volatility Smile and its Implied Tree［R］. Goldman Sachs Quantitative Strategies Research Notes.

［8］ Derman，E.，Kani，I.，Zou，J. Z. The Local Volatility Surface：Unlocking the Information in Index Option Prices［J］. Financial Analysts Journal，1996：25－36.

［9］ Julien Hok，Shih－Hau Tan. Calibration of local volatility model with stochastic interest rates by efficient numerical PDE methods［J］. Decisions in Economics and Finance，2019，42（2）.

［10］ Longstaff F，Schwartz E. Review of Finance. Valuing American Options by Simulation：A Simple Least－Squares Approach，2001.

［11］ Fischer Black，Myron Scholes. The Pricing of Options and Corporate Liabilities［J］. The Journal of Political Economy，1973，81（3）：637－654.

［12］ Robert C. Merton. Theory of Rational Option Pricing［J］. The Bell Journal of Economics and Management Science，1973，4（1）：141－183.

［13］ Merton Robert C. Option pricing when underlying stock returns are discontinuous［J］. Journal of Financial Economics，1976，3（1－2）.

［14］ Merton Robert C. Continuous－Time Finance［M］. Wiley－Blackwell，1992.

［15］ Steven Shreve. Stochastic Calculus for Finance I&II［M］. Springer. 2004.

［16］ 郑振龙，陈蓉. 金融工程（第五版）［M］. 北京：高等教育出版社，2020.

[17] [美] 唐 • M. 钱斯（Dom M. Chance）. 金融衍生工具与风险管理（第十版）[M]. 路蒙佳，译. 北京：中国人民大学出版社，2020.
[18] 王晋忠. 衍生金融工具（第二版）[M]. 北京：中国人民大学出版社，2019.
[19] [加] 约翰 • 赫尔（John C. Hull）. 期权、期货及其他衍生产品（原书第 10 版）[M]. 王勇，索吾林，译，北京：机械工业出版社，2018.
[20] 谭春枝，王忠玉，唐菁菁. 金融工程学理论与实务（第 3 版）[M]. 北京：北京大学出版社，2018.
[21] [美] 唐 • 钱斯（Don M. Chance），罗伯特 • 布鲁克斯（Robert Brooks）. 衍生工具与风险管理（第九版）[M]. 丁志杰，谢蓉蓉，郭凯，等，译. 北京：机械工业出版社，2015.
[22] 约翰 • C • 赫尔（John C. Hull）. 期货与期权市场导论（第 7 版）[M]. 郭宁，汪涛，韩瑾，译. 北京：中国人民大学出版社，2014.
[23] 萨利赫 • N • 内夫特奇. 金融工程学原理（第二版）[M]. 王忠玉，董竹，董奕，译. 北京：中国人民大学出版社，2014.
[24] 周洛华. 金融工程学（第 3 版）[M]. 上海：上海财经大学出版社，2011.
[25] 徐成贤，薛宏刚. 金融工程——计算技术与方法 [M]. 北京：科学出版社，2007.
[26] 基思 • 卡思伯森，德克 • 尼奇. 金融工程——衍生品与风险管理 [M]. 张陶伟，彭永江，译. 北京：中国人民大学出版社，2004.
[27] 郑振龙. 金融工程 [M]. 北京：高等教育出版社，2003.
[28] 洛伦茨 格利茨. 金融工程学 [M]. 唐旭，译. 北京：经济科学出版社，1998.